Ralph Ghadban
Arabische Clans

Ralph Ghadban

# Arabische Clans

Die unterschätzte Gefahr

Econ

Econ ist ein Verlag
der Ullstein Buchverlage GmbH

ISBN: 978-3-430-20255-8

2. Auflage 2018
© der deutschsprachigen Ausgabe
Ullstein Buchverlage GmbH, Berlin 2018
Alle Rechte vorbehalten
Gesetzt aus der Aldus nova Pro
Satz: Pinkuin Satz und Datentechnik, Berlin
Druck und Bindearbeiten: CPI books GmbH, Leck
Printed in Germany

# Inhalt

**Einleitung** . . . . . . . . . . . . . . . . . . . . . . . 9

**1. Gemeinschaftliche und individuelle Kultur** . . . . . 17
Clan und Individuum   17
Individualismus in Europa   20
Clan, Religion und Patriarchat   24
Familie und Islam   29
Stamm und Islam   35
Die arabisch-islamische Familienstruktur   39
Die Stammeskultur   43
Moderne Zeiten   52

**2. Die Migration der Mhallami** . . . . . . . . . . . . . . 56
Die Migration in den Libanon   56
Die Ghettoisierung   60
Die Integration   66
Die Einbürgerung   69
Die unklare Identität   72
Eine neue Identität in Deutschland   78

**3. Die Migration nach Deutschland**. . . . . . . . . . . . 81
Das Schlupfloch in der Mauer   81
Die Migrantengruppen   86
Das Asylrecht   94
Die Ausgrenzung   101
Entstehung und Verbreitung der Kriminalität   103
Krise der Familie und ihre neue Ausrichtung   106
Die Altfallregelung   110

**4. Die Parallelgesellschaft** . . . . . . . . . . . . . . . . . . . 112
Die Ausgrenzung   114
Reaktionen der Ausländer   119
Identität und Abschottung   121
Die arabische Parallelgesellschaft   123
Das islamische Zentrum   124
Der Imam   128
Die Zwangsehen   133
Die Konvertiten   135
Die Islamisierung von unten   138
Die vollendete Segregation   141
Der Terrorismus   147

**5. Die Gesellschaft der Mhallami** . . . . . . . . . . . . . 151
Die Clanbildung   152
Die organisierte Kriminalität   158
Diebstahl, Erpressung und Gewaltdelikte   159
Prostitution und Rauschgifthandel   166
Geldwäsche   169
Die Maschari'   171

**6. Die Clans und der Rechtsstaat** . . . . . . . . . . . . . 182
Stämme im Rechtsstaat   183
Die Polizei   186
Die Justiz   193
Jugendamt und Schule   202
Der Multikulturalismus   207
Desintegration und Unterwanderung   211
Die Islamisierung von oben   214

**7. Migration und organisierte Kriminalität** . . . . . . . 222
Die Migration nach Deutschland   222
Die organisierte Kriminalität   228

Die arabischen Clans 241
Die Flüchtlinge und die Parallelgesellschaft 246
Erfahrung ehrenamtlicher Flüchtlingshelfer 248

**8. Bekämpfung der Clankriminalität** . . . . . . . . . . . 257
Lösungsvorschläge 259
Der Multikulturalismus 261
Das illegale Vermögen 262
Der Datenschutz 264
Die Polizei 267
Das Beispiel Niedersachsen 270
Die Justiz 274
Schule und Jugendamt 278

**Schlusswort** . . . . . . . . . . . . . . . . . . . . . . . . . 284

**Anmerkungen** . . . . . . . . . . . . . . . . . . . . . . . 285

**Literaturverzeichnis** . . . . . . . . . . . . . . . . . . . 300

# Einleitung

»Der deutsche Staat interessiert mich nicht. Wir haben unsere eigenen Gesetze. Sonst würden wir doch nicht so eine Scheiße machen.« Dies sind die Worte Tareks, eines Kokain-Dealers, der mit seiner arabischen Großfamilie im Berliner Bezirk Neukölln lebt.[1] So spricht ein Mitglied der arabischen Clans. Ganz anders spricht ein gewöhnliches Bandenmitglied der organisierten Kriminalität. Denn jemand, der einer solchen Bande angehört, ist durchaus am deutschen Staat interessiert, schließlich will er sich ja dessen Kontrolle entziehen. Auch ein solches Bandenmitglied hat seine eigenen Gesetze. Aber es sieht darin auf keinen Fall eine Alternative zum Rechtsstaat, sondern lediglich ein Instrument, um die Beziehungen in der kriminellen Unterwelt zu regeln. Tarek und seinesgleichen dagegen scheinen sich im Besitz eines eigenen Rechtssystems zu wähnen, das sie veranlasst, unsere Gesetze zu brechen. Mit der Nichtbeachtung dieser Gesetze signalisieren sie deutlich eine Ablehnung des Rechtsstaates. Ihre rechtlichen Vorstellungen werden ihnen in der islamischen Parallelgesellschaft vermittelt. Außer der islamischen gibt es in Deutschland keine andere Parallelgesellschaft; deshalb haben wir nur die Islamkonferenz und weder eine buddhistische, jüdische, hinduistische noch sonstige Konferenzen.

Der Islam ist nicht nur eine Religion, sondern zugleich eine politische Herrschaft und ein Rechtssystem. Er bildet die Grundlage zu einer jahrhundertealten Zivilisation, die unentwegt in Konfrontation mit dem christlichen Europa stand. Während Europa sich mit der Aufklärung und der Moderne kulturell verändert und weiterentwickelt hat, behielt die islamische Welt die Grundzüge ihrer Kultur weitgehend bei. Eine große Errungenschaft im Westen stellt der Sieg des Humanismus dar, der den Menschen in das Zentrum aller Bemühungen stellt. Das Individuum ist die Referenz für das gesamte soziokulturelle System. Nur im Westen ist dies geschehen. In der islamischen Welt hat sich das Individuum von der Großfamilie und der Gemeinschaft aller Muslime, der sogenannten Umma, nicht befreien können. Diese Gruppenorganisation ist von der Religion mit ihrer Scharia zementiert worden. Fast überall in der islamischen Welt regelt die Scharia das Familien- und Erbrecht und verfestigt die patriarchalischen Verhältnisse der Großfamilie. Es gilt für Muslime die im Koran vorgeschriebene Distanzierung von den »Ungläubigen« wie bei den Traditionalisten, bis zur Gewaltanwendung gegen »Ungläubige« bei den Dschihadisten.

Mit diesem kulturellen Hintergrund sind die Muslime in den Westen eingewandert. Die Hoffnung auf Modernisierung ihrer Kultur und Religion wurde enttäuscht, ein moderner Islam existiert bis heute nicht. Stattdessen sind die islamischen Parallelgesellschaften entstanden. Immer wieder wird behauptet, ihre Entstehung hinge mit der gescheiterten Integrationspolitik zusammen. Das ist zum Teil wahr, weil von der Integrationspolitik alle Migranten betroffen sind: Italiener, Griechen, Polen, Brasilianer, Vietnamesen und unzählige weitere Gruppen – aber nur bei den Muslimen ist eine Parallelgesellschaft entstanden, weil sie eine globale, alternative und zugleich ausschließende Kultur haben. Ihre starre Kultur bekämpft alle Fremdeinflüsse und erlaubt kein gleichberechtigtes Zusammenleben mit Nichtmuslimen, sie sind überzeugt von der Überlegenheit ihrer Religion, dem Herrschaftsanspruch ihrer Gemeinschaft und können im besten Fall die »Ungläubigen« nur dulden.

Seit mehr als einem Jahrhundert wird über Islam und Demokratie, Islam und Menschenrechte, Islam und Staat ergebnislos diskutiert, selbst der interreligiöse Dialog steckt in einer Sackgasse. Diese theoretischen Diskussionen sind offensichtlich fruchtlos, die eigentliche Auseinandersetzung findet in der Realität statt, da die Parallelgesellschaft inzwischen ein besorgniserregendes, nicht mehr zu negierendes Faktum geworden ist. Sie bedeutet eine Spaltung der Gesellschaft, ein Nebeneinander statt eines Miteinanders. Diese Zersplitterung der Gesellschaft wird zudem von der multikulturalistischen Ideologie unterstützt, die die Kulturen bedingungslos respektiert. Nicht mehr die Würde des Menschen, sondern die Würde der Kultur beziehungsweise der Religion wird verteidigt. Bei den muslimischen Bürgern wird vor allem ihre religiöse Identität geschützt und das Grundgesetz somit auf die positive Religionsfreiheit – also auf das Recht, eine religiöse oder weltanschauliche Handlung auszuführen – reduziert. Die Tatsache hingegen, dass der organisierte Islam die Menschenrechte ausschließlich im Rahmen der Scharia anerkennt, wird ausgeklammert. Multikulti und die falschen Debatten lenken von einem entscheidenden konstitutiven Element ab, das die Existenz der Parallelgesellschaft überhaupt erst ermöglicht hat: die islamische Großfamilie.

Unsere Gesellschaft geht fahrlässig mit diesen Zusammenhängen um. Die patriarchalische Familie wird zwar in der Öffentlichkeit thematisiert, die Beziehung des Patriarchats zum Islam wird jedoch in der Regel unterschlagen. Beschwichtigend behaupten viele, dass es eben auch in unserer Gesellschaft ein Patriarchat gebe, wie übrigens überall in der Welt. Damit wird das spezifisch Islamische negiert. Kaum jemand will in Deutschland zur Kenntnis nehmen, dass die Ethnologie bereits seit dem Ende der Fünfzigerjahre eine berechtigte wissenschaftliche Diskussion über die »islamische Familie« (auch die »arabische Familie« genannt), geführt hat, und kaum jemand kennt die Ergebnisse ihrer Arbeit. Stattdessen findet regelmäßig eine oberflächliche, aber erhitzte Debatte über das Kopftuch statt, fast immer in Bezug auf Religionsfreiheit. Dabei sprechen Kritiker von der Unterdrückung der Frau, Befürworter von einem Akt der Emanzipation, und manch einer bemüht die Religion, um zu erfahren, ob das

Kopftuch nun obligatorisch ist oder nicht. Aber niemand stellt die Frage nach der Struktur der islamischen Familie und ihrer spezifischen Funktion in der Herausbildung der islamischen Gemeinschaft, der Umma.

Einzig die Orientalistik hat sich – übrigens schon seit dem Ende des 19. Jahrhunderts – mit diesen Problemfeldern beschäftigt. Ihre Ergebnisse finden keinen Zugang zu unseren öffentlichen Debatten; zweimal habe ich versucht, sie in Artikeln für große Zeitungen einzubringen, und wurde schroff abgewiesen. Orientalisten haben die Beziehung zwischen Religion und Stamm analysiert, manche sprechen von der Umma als großem Stamm, ich nenne sie einen Megastamm. Das ist auch in der Öffentlichkeit ein Tabuthema. Aber ohne das Wissen über sie ist es unmöglich, die Parallelgesellschaft, geschweige denn die Clankriminalität zu verstehen, denn beide beruhen auf der Großfamilie. Die interne Solidarität der Großfamilie ist unterschiedlich stark. Sie bestimmt die Integrationsbereitschaft ihrer Mitglieder, je schwächer sie ist, umso größer sind die Integrationschancen und umgekehrt.

Was alle Großfamilien zusammenhält, ist die islamische Parallelgesellschaft. Im Megastamm der Umma ist die Identifizierung mit der Religion unterschiedlich intensiv. Bei den Radikalen, die uns nicht nur ablehnen, sondern auch hassen, führt sie zur religiösen Kriminalität, dem Terrorismus. Die Großfamilien, bei denen die Verachtung für uns und unsere Werte besonders groß ist, haben die Clankriminalität entwickelt: Sie haben gemerkt, dass in unserer offenen, toleranten Gesellschaft die Menschen als Individuen und autonome mündige Bürger, die das Gewaltmonopol des Staates respektieren, ihnen als aggressiv auftretende Gruppe ausgeliefert sind. Deshalb haben sie die Gruppensolidarität des Clans weiterentwickelt und verfestigt und damit seine Funktion geändert. Während der Clan in der Heimat dem Schutz der Gruppe diente, hat er sich heute in Deutschland zu einer kriminellen Organisation entwickelt.

Die materiellen Erfolge der Clans sind beachtlich und regen zur Nachahmung an. Viele andere muslimische Großfamilien bemühen sich, ihre Strukturen zu verfestigen, um ähnliche Erfolge zu erzielen. Die über eine Million Muslime, die in den letzten fünf Jahren Zuflucht in Deutschland gefunden haben, sind dabei, sich in die Parallelgesellschaft zu integrieren, und manche werden sogar von den Clans angeheuert. Mit der Erleichterung des Familiennachzuges wird das notwendige Umfeld für die Bildung der Großfamilie geliefert, der Entstehung von Clans steht dann nichts mehr im Weg. Die aktuelle ethnische Konfrontation zwischen den Flüchtlingen wird künftig von dem unter den muslimischen Migranten üblichen Zusammenstoß zwischen Großfamilien und Clans abgelöst. Das wäre ein Zeichen der Integration, allerdings in die islamische Parallelgesellschaft.

Mit der Migration nach dem Fall der Mauer hat sich die organisierte Kriminalität in Deutschland verbreitet, sie hat ihren kriminellen Charakter behalten und mit der Problematik der Integration nichts zu tun. Mit der muslimischen Migration, insbesondere dem Familiennachzug infolge des Anwerbestopps 1973, breitete sich die Großfamilie als Trägerin von abweichenden Werten aus. Die Gastarbeiter wollten, so die Begründung, ihre Frauen und Töchter vor den Gefahren einer offenen Gesellschaft schützen. Die Großfamilie diente als feste Grundlage für die spätere Parallelgesellschaft und die Clankriminalität. Es geht im Grunde genommen um zwei unterschiedliche Zivilisationsmodelle: das westliche Modell, das auf dem autonomen, mündigen Individuum beruht, und das islamische Modell, das auf der Gruppe – sei es die Großfamilie oder der Megastamm der Muslime, die Umma – basiert und die Autonomie und Mündigkeit des Individuums einschränkt. Die beiden Modelle sind inkompatibel, die Integration setzt die Befreiung des Individuums voraus; das bedeutet die Sprengung der Gruppe. Die Multikulturalisten aber wollen die Gruppen beschützen und verhindern maßgeblich die Integration. Mona Ingeborg Sahlin, die damalige Vorsitzende der schwedischen Sozialdemokraten (SAP), sagte im Jahr 2002 vor einer Versammlung der türkischen Jugendorganisation Euroturk: »Ich bringe einfach nicht zusammen, was schwedische Kultur ist. Ich denke, das ist es, was viele Schweden neidisch auf Einwanderergruppen macht. Ihr [Immigranten] habt eine Kultur, eine Identität, eine Geschichte, etwas, das euch zusammenbringt. Und was haben wir hier? Wir haben Mittsommernacht und so dumme Sachen.«[2] Unsere Ex-Integrationsbeauftragte Frau Aydan Özoğuz (SPD) formuliert es knapp: »Eine spezifisch deutsche Kultur ist, jenseits der Sprache, schlicht nicht identifizierbar.«[3] Mit ihrem Eifer können Multikulturalisten selbstzerstörerisch sein.

*Multikulturalismus* wird oft mit *Multikulturalität* verwechselt. Infolge der Migration gibt es kaum noch monokulturelle Staaten, Multikulturalität ist daher ein empirisch feststellbares Phänomen. Multikulturalismus hingegen ist eine Philosophie der Anerkennung, die ihren Ausdruck in einer Politik der Akzeptanz kultureller Differenz findet. Er ist eine Ideologie, die in den multikulturellen Gesellschaften den von dem angeblich homogenen Nationalstaat verursachten Rassismus und die Diskriminierung bekämpfen will. Er beabsichtigt, eine gesellschaftliche Integration mit Beibehaltung der Unterschiede in ihrer ganzen Bandbreite zu realisieren. Er postuliert, dass die treibende existenzielle Kraft des Menschen die Verwirklichung der eigenen kulturellen Identität sei. Daher wird die gesellschaftliche Auseinandersetzung von dem Kampf um Anerkennung und nicht mehr von dem Kampf um die materiellen Lebensbedingungen dominiert.

Gerade Anerkennung und Respekt haben es den Muslimen erlaubt, ihre Kultur mitsamt ihrem abweichenden Wertesystem in westlichen Demokratien zu etablieren, mit dem Ergebnis, dass wir eine tiefe Spaltung unserer Gesellschaft erleben: Auf der einen Seite eine offene, tolerante und kompromissvolle Mehrheitsgesellschaft, auf der anderen Seite eine geschlossene, teilweise aggressive und kompromisslose Parallelgesellschaft, die religiösen Terrorismus und Clankriminalität erzeugt. Um diese beiden Arten der Kriminalität zu verstehen, ist es unerlässlich, zunächst den dazugehörigen kulturellen Hintergrund in den Blick zu nehmen, wobei in diesem Buch der Schwerpunkt auf Clankriminalität gelegt wird.

Ausgehend von dieser Überlegung werde ich zuerst die Frage des Individualismus im Vergleich zwischen Europa und der islamischen Welt darstellen. Anschließend greife ich die Themen auf, die wegen ihrer Tabuisierung rätselhaft geblieben sind: die Beziehungen zwischen Islam und Patriarchat, Islam und Stamm, Islam und Terrorismus sowie Islam und den »Ungläubigen«. Eine offene Diskussion darüber wird beständig dadurch verhindert, dass die islamischen Verbände und eben auch die Multikulturalisten behaupten, all das hätte nichts mit dem Islam zu tun. Wenn jemand es trotzdem wagt, diese Themen zu behandeln, dann wird er als Rassist und islamophob angegriffen. Das Buch soll gerade diese Themen behandeln, um das Verhalten von Muslimen zu erklären, die sich in einer Parallelgesellschaft eingerichtet haben. Integrierte Muslime, die sich der Mehrheitsgesellschaft zugehörig fühlen, sind davon natürlich nicht betroffen.

Nach diesem grundsätzlichen Blick auf die Hintergründe werde ich die Migration, insbesondere der Mhallami in den Libanon und nach Deutschland, darstellen und dabei auf ihre Clanstrukturen und Identitäten sowie die Problematik der Integration in den jeweiligen Gesellschaften eingehen. In Bezug auf Deutschland werde ich ausführlich zeigen, wie der Clan seine schützende Funktion für die Gruppe ändert und zu einer kriminellen Organisation wird. Damit ist die Frage nach der Integration von geschlossenen Gruppen wie Clan, Stamm und Umma in einer offenen Gesellschaft aufgegriffen – die Existenz der Parallelgesellschaft, die manche inzwischen Gegengesellschaft nennen, zeigt, dass ihre Integration unmöglich ist. Im letzten Kapitel werde ich konkrete Vorschläge für die Bekämpfung der Clankriminalität erörtern.

Kapitel 1

# Gemeinschaftliche und individuelle Kultur

## Clan und Individuum

In den letzten Jahren haben wir den Zusammenbruch einer Reihe von Staaten in der islamischen Welt erlebt: Libyen, Syrien, Irak und Jemen. Lange vor ihnen brachen bereits Somalia (seit 1991), Afghanistan (seit 2003) und der Sudan (seit 2011) auseinander. Überall, wo der Staat zusammenbricht, tauchen soziale Organisationsformen wieder auf, deren Existenz man längst vergessen hat; Stämme, Sippen und Clans gehen aufeinander los und bekriegen sich gnadenlos.

Diese durch verwandtschaftliche Beziehungen zusammengehaltenen Gruppen bilden die Grundlage größerer Einheiten, die auf Ethnie, Religion und Herkunft basieren. Alle Ethnien etwa in Afghanistan, ob Paschtunen, Tadschiken oder Hazara, bestehen jeweils aus einem Sammelsurium von Stämmen derselben Ethnie. Sie haben eigene Stammesgremien für die Verwaltung ihrer Angelegenheiten. Die größte Ethnie unter ihnen, die Ethnie der Paschtunen, hält beispielsweise seit Urzeiten unabhängig von den staatlichen Institutionen eine Stammesversammlung ab, Loja Dschirga genannt, um Stammeskonflikte zu lösen oder Stammespolitik zu beraten. Seit ihrer Invasion Afghanistans im Oktober 2001 und der Vernichtung der letzten Spuren von Staatlichkeit ist es den Alliierten nicht gelungen, eine überethnische nationale Armee und Staatsverwaltung als tragende Säulen für einen Staat, der alle Bürger repräsentiert, zu bilden; ob es ihnen jemals gelingen wird, ist ungewiss.

Im irakischen Kurdistan haben jahrzehntelang innerhalb derselben Ethnie zwei Bündnisse von Stämmen unter der Führung von Dschalal Talbani und Masud Barazani um die Macht konkurriert und immer wieder gegeneinander gekämpft, bis sie vorübergehend eine Teilung der Macht unter beiden Gruppen erzielten, die aber dann wieder zerbrach. Die Großfamilie, egal in welcher Form, ob des Stammes, der Sippe oder des Clans, bildet stets die Grundeinheit für die soziale Organisation, sie ist die Konstante; andere Faktoren wie Ethnie, Herkunft und Religion sind die Variablen. Manchmal verlaufen die konfessionellen Auseinandersetzungen entlang der ethnischen Grenzen wie in Afghanistan mit den schiitischen Hazara oder im Iran mit den sunnitischen Belutschen und sunnitischen Kurden; manchmal verlaufen sie quer durch die Ethnien wie zwischen Zaiditen und Sunniten im arabischen Jemen. Oder es handelt sich um ethnische Konflikte innerhalb derselben Konfession wie im Sudan zwischen den afrikanischen sunnitischen Stämmen in Darfur und den sunnitischen Arabern in Khartum.

Im Libanon, der lange als Vorzeigeland für eine auf minimalem Level funktionierende Demokratie galt, beraten bis heute die Ältesten und Notabeln der Großfamilien über die Wahlen und geben Empfehlungen aus. Man ist nicht verpflichtet, sie zu befolgen, es hat aber Konsequenzen, sie nicht zu befolgen. Die Großfamilie ist der Klient eines Politikers, und je größer sie ist, umso größer ist der Umfang der Dienstleistungen, die sie von ihm erwartet. Dazu gehören etwa die Vermittlung von Posten im Staatsdienst oder das Ergattern staatlicher Aufträge. Die Großfamilie bildet die Grundeinheit der Konfession, wodurch sie mit den anderen Gruppen kommuniziert. In einem konfessionellen System wie im Libanon werden die staatlichen Ressourcen nach konfessionellen Quoten verteilt. Wenn man sich der Großfamilie nicht fügt und einen antikonfessionellen, demokratischen Kurs befolgt, ist man vollständig ausgeschlossen und kann sein Glück nur in den Privatberufen suchen oder auswandern.

Die Grenze, an die die Demokratie in diesen Ländern stieß, kann man sich rasch verdeutlichen: Alle sogenannten demokratischen Nationalstaaten, die infolge der Kolonialzeit und unter europäischem Einfluss entstanden sind, waren von kurzer Dauer. Selbst die Staaten, die aus den eher säkularen nationalen Befreiungsbewegungen entstanden, endeten in Clanstrukturen. So etwa der Irak mit der arabisch-nationalistischen, sozialistischen Baath-Partei mit Saddam Hussein an der Spitze; am Ende stützte Hussein sich an erster Stelle auf seinen Clan, dann auf seine sunnitische Konfession und schließlich auf die Baath-Partei, um die Kurden zu bekämpfen und die Schiiten zu drangsalieren.

In Syrien haben die Nusairis, besser bekannt als Alawiten, die führenden Figuren anderer Konfessionen wie Drusen, Christen und Sunniten in der Baath-Partei ausgeschaltet, die meisten physisch. 1970 putschte Hafez al-Assad, der Vater des jetzigen syrischen Präsidenten, gegen die Regierung und übernahm die Macht. Trotz der Tatsache, dass Assad wie Hussein vor Morden und Massenmorden nicht zurückschreckte, ließ er seinen Widersacher Salah Jedid, ebenfalls ein Alawit, am Leben. Zwanzig Jahre lang behielt er ihn bis zu seinem Tod gut versorgt im Gefängnis. Er hat ihn nicht getötet, weil er die *Vendetta* fürchtete, denn beide gehörten verschiedenen Clans innerhalb der alawitischen Ethnie an.

In Libyen hat Muammar al-Gaddafi lange vor Chávez einen neuen sozialistischen Weg propagiert. Chávez rief den »Sozialismus des 21. Jahrhunderts« aus, Gaddafi den islamischen Sozialismus. Er sprach von einer »grünen Revolution«, was in einem Wüstenland etwas sonderbar klingt. Als ihn die Rebellen 2011 vertrieben hatten, flüchtete er zu seinem Stamm nach Sirte, wo er trotzdem aufgefunden und getötet wurde. Dann zerfiel das Land in seine Stammesbestandteile; dass die Stammesgebiete wieder zu einem Staat zusammenwachsen werden, ist ziemlich unwahrscheinlich.

Und Südjemen? Vor der Vereinigung mit dem Norden 1990 und nach der Unabhängigkeit im Jahr 1967 erhielt das Land 1970 eine sozialistische Verfassung und wurde zur »Demokratischen Volksrepublik Jemen« erklärt; diese war bizarrerweise das einzige sozialistische Land weltweit mit einer Staatsreligion, nämlich dem Islam. 1986 brach ein Bürgerkrieg aus. Ein Bekannter von mir, ein Ägypter, der in Ostberlin lebte, erzählte mir von einem Berliner Symposium zu diesem Thema, an dem er teilgenommen hatte. Die anwesenden Wissenschaftler sprachen von vorkapitalistischen archaischen Stammesverhältnissen und schienen unbeteiligt, als ob das Geschehen nichts mit ihrem Land zu tun hätte. Meinem Bekannten platzte der Kragen, er warf den Anwesenden Versagen vor, denn alle diese angeblichen Stammesfürsten hatten in der DDR studiert und waren dort politisch ausgebildet worden, hatten dort ihr sozialistisch-proletarisch-internationalistisches Klassenbewusstsein erhalten, das am Widerstand der Stammesrealität wieder zerbrochen war.

Die sozialistische politische Bildung war vergeblich, weil sie realitätsfremd war. Die sicherste Basis für die Machtausübung in den hier aufgeführten Ländern scheint der Clan zu sein, er scheint auch das Haupthindernis für die Entstehung von Nationalstaaten überhaupt darzustellen. Eine Individualisierung des Menschen als Voraussetzung für die Bürgergesellschaft und den Nationalstaat hat sich in diesen Ländern nicht entwickelt.

### Individualismus in Europa

Individualismus und Demokratie sind ausschließlich europäische Errungenschaften. In der Kolonialzeit haben die Europäer versucht, mehr oder weniger das europäische Modell zu exportieren.

Nach der Kolonialzeit wollten viele Länder dieses Modell beibehalten, weil sie hofften, damit Anschluss an die Moderne zu finden. Von diesem Ziel sind sie jedoch noch weit entfernt.

So betrachtet man etwa Indien als die größte Demokratie der Welt, übersieht aber dabei das islamische Familienrecht für die 140 Millionen seiner muslimischen Bürger, das jede demokratische Gleichheit zwischen Mann und Frau verkennt. Genauso wird der immer noch nicht entschiedene Kampf gegen das Fortwirken des hinduistischen Kastensystems ausgeblendet.

Individualismus setzt unter anderem die Auflösung der Sippenverhältnisse voraus, ein Vorgang, der sich nur in Europa vollzogen hat. Weder in China noch im Nahen Osten, in Ägypten oder auch in Amerika bei den Inkas, den Mayas oder den Indianern ist dies im vergleichbaren Maß geschehen. In Europa wurde die Großfamilie durch die Jahrhunderte des Kriegs und der Zerstörung erschüttert, die der im fünften Jahrhundert einsetzenden Völkerwanderung folgten. Am Ende dieser Phase war die Großfamilie instabil wie nie zuvor, das ist feststellbar anhand der unklaren Filiation, der Beziehung zwischen Kind und Eltern, ob sie matrilineal oder patrilineal ist. Deshalb war sie nicht mehr in der Lage, als Grundzelle für die soziale Organisation zu dienen. In diesen unruhigen Zeiten, in denen die Sippe keinen ausreichend festen Bestand mehr besaß, um ihre Mitglieder zu schützen, suchten die Schwachen Schutz bei den Mächtigen, in deren Dienst sie sich begaben. Die Unterwerfung der Bauern als Leibeigene unter den Feudalherrn, bei der sie einen Teil ihrer Freiheit einbüßten, vollzog sich individuell und umfasste nicht die Sippe. Auf diese Weise konnten die Klassenverhältnisse allmählich die Sippenverhältnisse verdrängen. Gleichzeitig gewährte der Feudalherr, um sich ökonomisch zu entlasten, den Sklaven etwas Freiheit. Anstatt sie auf seinem Hof voll zu unterhalten, gab er ihnen Besitz, von dessen Ertrag sie für ihren Lebensunterhalt sorgen konnten und einen Überschuss an den Landherrn abführen mussten. Damit wurden sie wie die Bauern zu Leibeigenen. Nur in den wenigen Gegenden, in denen die Sippe stark genug war, wie etwa in Friesland, konnte sich der Feudalismus nicht etablieren.

Ein entscheidender Grund für die Instabilität der Familie ist auf die nicht festgelegte Filiation zurückzuführen. Man konnte mit allen Konsequenzen für die Gestaltung der familiären Gruppe im Hinblick auf Erbschaft und Haushalt den Namen der Mutter oder des Vaters übernehmen. Noch im 15. Jahrhundert antwortete die französische Nationalheldin Jeanne d'Arc auf die Frage des Gerichts nach ihrem Namen: »Manchmal nennt man mich Jeanne d'Arc und manchmal Jeanne Romée.« – Ihr Vater hieß Jacques d'Arc und ihre Mutter Isabelle Romée. Die Patrilinearität hatte sich offensichtlich zu dieser Zeit noch nicht überall durchgesetzt.

Das Christentum, das damals noch nicht in ganz Europa verbreitet war, hatte keine entscheidende Rolle in der Gestaltung der verwandtschaftlichen Verhältnisse. Außerdem war ihm der Clan-Gedanke fremd, das Christentum betonte den Wert des einzelnen Menschen als Individuum. Selbst in der kleinen Familie kam der entscheidende Impuls für die Einführung des Patriarchats nicht von der Kirche, sondern vom Staat. Die Übertragung des väterlichen Namens auf die Kinder hat der Staat am Ende der feudalen Zeit selbst festgelegt. Durch die Fixierung des Personenstandes erhoffte er sich bessere Sicherheitskontrollen und eine effizientere Verwaltung. Die väterliche Filiation war also eine Initiative des Staates und steht nicht im Zusammenhang mit etwaigem Einfluss erstarkter Sippenverhältnisse. Nur weil man denselben Namen trug, implizierte das in Europa nicht mehr unbedingt eine Clan-Solidarität. Ab dem 13. Jahrhundert machte die Großfamilie Platz für die kleine Familie, wie wir sie heute kennen.[4]

Im 15. und 16. Jahrhundert wurde in der Renaissance das Individuum aufgewertet und rückte ins Zentrum der kulturellen Beschäftigung. Der auf der wiederbelebten Antike fußende

Humanismus betonte den Individualismus und die Autonomie des Subjekts. Die Menschen sollten nicht mehr allein von der Kirche religiös-kulturell dominiert werden, die freie geistige Entwicklung des Menschen sollte gefördert werden. Bildung und Tugend orientierten sich an der Antike und kennzeichneten den Menschen der Renaissance, ohne jedoch mit dem Christentum beziehungsweise der Kirche in Konflikt zu geraten. Der Humanismus hat das Christentum erweitert, aber nicht bedrängt.

Mit dem Kapitalismus infolge der Industriellen Revolution siegte der Individualismus, die Menschenrechte erhielten einen universalen Wert. Christentum und Kirche wurden aus ihrer Vormachtstellung verdrängt und stark bekämpft. Eine Trennung von Politik und Religion setzte sich allmählich überall in Europa durch. Der Nationalstaat beeinflusste die kulturelle Orientierung seiner Bürger, und der Nationalismus führte zu furchtbaren Kriegen, darunter die zwei Weltkriege. Damit geriet der Glaube an die universalen Werte des autonomen, freien und gleichwertigen Individuums ins Wanken. Neue Ideologien werteten die Gemeinschaften wieder auf und stellten sie als Alternative zum Individualismus in den Vordergrund. Zu ihnen gehörten der Kommunitarismus und der Multikulturalismus.

In der Kolonialzeit hat Europa seine Werte übrigens auch wegen des Nationalismus sowie seiner extremen Auswüchse von Rassismus und Eurozentrismus nicht exportieren können. Anstatt eine gesamtgesellschaftliche Modernisierung zu initiieren, haben die Kolonialmächte eine Kolonialtheorie der Kooperation entwickelt, die ihren hauptsächlich wirtschaftlichen Interessen diente. Diese Theorie teilt die kolonisierten Länder in zwei Sektoren auf, einen traditionellen Sektor, in dem die alten sozialen Systeme weiterbestehen, und einen modernen Sektor, der nach westlichen kapitalistischen Maßstäben organisiert ist und der die ökonomische Ausbeutung der Kolonien vornimmt. Für diesen Sektor wurde eine kleine lokale Elite europäisch ausgebildet, die in der postkolonialen Zeit die Macht übernahm und fortan die Ausbeutung der eigenen Leute weiterführte.

In allen Fällen blieben die alten sozialen Strukturen erhalten. In der modernen Zeit, die man Globalisierung nennt, hätte man erwartet, dass sie sich langsam auflösen und in andere individualisierte Formen eingehen. Das ist nicht in einem ausreichenden Ausmaß geschehen, um moderne Nationalstaaten zu tragen. Anstelle von Weiterentwicklung setzte der Zerfall der alten Strukturen ein, Millionen von Menschen wanderten in die Städte. Dort fanden sie keine alternativen Lebenschancen. Sie bildeten Slums, lebten in Armut und versuchten, die alten Strukturen zu reproduzieren, indem sie entsprechend der Herkunft beziehungsweise der Familie zusammenkamen, um sich bei Abwesenheit des Wohlfahrtsstaates gegenseitig zu helfen. Das werde ich am Beispiel der Mhallami darstellen. Die Lage der modernen sozialen Schichten, die dennoch entstanden, war überall zu prekär, um bedeutende politische Macht zu entfalten, wie der arabische Frühling 2011 gezeigt hat. Eine Ausnahme kann Tunesien werden, wo die Konfrontation zwischen dem modernen und dem traditionellen Lager noch nicht entschieden ist.

### Clan, Religion und Patriarchat

Auf die historische Entstehung des Islam und den Wahrheitsgehalt der islamischen Tradition, die über zwei Jahrhunderte nach den Ereignissen geschrieben wurde, werde ich hier nicht eingehen, damit beschäftigt sich die Koranforschung. Es reicht aus, wenn wir zur Kenntnis nehmen, dass die Entstehungsgeschichten der Religionen und übrigens auch die der Stämme mehr oder weniger mythischen Charakter haben. Uns interessiert hier vor allem die Wirkungsgeschichte der mythischen Erzählungen im Bewusstsein und Handeln der Gläubigen und der Stammesmitglieder.

Als der Islam im siebten Jahrhundert in Arabien entstand, herrschten dort überall Stammesverhältnisse. Die Stämme waren nicht alle Nomaden, es gab halbsesshafte und sesshafte Stämme. In Mekka, wo der spätere Prophet Mohammed zur Welt kam, war der Stamm von Quraisch ansässig und in verschiedene Clans aufgeteilt, was die übliche Stammesstruktur kennzeichnet. Die Clans konkurrieren und kämpfen um die Herrschaft im Stamm. Die islamische Geschichte ab 622, als Mohammed nach Medina ins Exil, *hijra*, ging – was zugleich den Beginn der islamischen Zeitrechnung darstellt –, war bis zur Tötung des letzten Abbasidenkalifen in Bagdad durch die Mongolen im Jahr 1258 von diesem Clankampf beherrscht. Selbst die Spaltung des Islam in Sunniten und Schiiten ist auf den Kampf zwischen dem Clan des Propheten, den Haschemiten, und dem Clan der Umayyaden zurückzuführen. Die Umayyaden (661–750) begründeten die erste dynastische Herrscherfolge der islamischen Geschichte.

Anfang des siebten Jahrhunderts war die Filiation in Arabien genauso instabil wie in Europa, sie war genauso mütterlicher- wie väterlicherseits, und es ist auffallend, dass die Filiation in der Familie des Propheten durch die Mutter, konkret durch die Tochter Fatima, stattfand, was einen klaren Hinweis auf die verwandtschaftlichen Verhältnisse darstellte. Der Unterschied zwischen beiden Kulturräumen liegt darin, dass diese Instabilität in Europa zur Auflösung der Großfamilie führte, während in Arabien durch den entstehenden Islam die Strukturen der Großfamilie und des Stammes gestärkt wurden. Während das Christentum die Familienstruktur kaum beeinflusst hat, war es hingegen ein Hauptanliegen des Islam, diese Struktur neu zu organisieren, um die zuvor mütterliche Filiation zugunsten der väterlichen abzuschaffen, ohne jedoch den großen verwandtschaftlichen Verband aufzulösen. Das ist gelungen: So, wie die väterliche Filiation den Clan in Friesland stärkte (und damit wie bereits erwähnt seine Auflösung in die Feudalverhältnisse verhinderte), so stärkten die patriarchalischen Verhältnisse auch in Arabien den Clan und ermöglichten das Überleben des großen familiären Verbandes bis heute.

Den Orientalisten ist es schon im 19. Jahrhundert aufgefallen, dass selbst in der so spät redigierten Geschichte des Islam so viele Hinweise auf matriarchalische Verhältnisse überlebt haben, trotz der Säuberungsversuche der Historiker in der schon etablierten patriarchalischen Gesellschaft. Die weitere Forschung zeigte in der vorislamischen Zeit die Existenz von über zehn Arten der Geschlechterverhältnisse; die heute offizielle polygame Ehe bei den Muslimen war nur eine unter vielen anderen. In seinem Buch, »Die Ehe bei den Arabern in al-djâhiliya[5] und Islam«[6] fasst der syrische Jurist Abdulsalam al Tarmanini die verschiedenen Arten zusammen. Die Polygamie war selbstverständlich verbreitet, sie war unbegrenzt. Nicht weniger akzeptiert war die Polyandrie, die Vielmännerei, wobei die Frauen aber nicht mehr als zehn Männer auf einmal haben durften. Ebenso üblich waren Frauentausch, Zeitehe, Prostitution und Homosexualität. Die im Krieg erbeuteten Frauen wurden versklavt und standen sexuell im Dienst ihres Herren, der sie zur Prostitution zwingen konnte.

Es war zudem üblich, dass eine Frau bei der Abwesenheit des Mannes fremdging, was zu keinen Konsequenzen führte. In manchen Fällen schickte der Ehemann in der Hoffnung auf einen besseren, starken und gesunden Nachwuchs sogar selbst seine Frau zu einem kräftigen Ritter. Der Ehrbegriff war nicht sexuell besetzt, sondern an die Ritterlichkeit des Kriegers gebunden. Inwieweit der Mann seinen Stamm verteidigte und sich an den Stammeskodex hielt, entschied über seine Ehre und sein Prestige. In seiner Abhandlung »Die Ehe bei den Arabern« von 1893 schrieb der Orientalist Julius Wellhausen: »Auf die Jungfräulichkeit der Geliebten wird nie Gewicht gelegt.«[7]

Bei diesen Verhältnissen, die der Promiskuität nahestanden, war die Ehe selten langlebig. Wie der Mann besaß die Frau das Scheidungsrecht, und wie er nutzte sie es häufig. Wie der Mann durfte auch die Frau ihre Sexualpartner selbst aussuchen. Unter diesen Umständen wurde die gebärende Mutter zur Hauptreferenz für den Nachwuchs. Daraus ergab sich die mütterliche Filiation, die Matrilinearität, die bei den Arabern durch die Matrilokalität ergänzt war: Die Frau blieb mit den Kindern bei ihrer Familie, und der Mann besuchte sie.

Die Rede vom Matriarchat ist irreführend, weil sie die Herrschaft der Frauen suggeriert. Diese Herrschaft hat aber nie existiert.[8] In den matriarchalen Gesellschaften hat immer ein Mann die Erziehung der Kinder bestimmt, die Verwaltung des gemeinsamen Eigentums und die Rolle des Vormunds übernommen. Diese Funktion kam dem Onkel mütterlicherseits zu, gab es keinen, ging sie auf den nächsten männlichen Verwandten der mütterlichen Linie über.[9] Somit hatte das Matriarchat keinen negativen Einfluss auf den Zusammenhalt des Stammes.

Der Stamm bestand aus Kriegern, die untereinander verwandt waren und eine angeblich einheitliche Ahnenreferenz besaßen. Sie waren durch die Blutrache verbunden, die eine kollektive Pflicht war. Kriegsbeute und Nachlass der verstorbenen Männer wurden gleichfalls kollektiv verwaltet und unter den Kriegern verteilt. Frauen waren von der Erbschaft ausgeschlossen, aber sie durften die Kinder behalten und sie in ihrem Clan erziehen und gaben ihnen ihren Namen. Ihre Männer kamen zu ihnen zu Besuch. Trotz ihrer relativ großen Freiheit war die Situation der Frau ziemlich unsicher; durch die ständigen Kriege um die knappen Ressourcen in der Wüste – eigentlich waren sie kurze Raubzüge, auf Arabisch Razzien –, konnte ihr Status schnell von einer Freien zu einer Sklavin wechseln. In dieser auf Krieg ausgerichteten Gesellschaft stellten die Frauen einen Schwachpunkt dar. Um ihn auf ein Minimum zu reduzieren, war es üblich, neugeborene Mädchen lebendig im Sand zu begraben, was wiederum die Knappheit der Frauen zur Folge hatte und den Razzien einen weiteren Antrieb gab. Diese Praxis hat der Koran verboten.

Ein Jahrhundert vor der Entstehung des Islam wurden wichtige Handelswege über Arabien umgeleitet. Es entstanden Handelsplätze wie Taif und vor allem Mekka, in denen die Geldwirtschaft das Privateigentum förderte. Erste Züge des Individualismus bedrohten die kollektive Stammessolidarität, denn sie führten dazu, dass man den individuell erwirtschafteten Besitz auch individuell für sich und die eigenen Kinder behalten wollte. Selbst im traditionellen Stamm zeigten sich diese Tendenzen, so neigten etwa die Vormünder dazu, sich immer öfter das Eigentum ihrer Schützlinge unter den Nagel zu reißen, eine Praxis übrigens, die im Koran heftig verurteilt wird, Mohammed war schließlich selber ein Waisenkind. Außerdem blieben die im Krieg eroberten Frauen im Besitz und im Clan der Männer, die einen Teil zur Prostitution zwangen, aber einen Teil auch als Ehefrau nahmen. Die neugeborenen Kinder trugen den Namen des Vaters. Die patriarchalische Familie, die im Clan des Mannes angesiedelt ist, und in der die Filiation über den Vater stattfindet, gewann immer mehr an Bedeutung.

Zur Zeit Mohammeds konkurrierten die patriarchalische und die matriarchalische Ehe untereinander. Der Islam sorgte für Klarheit, indem er die matriarchalische Ehe abschaffte. Das Leben Mohammeds spiegelt diese Situation: Seine erste Frau Khadija war eine selbstständige, selbstbewusste Geschäftsfrau, die aktiv am öffentlichen Leben teilnahm. Sie hat sich Mohammed als Ehemann selbst auserkoren und für seinen finanziellen Unterhalt gesorgt. Nach ihrem Tod beginnt die islamische Phase, in der die neue Auffassung offenbart wird. Die Frauen des Propheten wurden verschleiert und zum Teil isoliert. Spuren des Matriarchats überlebten mit der Zeitehe im Koran (Vers 4:24). Diese Ehe wurde aber kurz danach durch den zweiten Kalifen Omar (634–644) verboten. Die Schiiten haben die Zeitehe bis heute behalten.

**Familie und Islam**

Unter den Weltreligionen ist die Religion des Islam diejenige, die den Geschlechterverhältnissen den größten Platz in ihrem heiligen Buch einräumt. Die zweitgrößte Gruppe normativer Verse im Koran betrifft die Beziehung zwischen Mann und Frau, sie gestalten das Patriarchat. Mit ihnen wurden alle Eheformen außer der Polygamie ausdrücklich verboten, und die polygame Ehe wurde auf vier Frauen eingeschränkt. Sexuelle Verhältnisse außerhalb der Ehe wurden mit einer großen Ausnahme ebenfalls verboten: Der Muslim darf so viele Sklavinnen besitzen, wie er will, sie stehen ihm neben seinen Frauen auch sexuell zur Verfügung.

Interessanterweise werden Homosexualität und Pädophilie im Koran nicht erwähnt. Das führte später unter den Rechtsgelehrten zu unterschiedlichen Einschätzungen der Strafbarkeit dieser Handlungen sowie Diskussionen über das gegebenenfalls zu verkündende Strafmaß. In vielen islamischen Ländern ist die Ehe mit Minderjährigen bis heute legal. Im Iran hat es die Frauenbewegung zur Regierungszeit des Staatspräsidenten Mohammad Chatemi (1997–2005) nach langjährigem Kampf geschafft, das Alter der Kinderehe von neun auf zehn Jahre zu heben. Sein Nachfolger, der berüchtigte Mahmud Ahmadinedschad, machte es rückgängig, bis heute richtet man sich nach dem Vorbild des Propheten, der seine Frau Aischa als Neunjährige heiratete. In vielen anderen islamischen Ländern dagegen wurde das Mindestalter auf sechzehn Jahre angehoben, selbst in Saudi-Arabien wird immer eindringlicher verlangt, die Altersgrenze gesetzlich zu erhöhen. Die Mhallami, die dieses Buch insbesondere ins Auge fasst, halten diese Regel in Deutschland nicht ein.

Nach der Anerkennung der polygamen Ehe als offizielle Ehe wird das Patriarchat gestaltet. Der Koran legt die väterliche Filiation fest: »Nennt sie nach ihren Vätern; das ist gerechter vor

Allah« (Vers 33:5), und um die Patrilinearität abzusichern, legen eine Reihe von Versen die Dauer der sexuellen Abstinenz vor der Eheschließung und nach der Scheidung fest. Das Inzestverbot, das bestimmt, wer wen heiraten darf, gestaltet der Koran im Detail zugunsten des Patriarchats neu (Verse 4:22–23), zudem verankert er die Dominanz des Mannes über die Frau. In Vers 4:34 heißt es: »Die Männer stehen über den Frauen, weil Gott sie ausgezeichnet hat und wegen der Ausgaben, die sie von ihrem Vermögen gemacht haben.«

Der Übergang vom Matriarchat zum Patriarchat ist in den Versen des Inzestverbots spürbar. Im Vers 4:22 zum Beispiel wird gesagt: »Und heiratet nicht Frauen, die eure Väter geheiratet hatten, es sei denn bereits zuvor geschehen. Siehe, es ist eine Schande und ein Abscheu und ein übler Weg.« Trotz ihrer Widerlichkeit werden diese Eheformen geduldet, man kann nicht die ganze Gesellschaft auf einen Schlag ändern. Anders bei der Polygamie. Der Polygamie-Vers 4:3 schränkt die Zahl der Ehefrauen auf vier ein und kennt keine Übergangsphase. Deshalb hat der Prophet seine Gefährten aufgefordert, sich von ihren vielen Frauen vier auszusuchen und sich von den anderen zu trennen. Er selber hatte aber bei seinem Tod neun Frauen.

Die relativ freie Frau in der vorislamischen Zeit wurde mit dem Islam unter die Kontrolle des Mannes gebracht. Als Ausgleich für ihre Unterwerfung bekam sie einige Vorteile wie Privateigentum, Teilerbschaft, aber nur halb so viel wie ihre Brüder, und das Behalten der Morgengabe; dagegen erhielt sie einen männlichen Vormund, der über ihre Handlungen mitentschied: Die Frau wurde dadurch infantilisiert. Sie konnte sich zwar gegen die Zwangsehe wehren und den Bewerber ablehnen; sie konnte sich aber keinen Ehemann selbst aussuchen und ohne die Zustimmung des Vormundes heiraten, was einen indirekten Zwang bedeutet. Wegen der Geschlechtertrennung konnte die Frau ihr Vermögen auf dem Markt nicht verwerten, das Geld hat der Vormund verwaltet.

Mit der Festlegung des Patriarchats durch den Islam änderte sich auch der Inhalt des Ehrenbegriffes. In der vorislamischen Zeit war die Ehre, wie erwähnt, mit der Ritterlichkeit assoziiert. Kraft, Mut, Großzügigkeit und Schutz des Stammes galten als Komponenten der Ehre, und nicht die Sexualität. Mit dem Islam löste der Patriarch den Ritter ab. Nicht Kraft und Mut kennzeichneten das Männerbild, sondern finanzielle Potenz und Besitz, Weisheit und Religion. Der Schutz seiner Religion und seines Besitzes, wozu seine Kinder und seine Frauen gehören, bildeten den Inhalt des Ehrenbegriffs. Damit gewann der Begriff der Ehre eine ausgeprägt sexuelle Konnotation. Es geht um die Sicherung der männlichen Filiation, sie gehört zur Kernaufgabe der Religion. Muhammad al-Ghazali (1058–1111), der Haupttheologe des traditionell orthodoxen sunnitischen Islam, schreibt: »Die Intention der Scharia bezüglich des Menschen besteht aus fünf Prinzipien: der Bewahrung ihrer Religion, ihres Lebens, ihres Verstandes, ihrer Nachkommenschaft und ihres Eigentums.«[10] Ein palästinensischer Sozialarbeiter im Bezirk Berlin-Neukölln erklärt 2013 den Ehrenbegriff bei den Arabern wie folgt: »In dem arabischen Ehrenkontext hat eben das Mädchen eine ganz andere Stellung als der Junge. Der Junge ist der Beschützer der Ehre, der Bruder, sehr oft der Vater, und das Mädchen verkörpert diese Ehre, und diese Ehre muss geschützt werden.«[11]

Mit dem Fortschreiten des Patriarchats sorgten die islamischen Rechtsgelehrten dafür, dass sich die Situation der Frau zunehmend verschlechterte. Sie wurde aus dem öffentlichen Raum vertrieben und in ihrem Haus eingesperrt. Dort sollte sie Königin ihres Reichs sein; Haushalt und Kindererziehung, die es zum Wohl des Mannes zu verwalten und zu praktizieren galt, waren ihre Fachgebiete. Diese Versprechungen wurden nicht gehalten, bei der islamischen Expansion sind Heere von Sklavinnen in die Hände der Muslime gefallen, und der Sklavenhandel sicherte später die kontinuierliche Versorgung der lokalen Märkte. Der

Harem entstand, deshalb erlebte die Frau die Konkurrenz im eigenen Haus. Während in Europa die Sklaverei, die hauptsächlich in der Landwirtschaft verbreitet war, langsam zurückging, breitete sich die Haussklaverei in der islamischen Welt in allen Stufen der Gesellschaft rasant aus und beeinträchtigte die Stellung der Frau massiv.

Nicht nur in den Palästen, sondern auch beim einfachen Volk trugen die Sklavinnen zur Beeinträchtigung der Position der freien Muslimin bei. Ignatius d'Ohsson, ein Diplomat an der schwedischen Botschaft in Istanbul, schreibt Ende des 18. Jahrhunderts in seinem »*Tableau général de l'empire ottoman*«: »Egal, wie arm sie sind, besitzen die Männer in der Regel mindestens eine Sklavin. Wenn sie über kein Vermögen verfügen, um heiraten zu können, dann fungiert die Sklavin als Ehefrau und als Dienerin.«[12] Die Ehefrau steht für Sex und Zeugung zur Verfügung, die Sklavin nur für Sex. Wenn sie aber schwanger wird und der Mann die Vaterschaft anerkennt, dann muss er sie freilassen und sie heiraten. Die Sklavin ist eine potenzielle Ehefrau, genießt aber nicht ihre Rechte. Das Zusammenleben von Sklavin und freier Frau unter einem Dach hat zu einer Nivellierung geführt, die zugleich eine Herabwürdigung der freien Frau bedeutete.

Im 11. Jahrhundert fasst al-Ghazali in seinem »Buch der Ehe«[13] die neue Situation der Frau wie folgt zusammen: »Die Ehe ist eine Art von Sklaverei. Die Frau ist die Sklavin des Mannes, sie muss ihm vollkommen gehorchen.« Weiter schreibt er: »Hätte Gott jemals von den Frauen verlangt, sich vor jemand niederzuknien, dann vor ihrem Mann.« Und schließlich: »Wenn eine Frau stirbt und ihr Mann mit ihr zufrieden ist, dann kommt sie ins Paradies.« Der Mann ist damit für die Frau Gott auf Erden.

Dieser Zustand wurde im islamischen Personenstandsrecht festgeschrieben und gilt bis heute in allen islamischen Ländern, außer in der Türkei und teilweise in Tunesien. In der Türkei wurde jedoch das religiöse Familienrecht ab Oktober 2017 wiedereingeführt, die religiösen Gerichte dürfen neben dem Standesamt Ehen nach der Scharia schließen. Dagegen schreitet in Tunesien zeitgleich seit September 2017 das säkulare Familienrecht voran, muslimische Frauen dürfen Nichtmuslime heiraten. In Ländern wie Indonesien, in denen sich das islamische Familienrecht nie durchgesetzt hat, erleben wir gerade jetzt seine mögliche Einführung unter dem Einfluss Saudi-Arabiens. Die Aufnahme der Polygamie im Familienrecht wird dort seit ein paar Jahren heftig diskutiert.

Die Orientalisten haben den Begriff »islamische Welt« untersucht und sich gefragt, ob er eine Relevanz hat; sie sind zu dem Ergebnis gekommen, dass das Familienrecht den gemeinsamen Nenner dieser Kennzeichnung darstellt. Das Familienrecht ist der Faktor, der eine islamische Gesellschaft am stärksten prägt. Es gestaltet den Alltag der Muslime, grenzt sie von den Nichtmuslimen ab, verfestigt die Herrschaft des Mannes über seine Kinder, seine Frauen und seine Sklavinnen. Wenn man bedenkt, dass der Staat bei dieser Gestaltung keine Rolle spielt, sondern diese Aufgabe den religiösen Gerichten der Rechtsgelehrten überlässt, dann kann man verstehen, welche Macht die Scharia auf das Bewusstsein der Muslime ausübt.

Was aus der Perspektive des Muslims am ehesten seine religiöse Identität definiert, ist eben das Familienrecht: In Europa sind Millionen von Muslimen in den letzten sechzig Jahren eingewandert; wenn sie von islamischer Identität und Lebensweise reden, meinen sie nicht Händeabhacken und Steinigung, sondern das Familienrecht. Das Kopftuch ist Teil davon, weil es die Geschlechtertrennung in der Öffentlichkeit, die die Bewahrung der Sexualität der Frau für ihren Ehemann bezweckt, bedeutet.

Die Forderung, die Scharia in Europa einzuführen, wurde erstmals 1974 in Großbritannien laut. Sie bezog sich allein auf das Familienrecht. Keine zehn Jahre später, 1982, wurde der Islamische Scharia-Rat in London (Islamic Sharia Council) mit dem Schwerpunkt Familienrecht gegründet. 1996 wurden die Scharia-Gerichte mit dem *Arbitration Act* legalisiert und dabei den Schiedsgerichten faktisch gleichgestellt. Ihre Entscheidungen sind bindend, sofern sich beide Seiten damit einverstanden erklärt haben. Manche Entscheidungen allerdings, wie etwa Scheidungsurteile, müssen von britischen Gerichten bestätigt werden. Inzwischen sind über hundert solcher Gerichte, die meist in Moscheen angesiedelt sind und ohne jegliche staatliche Kontrolle agieren, tätig. Obwohl die Inanspruchnahme dieser Gerichte freiwillig ist, reicht allein ihre Präsenz, um einen ungeheuren Druck auf die Frauen auszuüben und die Integration in die britische Gesellschaft zu verhindern. Wie schlecht die Muslime in Großbritannien integriert sind, sieht man an den Problemen mit lokal erzeugtem Terrorismus.

Die Verteidigung der patriarchalischen Kleinfamilie steht natürlich nicht nur im Programm der traditionellen Muslime ganz oben, sondern auch bei den Islamisten. Sie ist der Grundstein der islamischen Gesellschaft, die in Europa durch die Migration weiterwächst, um die Bildung größerer Familienverbände zu ermöglichen, die dann in die Umma, also die Gemeinschaft der Muslime, eingehen. Diese Auffassung verteidigt etwa der Islamwissenschaftler Tariq Ramadan, ein umstrittener Modernisierer des Islam und vorgeblicher Hoffnungsträger für die Integration der Muslime.[14] Er gibt die Position seines Großvaters Hassan al-Banna, des Begründers der 1928 in Ägypten ins Leben gerufenen Muslimbruderschaft, wieder.

Bei einem von der Friedrich-Ebert-Stiftung in Berlin 2003 organisierten Treffen wurde der Vertreter der islamischen Gemeinschaft Millî Görüş nach den Zielen seiner Bewegung gefragt. Seine Antwort lautete: dem Bauern aus Anatolien den wahren Islam und seine Zughörigkeit zur Umma der Muslime beizubringen. Daraufhin fragte ich, ob diesem Bauern und Migranten ein Bengladeschi näher stünde als seine deutschen Nachbarn. Der Vertreter schien überrascht und die Frage nicht richtig zu verstehen. Die Frage der Integration in Deutschland stand offensichtlich gar nicht in ihrem Programm.

## Stamm und Islam

In Mekka, wo der bereits erwähnte Stamm Quraisch ansässig war, gab es keine Landwirtschaft, denn Mekka war keine Oase. Es gab bloß einen Brunnen namens ZamZam, an dem die Pilger sich noch heute mit heiligem Wasser versorgen, sowie eine heilige Stätte, die Qaaba, in der mehreren Gottheiten gehuldigt wurde. Die damals beständig ausgetragenen Kriege unter den Stämmen wurden jährlich durch vier heilige Monate unterbrochen, in denen Kriegshandlungen verboten waren und die Menschen die Chance hatten, nicht nur ihre religiösen Bedürfnisse durch das Pilgern zu befriedigen, sondern auch die ganz materiellen.

Medina, wohin Mohammed später geflüchtet ist, war im Gegensatz zu Mekka eine richtige Oase mit ausgedehnter Landwirtschaft. Dort lebten fünf große Stämme, zwei arabische, die hoffnungslos untereinander zerstritten waren und sich nicht aus dem Teufelskreis der Blutrache lösen konnten, sowie drei jüdische, die wirtschaftlich erfolgreich waren und mit ihren Propheten und ihrem Heiligen Buch prahlten. Zwischen beiden Gruppen bestanden Bündnisse und Abhängigkeiten in der Form von Klientelverhältnissen, wie es in der Stammesgesellschaft üblich ist. Als Mohammed 621 nach zwölf Jahren vergeblicher Mission gescheitert war, suchte er ein neues Zuhause als Prophet. Er hatte knapp einhundert Anhänger, und sein Stamm wollte ihn loswerden, weil er mit seiner monotheistischen Lehre das Geschäft mit den vielen Göttern in der Qaaba beeinträchtigte. Als die arabischen Stämme davon hörten, traf sich auf der Pilgerfahrt eine Delegation von ihnen (zwölf Männer) mit ihm und erklärte, sie würden ihn als Propheten anerkennen. Eine wichtige Rolle spielte sicherlich dabei die Verwandtschaft Mohammeds mütterlicherseits mit dem Clan der *banu nadjar* im Stamm der medinesischen Khazraj.

Ein Jahr später, 622, erschien eine große Delegation (dreiundsiebzig Männer und zwei Frauen), die sich heimlich mit Mohammed in *al-aqaba* außerhalb von Mekka traf. Ein Pakt wurde geschlossen, der dem Islam eine neue Orientierung in Richtung Anpassung an die Stammesverhältnisse geben sollte. Wegen der Bedeutung dieses Paktes gebe ich den Text aus der Mohammed-Biografie von Ibn Hischâm (gest. 829) in der Übersetzung des Orientalisten Gustav Weil (1808–1889) wieder:

Mohammed hielt eine Rede an uns, rief uns zu Allah auf, rezitierte Suren aus dem Qur'an und erweckte in uns die Liebe zum Islam. Dann sagte er: »Schwört mir, dass ihr mich vor allem bewahren werdet, wovor ihr auch eure Frauen und Kinder bewahrt!« Al-Bara ben Marur ergriff seine Hand und sagte: »Jawohl, bei dem, der dich als Propheten mit der Wahrheit gesandt hat, wir werden dich wie unsere eigenen Leiber beschützen. Empfange unsere Huldigung, o Gesandter Allahs! Bei Allah, wir sind Söhne des Krieges und Männer der Waffen, die wir von unseren Vorfahren geerbt haben.« Während al-Bara sprach, unterbrach ihn Abu al-Haitham ben al-Tihan und sagte: »Gesandter Allahs, es bestehen Bande zwischen uns und anderen« – er meinte damit die Juden –, »die wir nun zerreißen werden. Tun wir dies, und Allah verschafft dir Sieg, wirst du uns dann verlassen und in deine Heimat zurückkehren?« Mohammed antwortete: »Euer Blut ist mein Blut. Was ihr vergießt, vergieße auch ich. Ihr gehört zu mir und ich zu euch. Ich bekriege, wen ihr bekriegt, und schließe Frieden, mit wem ihr Frieden schließt.«[15]

Dieses Vorgehen war ganz im Sinn der Stammesgesellschaft. Der Islam, der in der jüdisch-christlichen Tradition entstand, betonte das individuelle Heil und rief die Menschen auf, das Gute zu tun und das Böse zu vermeiden. Er appellierte an das Gewissen der Menschen und hatte noch keine Scharia als Gesetz für die Organisation des Lebens im Diesseits. Angesicht seines Scheiterns änderte Mohammed am Ende der mekkanischen Periode jedoch seinen Kurs. Er wandte sich mit dem Argument, jedes Volk habe seinen Propheten, direkt an die Araber, und fügte hinzu, dass Gott aus diesem Grund seine Offenbarung im Koran auf Arabisch abgehalten habe. Diese Umorientierung blieb in Mekka wirkungslos, mit den Stämmen von Medina hat er endlich sein Ziel erreicht.

Die Mekkaner bekamen Wind von dieser Verschwörung und begriffen die neue Gefahr. Bislang war Mohammed von seinem Clan geschützt, trotz aller Feindseligkeiten und Schikanen gegen ihn hatten sie ihn aus Furcht vor der Blutrache nicht töten können. Nun beschlossen sie, es doch zu tun. Sie vereinbarten, dass jeder Clan einen Attentäter ernennen möge, der gemeinsam mit den anderen Mohammed erdolchen sollte, eine Blutrache gegen alle mekkanischen Clans wäre dann praktisch unmöglich. Als sie nachts den Plan durchführen wollten, war Mohammed bereits geflüchtet, er hatte seine Anhänger zuvor unauffällig nach Medina geschickt, war ihnen aber später gefolgt. Das war im Jahr 622, dem Beginn der islamischen Zeitrechnung und der Geburt des Islam.

In Medina angekommen, setzte Mohammed eine Urkunde auf, in der die Beziehungen zwischen den geflüchteten Gläubigen aus Mekka, den Gläubigen in Medina sowie zu den Juden geregelt wurden. Im Dokument bilden alle Muslime zusammen eine Gemeinschaft, die von allen anderen abgesondert ist, bei den Juden ist jeder Stamm eine eigene Gemeinschaft. Nach außen treten die Muslime als ein großer Stamm auf. Die Stammesstruktur innerhalb der islamischen Gemeinschaft allerdings blieb unangetastet, und das Dokument betont nach wie vor die kollektive Haftung des Stammes für Blutgeld bei Mord und Lösegeld für Gefangene.

In der koranischen Offenbarung, die in Medina stattfand, wird die Gestaltung der islamischen Gemeinschaft, der Umma, mit vielen Versen von Gott selber übernommen. Die Prioritäten werden gesetzt, erst kommt die religiöse Solidarität, an zweiter Stelle die Familiensolidarität: »Ihr Gläubigen! Nehmt euch nicht eure Väter und eure Brüder zu Freunden, wenn sie den Unglauben dem Glauben vorziehen!« (Vers 9:23). Die Ausgrenzung der »Ungläubigen« (Vers 4:144), der Juden und Christen (Vers 5:51) und überhaupt aller, die außerhalb der Umma der Gläubigen stehen (Vers 3:133), wird vorgeschrieben. Mit denen sollen die Muslime sich nicht anfreunden. Nur »die gläubigen Männer und Frauen sind untereinander Freunde und Beschützer und bilden eine Gruppe für sich. Sie gebieten, was recht ist, und verbieten, was verwerflich ist, verrichten das Gebet, geben die Almosensteuer und gehorchen Allah und seinem Gesandten. Ihrer wird sich Allah erbarmen« (Vers 9:71). Diese Gemeinschaft ist die beste, die Gott je erschaffen hat, und sie hat die beste und einzig wahre Religion, den Islam. Der Islam wird auf diese Weise als Megastamm organisiert, bestehend aus Stämmen und Clans, deren Kern die patriarchalische Kleinfamilie bildet. Die Stämme und Clans koexistieren nebeneinander, ihre Öffnung zur Welt findet durch ihre Zugehörigkeit zum Megastamm der Muslime, zur Umma, statt, die sich von allen anderen Menschen abgrenzt. Diese sozioreligiöse Konstruktion hat die Jahrhunderte überdauert.

Im neunten Jahr der *hijra* war der Sieg Mohammeds unbestreitbar, und die arabischen Stämme schickten Delegationen, um sich dem Islam zu unterwerfen. Der Beitritt zum Islam geschah nicht individuell, sondern umfasste die ganze Sippe, die Delegation von al-Yamama aus Zentralarabien beispielsweise soll hunderttausend Menschen vertreten haben. Zur selben Zeit fand die Christianisierung der Germanen statt. Auch dort vollzog sich der Beitritt zum Christentum durch ganze Sippen, der Stamm folgte seinem Anführer, manchmal folgte auch umgekehrt der Anführer seinem Stamm. Einen wesentlichen Unterschied gab es jedoch: Die Germanen ließen sich zu einer Religion bekehren und blieben darin. Die Araber hingegen verstanden ihre Huldigung gegenüber Mohammed als Vertrag im tribalen Sinn, deshalb betrachteten sie ein paar Jahre später, als Mohammed starb, den Vertrag als obsolet und kehrten zu ihrem heidnischen Glauben zurück. Der erste Kalif Abu Bakr – der Schwiegervater Mohammeds – musste sie zwei Jahre lang bekämpfen, um sie wieder unterwerfen zu können, die islamische Tradition nennt dies die »Kriege des Abfalls«, gemeint war der Abfall von der Religion. Seitdem gilt das Apostasiegesetz: Wer den Islam verlässt, wird getötet. Damit war der Megastamm der Umma hermetisch abgeriegelt.

Mit der islamischen Expansion und unter der Umayyadischen Herrschaft mussten sich die neu zum Islam Bekehrten erst in den Schutz eines arabischen Stammes begeben, natürlich mit weniger Rechten. Diese Neuzugänge wurden *mawali* genannt, die Klienten. Mit der Zeit traten immer mehr Menschen zum Islam über, sei es aus Überzeugung oder um der Extrasteuer für Nichtmuslime, wie Kopfsteuer und Landsteuer, zu entgehen. Die Bereitschaft, die Herrschaft der Araber und die damit einhergehende Diskriminierung (Nicht-Araber durften beispielsweise keine Araberin heiraten) zu ertragen, schwand jedoch nach und nach, und die Mawali unterstützten erfolgreich die Abbasidische Revolution gegen die Umayyaden. Das arabisch-islamisch-patriarchalische Modell breitete sich unter den Untertanen des islamischen Reiches aus. Selbst die Christen waren bemüht, sich mit fiktiven Ahnengenealogien, die zu einer arabischen Abstammung zurückführten, in Sippen zu organisieren.

### Die arabisch-islamische Familienstruktur

Vor dem Ende des Ersten Weltkrieges existierten im Nahen Osten keine Landesgrenzen. Es herrschten hingegen zwei Reiche, deren Trennlinie vom Persischen Golf im Süden bis Armenien im Norden verlief. Östlich lag das Reich der persischen Safawiden, westlich das Reich der türkischen Osmanen. Die nahöstlichen arabischen Gebiete waren Bestandteile des Osmanischen Reiches. Obwohl dieses ab 1683, nachdem es seine maximale Ausdehnung erreicht hatte, schrumpfte, blieben die Araber bis zur Auflösung des Reiches 1918 den Osmanen treu. Die Gebiete des späteren Irak, der Türkei, Syriens, des Libanons, Jordaniens, Palästinas und Teile der arabischen Halbinsel – das Gesamtgebiet nannte man in der Antike »Arabien« – waren in osmanische Provinzen aufgeteilt, die primär den Erfordernissen der Verwaltung unterlagen und nicht den ethnischen Gegebenheiten.

In diesem Gebiet gehörten Migration und Wanderung zur Normalität, nicht zuletzt, weil weite Teile der Bevölkerung noch Nomaden waren. Sie wanderten in den Bergregionen, weil die kleinen Ackerflächen keine ausgedehnte Landwirtschaft erlaubten, und in trockenen und halb trockenen Wüstengebieten zogen sie auf der Suche nach Weideland und Wasser für ihre Herde durch das Land. In diesen Gebieten bestimmten die Stammesverhältnisse die Gestaltung der sozialen Struktur.

Wenn wir die soziale Struktur betrachten, sehen wir die kleine Familie eingebettet in eine Sippe, einen Clan. Mehrere Sippen bilden einen Stamm, mehrere Stämme bilden eine Konföderation. Zwischen diesen Gruppen besteht eine Solidarität, die ihren Ausdruck in der Pflicht zur Vendetta und zur Beteiligung an den Kriegen findet. Die Solidarität ist unterschiedlich intensiv, sie ist zwischen Brüdern am stärksten, dann kommt der Clan, dessen Solidarität sich oft gegen andere Clans desselben Stammes richtet. Wenn der Stamm angegriffen wird, dann sind alle Clans solidarisch gegen den Feind, der auch Mitglied der Konföderation sein kann. Ein Angriff auf die Konföderation mobilisiert alle Stämme mit allen ihren Clans gegen den gemeinsamen Feind.

Der Clan ist, wie bei allen Clans in der Welt, verwandtschaftlich verbunden, er ist ein Familienverband. Er kann aber sehr unterschiedlich gestaltet werden in Bezug auf Filiation, Inzestverbot, Eheschließung und Erbschaft. In allen Varianten bleiben die Clans in der Regel exogam, die Clanmitglieder heiraten außerhalb des eigenen Clans; bei den Arabern jedoch sind die Clans endogam, die Eheschließung findet innerhalb des eigenen Clans statt.[16] Die Endogamie ist das Hauptmerkmal der sogenannten arabischen Familienstruktur und ist weltweit einmalig. Europa etwa, wohin die Migranten einwandern, war immer exogam und ist es bis heute geblieben.

Das zweite Hauptmerkmal der arabischen Familienstruktur ist die Ehe mit der Cousine väterlicherseits. Inzucht ist in Europa und den meisten Kulturen der Welt verboten, bei den Arabern hingegen ist sie die Regel. Sie ist ein Ausdruck der überhöhten Solidarität der Brüder, die noch dadurch gestärkt wird, dass sie ihre Kinder untereinander heiraten lassen, was zur Intensivierung und Stärkung der Familienbindung führt. Das Inzestverbot beschränkt sich praktisch auf das Verbot der Ehe unter Geschwistern. Bevorzugt ist natürlich die Ehe mit der Cousine väterlicherseits, trotzdem ist die Ehe mit der Cousine mütterlicherseits nicht weniger verbreitet, was die Clansolidarität noch mehr stärkt.

Der Anthropologe Emmanuel Todd weist darauf hin, dass die Kennzeichnung des arabischen Familiensystems als patriarchalisch unzureichend ist, weil die Bindung zwischen den Brüdern weit wichtiger ist als die Bindung zwischen Vater und Sohn. Das ist an der Erbschaft ablesbar: In allen Familiensystemen wird das Erbe vertikal vom Vater auf die Kinder übertragen, im arabisch-islamischen System, das detailliert im Koran dargestellt ist, wird es in allen Richtungen innerhalb der Familie verteilt, sowohl vertikal – und übrigens nicht nur nach unten, da in manchen Fällen die Eltern Anspruch auf das Erbe der Kinder haben – als auch horizontal unter den Geschwistern. Deshalb spricht Todd von einer kommunitaristischen endogamen Familienstruktur, die den Besitz ständig neu verteilt, aber innerhalb der Familie bewahrt. Er schreibt: »Als horizontales und geschlossenes System ist die kommunitaristische endogame Familie wahrscheinlich das anthropologische Milieu, das unter allen jemals in der Geschichte entwickelten Milieus am stärksten die Individuen integrieren kann.«[17] Diese Einschätzung teilen offenbar die islamischen Gelehrten, wenn sie in ihren Rechtsbüchern die Vorzüge und die Überlegenheit des islamischen Erbsystems preisen.

Todd meint weiter, dass die Exogamie dazu zwingt, Verbindungen zwischen Fremden herzustellen, was zur Entstehung eines Staates führt. Die Endogamie dagegen erzeugt Gesellschaften ohne Staat, in denen die Gemeinschaft der Muslime, die Umma, aus einer Nebeneinanderstellung von Familien besteht, im Gegensatz zur europäischen Nation, die aus der Summe der Individuen gebildet wird.

Von Marokko bis Pakistan und Afghanistan, vom Jemen bis zum Kaukasus wurde dieses Familiensystem mit dem Islam verbreitet. Der Anthropologe Frederik Barth etwa zeigt diesbezüglich die Ähnlichkeit der Familienstruktur in Kurdistan und in Palästina.[18] Obwohl der Islam diese Familienstruktur begünstigt, hat er seine Familienvorstellungen in Schwarzafrika und in Südostasien nicht einführen können. Dort hat sich das anthropologische Milieu als resistent erwiesen, die Gesellschaften Schwarzafrikas sind grundsätzlich exogam. Wir erleben allerdings heute einen ständigen Versuch der Golfstaaten, diese Regionen zu islamisieren.

Die Verbreitung des islamischen Familiensystems entspricht der Ausdehnung des Gebiets der islamischen Stammesgesellschaften im Vorderen Orient. Das Gebiet erstreckt sich nach der Auffassung des Anthropologen Wolfgang Kraus von Mauretanien und Marokko bis nach Afghanistan und ins westliche Pakistan. Außerdem ist trotz der unterschiedlichen Autoritätsstrukturen eine eindeutige Trennlinie zu den islamischen Stammesgesellschaften Zentralasiens nicht möglich: In Zentralasien existiert eine straffe hierarchische Struktur, bei den Arabern dagegen eine eher egalitäre Struktur. Über die Gemeinsamkeiten schreibt Kraus: »Darüber hinaus weisen die islamischen Stammesgesellschaften des Vorderen Orients in ihren kulturellen und sozialen Erscheinungsformen so signifikante Übereinstimmungen auf, dass ihre Existenz und spezifische Form geradezu als ein definierendes Charakteristikum dieses Raumes angesehen werden kann.«[19]

### Die Stammeskultur

Die Anthropologen führen die beschriebene arabische Familienstruktur auf eine Grundform zurück, die bei den Nomaden, die sie entwickelt haben, zu finden ist.[20] In Wüstenregionen werden die Nomaden in drei Typen unterschieden. Es gab zuerst die vollen Nomaden, die mit ihren Kamelherden und Pferden auf der Suche nach Weideland und Wasser ständig unterwegs waren. Ihr Wandergebiet war sehr ausgedehnt und konnte einen Radius bis eintausend Kilometer betragen. Sie lebten hauptsächlich in der Wüste und reduzierten ihre Kontakte zu den Sesshaften auf ein Minimum, weil sie ihre Lebensart verachteten.

Es gab auch die Halbnomaden. Sie hatten ebenfalls Pferde und Dromedare für Krieg und Transport, besaßen aber hauptsächlich Schafe und Ziegen als Wirtschaftsgrundlage. Sie errichteten vorübergehende Lager neben den Großstädten, um Handel mit ihnen zu treiben. Mit Kaufleuten und Großgrundbesitzern schlossen sie Partnerschaften ab, um Schafherden für sie zu züchten, und die Kaufleute versorgten die Handwerker mit Wolle für die Textilproduktion. Mit der Zeit haben sich einige Lager zu festen Dörfern entwickelt. Um ihre wirtschaftliche Grundlage abzusichern, beschäftigten sich die Nomaden mit Ackerbau. Sie gingen im Herbst auf Wanderung und kehrten im Sommer für die Ernte zurück, ihr Wanderungsradius lag zwischen dreihundert und vierhundert Kilometern.

Die dritte Gruppe ist ganz sesshaft geworden und betrieb im

Gegensatz zu der vorherigen Gruppe hauptsächlich Ackerbau, die Viehzucht war nur eine ergänzende Tätigkeit, um die Einkünfte zu verbessern. Zu dieser Gruppe gehören die Mhallami. Allen drei Gruppen ist allerdings die starke Clansolidarität gemeinsam sowie die rauen Sitten und die totale Ignoranz.[21] Damit unterscheiden sie sich von allen anderen Bauern im osmanischen Reich. Diese waren natürlich auch in Großfamilien organisiert, standen aber wegen des militärischen Timarsystems, das an das feudale System erinnert, und später des Steuerpachtsystems weitgehend unter Staatskontrolle. Und wie immer, wenn der Staat stark ist, ist die Sippe dann schwach und umgekehrt.

Das osmanische System wurde allerdings in der kurdischen Provinz von Diarbekir und Mardin, wo die Dörfer der Mhallami liegen, nicht eingeführt. Als Sultan Selim das kurdische Gebiet 1515 eroberte, behandelte er es wie einen autonomen Vasallenstaat: Die kurdischen Beys, die gleichzeitig die Häuptlinge der wichtigsten Stämme waren, durften weiterregieren, ihr Amt wurde erblich, dafür mussten sie die Herrschaft des osmanischen Sultans anerkennen, bestimmte Abgaben leisten und ihm im Krieg beistehen. Für die Kurden hat sich damit nichts geändert, sie behielten denselben autonomen Status wie zuvor unter den persischen Sawafiden.[22]

Während im Rest des Reiches auf dem Land eine Ritter-artige Kaste, die Timarci, und in der Stadt eine Sklavenarmee, die Janitscharen, herrschten, stand das Gebiet Kurdistan unter Stammesherrschaft. Die Mehrheit der Bevölkerung widmete sich dem Ackerbau und mehr noch der Viehzucht. Die Organisation in Stämmen war weitverbreitet und prägte die Identität der sozialen Gruppe, die Menschen hatten mehrere Identitäten, zuerst die Clanidentität, dann die religiöse und an dritter Stelle die ethnische Identität. Man war also zuerst Clanmitglied, dann Muslim und am Ende ein Kurde, das hat die Entstehung eines nationalen

Bewusstseins wie bei anderen Ethnien, etwa bei Türken oder Armeniern, lange verhindert.

Die kurdischen Gebiete waren autonom, die Nomaden in der Wüste frei. Weder die Osmanen noch andere Autoritäten vor ihnen schafften es, die Nomaden zu beherrschen. Sie waren juristisch unabhängig und handelten nach ihrem Gewohnheits- beziehungsweise Stammesrecht. Wenn sie einen Konflikt mit den Sesshaften hatten, dann waren im Prinzip die normalen staatlichen Gerichte zuständig, sofern es gelang, sie vor Gericht zu bringen. Dies hing mit dem Grad der Abhängigkeit der Nomaden von den Sesshaften zusammen. Bei den Vollnomaden war das natürlich fast unmöglich.

Neben der Clansolidarität stellte die Freiheit einen äußerst wichtigen Faktor im Leben der Nomaden dar. Sie haben das harte Leben in der Wüste auf sich genommen, weil sie frei und ohne fremde Autoritäten leben konnten. Selbst im Stamm genossen sie eine große Freiheit, und den mit der Clansolidarität verbundenen Zwängen unterwarfen sie sich gerne, weil sie ihr Überleben garantierten. Aus diesem Gefühl der Freiheit heraus rührt ihre Verachtung für die Sesshaften, insbesondere die Bauern, da diese alle möglichen Formen der Unterdrückung über sich ergehen ließen. Die Experten sind sich außerdem darin einig, dass Raub und Plünderung fester Bestandteil der nomadischen Lebensweise sind. Die Nomaden haben keinen Respekt vor fremdem Eigentum. Zu ihren Opfern gehörten die Sesshaften, mit denen sie sich im ständigen Krieg befanden und deren Dörfer sie überfielen. Von den Bauern erpressten sie Schutzgeld. Sie überfielen auch Reisende, die sie als Beute betrachteten, genauso verfuhren sie mit den Karawanen, die sich ohne die gekaufte Unterstützung und Begleitung der Nomaden nicht bewegen konnten. Die Karawanen waren das einzige Mittel zum Gütertransport und daher eine Haupteinnahmequelle der Nomaden.

Eine Hauptaufgabe der Gouverneure von Kairo und Damaskus

bestand darin, die Pilgerkarawanen zu sichern. Einmal im Jahr trafen sich die Pilger aus Nordafrika in Kairo und die Pilger aus Anatolien und dem Balkan in Damaskus und bildeten riesige Karawanen, die durch weite Stammesgebiete reisen mussten, bevor sie Mekka erreichten. Die Pilgerkarawanen waren auch ein wichtiger wirtschaftlicher Faktor, denn die Pilger mussten sich während der langen Reise versorgen, weshalb sie Geld und Schmuck mit sich führten. Damit die Pilgerfahrt friedlich vonstattengehen konnte, sorgten die Gouverneure mit militärischer Begleitung, aber vor allem mit Schutzgeldern dafür, alle Stämme am Weg zufriedenzustellen. Wenn man bedenkt, dass die Reise von Damaskus nach Mekka hin und zurück vier Monate dauerte, kann man verstehen, unter welchem Stress die Gouverneure standen. Scheiterten sie, waren die Konsequenzen verheerend, wie die Beschreibung der Ereignisse des Jahres 1757 in den Chroniken von Scheich Ahmad al-Budairi al-Hallaq zeigen. Der Stamm der *banu sakhr* überfiel die Pilgerkarawane in Südjordanien und beging unvorstellbare Greueltaten, selbst die Schwester des Sultans, die ebenfalls anwesend war, wurde nicht verschont. Über zwanzigtausend Pilger fanden den Tod.[23]

Bei den Sesshaften ist mehr zu holen als bei den anderen Nomaden, nichtsdestotrotz kämpften die Nomaden auch untereinander. Der Streit um die knappen Ressourcen wie Weidegebiete und Wasserstellen hörte nie auf, er gehörte zu ihrem Leben. Sie hatten auch deswegen keine Hemmungen, weil sie davon ausgingen, dass ihr Handeln von der Religion gedeckt sei – Razzien und Beute sind im Koran nicht verboten. Selbst der Prophet war an der Beute beteiligt.[24] Bei den Razzien hatte er einen Anspruch auf ein Fünftel der Beute, genannt *al-fay'*. Im Koran finden wir etwa Aussagen wie die folgende: »Was Allah Seinem Gesandten von den Städtebewohnern zur Beute gab ...« (Vers 59:7).

Die Religiosität ist bei den Stämmen oberflächlich, und ein moralisches Empfinden nach unserem Verständnis existiert bei ihnen nicht. Das Gute und das Böse war auf die Einhaltung und Verteidigung der Clansolidarität reduziert, alles außerhalb des Stammes war Feindesland, das es zu beherrschen und auszuplündern galt. Menschliche Gefühle wie Mitleid, Barmherzigkeit, Hilfe und Wohltat waren Fremdwörter, einziger Maßstab ihres Handelns sind ihre Interessen. Sie waren erbarmungslos und gnadenlos, wenn es keine Gewalt gab, die ihnen im Weg stand, fühlten sie sich berechtigt, alles auszuplündern; sie vermeiden allerdings das Töten und nehmen es nur als Kollateralschaden in Kauf. Das Recht bei ihnen ist allein das Recht des Stärkeren.

Von jugendlichen Gewalttätern sprechend, schreibt Heinz Buschkowsky: »Es kann aber auch sein, dass sie vor dem Richter sitzen und lachen, ja, selbst im Gerichtssaal ihre Opfer noch verhöhnen. Mitleid und Empathie für die Opfer ist etwas, was sie nicht kennen. Es interessiert sie auch nicht, was aus dem Opfer geworden ist oder noch wird.«[25] In diesem Sinn hatte mich eine deutsche Autorin von Kriminalromanen aufgesucht, sie wollte in ihrem neuen Buch den Fall einer Mhallami-Familie behandeln, hatte gründlich recherchiert und konnte sich nicht erklären, warum diese Gruppe so »inhuman« sei. Ich sagte ihr, dass der Begriff Humanität bei den Mhallami nicht existiere, daher können sie auch kein inhumanes Verhalten feststellen. Humanität bedeutet nicht die Pflege der Eltern und den Schutz der Großfamilie, sondern die Zuwendung zu Fremden, um ihnen Hilfe zu leisten, das ist der Beginn der Wohlfahrt. Wohlfahrt setzt die Gleichheit der Menschen, denen man helfen will, voraus; im Christentum etwa gilt sie allen Menschen, weil es alle Menschen als gleichwertig begreift. Alle Religionen haben ihre eigenen Hilfssysteme erfunden, auch der Islam. Die Wohlfahrt existiert im Islam, beschränkt ihre Hilfe aber allein auf die Muslime.

Im Koran erwähnt Vers 9:60, dass auch die Nichtmuslime, die die Muslime unterstützen, von der durch die Almosensteuer geleisteten Hilfe profitieren sollen. Später wurde diese Leistung gestrichen. Der islamische Gelehrte und Historiker Al-Tabari (839–923) erklärt in seiner umfassenden Exegese des Koran den Grund folgendermaßen: Nach der herrschenden Meinung gibt es zwei Arten von Almosen, eine für die bedürftigen Muslime und eine zweite für die Nichtmuslime, damit sie den Islam unterstützen; sie ist nicht an Bedürftigkeit gebunden und kommt Armen wie Reichen zugute. Nachdem der Islam gesiegt hat, wurde diese Praxis überflüssig und daher eingestellt. Die islamische Wohlfahrt richtet sich auf diese Weise nur an Muslime, aber nicht an die Menschheit, sie bleibt nach innen gerichtet, innerhalb des Megastammes der Umma. Das schafft einige Probleme in Deutschland, wenn die dritte Islamkonferenz die islamische Wohlfahrt auf ihre Tagesordnung setzt. Können beispielsweise Caritas und das Diakonische Werk mit staatlicher Finanzierung nur mit den Mitgliedern ihrer Kirchen arbeiten? Natürlich nicht. Wie es mit den islamischen Verbänden aussehen wird, bleibt offen. Auf alle Fälle geht dieser islamische Ansatz auch an den Clans vorbei.

Deutlich zu spüren bekommen haben die Auswirkungen dieser Haltung in der Moderne die arabischen Nationalisten. Nach der Niederlage der Osmanen 1918 kamen sie in Damaskus an die Macht und riefen Faisal zum König aus. Sie warfen den Clans Prinzipienlosigkeit vor, weil sie hinter ihrem Rücken mit den Franzosen paktierten, als sie bemerkten, dass General Henri Gouraud in Beirut gute Chancen hatte, ganz Syrien zu erobern, was auch geschah. Später, 1925, während des syrischen Aufstandes gegen die Franzosen, jagten die Stämme in Jordanien die geflüchteten Nationalisten und verkauften sie an die Engländer, die sie ihrerseits an die Franzosen überstellten. Auf die Vorwürfe antworteten die Stämme mit Stammeslogik, dass sie bei diesen Unternehmungen nicht gefragt worden seien und daher freie Hand gehabt hätten. Mit anderen Worten, der Appell an ihre Nationalgefühle war an ihnen vorbeigegangen, denn sie dachten in Kategorien wie Bündnis, Razzia und Beute.

In dieser archaischen Stammeskultur richten sich Rauheit und Herzlosigkeit jedoch nicht nur nach außen, sondern betreffen auch die eigene Familie. Die Geburtenrate ist wie bei allen Muslimen, die die Kinderzeugung als religiöse Pflicht betrachten, sehr hoch. Bei den Nomaden spielt sie insbesondere eine wichtige Rolle, da auch ihre Kindersterblichkeit sehr hoch ist – bis zum Alter von fünf Jahren sterben die meisten Kinder, nur die Stärkeren überleben. Hauptsächlich ist dafür die schlechte Ernährung verantwortlich, denn Krankheiten sind in der Wüste selten, Seuchen entstehen nur durch Kontakte zu Fremden. Das Gebären gilt nicht als besonderes Ereignis, ein paar Stunden nach der Geburt gehen die Frauen ihrer gewöhnlichen Arbeit nach. Ist das Kind ein Sohn, wird gratuliert, ist es ein Mädchen, nicht. Wenn ein Vater nach der Zahl seiner Kinder gefragt wird, zählt er nur die männlichen.

Die Kindheit ist in der Regel keine schöne Zeit, die Kinder erfahren wenig Liebe, Zärtlichkeit oder Zuwendung. Die Zahl der Geschwister ist sehr hoch, und sie wachsen allein auf. Mit dreizehn, vierzehn Jahren wird ein Junge als Mann betrachtet und darf die Herden hüten und anderen männlichen Aktivitäten nachgehen. Mit zwanzig heiratet er normalerweise, manchmal bereits mit fünfzehn. Inzucht ist sehr verbreitet und erklärt die überdurchschnittlichen Missbildungen unter ihnen. Die Frau zollt ihrem Mann unbegrenzten Gehorsam, Ehebruch ist selten, da die Geheimhaltung fast unmöglich ist – wenn er trotzdem geschieht, wird die Frau von ihrem Ehemann mit Zustimmung des Stammes getötet. Männer heiraten in der Regel eine Frau, selten zwei, und nur die wohlhabenden Häuptlinge mehrere Frauen.

Nomaden sind nachtragend und rachsüchtig, sie vergessen nie eine Beleidigung oder eine Feindseligkeit, diese werden sogar vererbt; dazu gehört auch die Blutrache, sie ist eine Pflicht. Wie das Gebären und das Aufwachsen keine besonderen Ereignisse sind, so ist es auch der Tod, das Leben geht einfach zu Ende. Der

Beduine ist sorglos und macht sich keine Gedanken über die Zukunft, er glaubt an den Willen Gottes und an die Prädestination.

In der Wüste herrscht das Gewohnheitsrecht, und die Scheiche der Stämme sind zugleich Richter, sie fungieren als Kadi im Stamm und auf Anfrage auch zwischen zerstrittenen Stämmen. Falls sie selber nicht Recht sprechen wollen, beauftragen sie Fachleute, die sich in den Gebräuchen und Sitten der Stämme gut auskennen, die *awâref*, die wie die Scheiche nach ihren eigenen Erwägungen urteilen, es gibt kein geschriebenes oder festgelegtes Recht. Sie lehnen entschieden das Recht der Sesshaften, sowohl das Zivilrecht als auch das islamische Recht ab, vom Letzten haben sie nur das Familienrecht übernommen.

Das Stammesrecht arbeitet sehr schnell, das Urteil steht in der Regel nach einer, sehr selten nach zwei Sitzungen fest. Um Willkür zu vermeiden, wird großer Wert auf Erfahrung bei den Richtern gelegt. Muslimische Kritiker werfen diesem Recht seine Entfernung von der Scharia vor, alle koranischen Strafen, wie Hände abhacken und Hinrichtungen, kommen nicht vor, selbst beim Mord bestehen Differenzen. Der Islam hat das Stammesrecht zwar integriert, aber in wesentlichen Punkten geändert: Es besteht nach wie vor kein selbstständiges öffentliches Interesse an der Verfolgung einer Mordtat, und über Leben und Tod entscheiden die Angehörigen des Opfers, die im Extremfall Gnade walten lassen und den Täter laufen lassen. Was der Islam jedoch neu eingeführt hat, ist die Vermittlung des Kadis, also einen Strafprozess und die Beschränkung der Verantwortung auf den Täter allein, man darf für seine Untat weder seine Brüder, seine Cousins noch andere Verwandte zur Rechenschaft ziehen.

Beim unvorsätzlichen Totschlag hingegen haftet die ganze Sippe, alle Nachkommen eines Ahnen in der dritten Generation müssen das Blutgeld bezahlen; bei den Stämmen, und das ist ein wichtiger Unterschied zum islamischen Recht, reicht die Pflicht sogar bis in die fünfte Generation, was die Last auf eine größere Anzahl von Schultern verteilt. Das sieht auf den ersten Blick positiv aus, auch weil diese breite Haftung für alle Delikte gilt. Übrigens werden alle Delikte mit Geldstrafen geahndet, was den Abschreckungseffekt der Strafe mindert. Bei Mord jedoch kommt der negative Aspekt der erweiterten Haftung zum Vorschein: Weit entfernte Verwandte müssen für Personen haften, die sie nicht kennen, und werden Opfer der Blutrache. Für die Festlegung der Genealogien in diesem Fall werden Fachleute, *al-ʿaddâd*, konsultiert. Die Abschreckungswirkung ist natürlich sehr hoch, deshalb werden in der Wüste wenig vorsätzliche Morde begangen.

Die Stämme sind Muslime, vom Islam kannten sie jedoch nur die Glaubensformel, den Glauben an den einen Gott und seinen Propheten Mohammed, die anderen Säulen des Islam (Beten, Fasten, Pilgern und Almosen geben) standen nicht auf ihrem Programm, sie verhielten sich eher wie zur vorislamischen Zeit. Ihre Reislamisierung begann mit der Entstehung des Wahhabismus Ende des 18. Jahrhunderts, die Religion wurde wieder wahrgenommen. Manche Scheichs holten Gelehrte aus den Städten in den Stamm. Sie fungierten als Imame für die Verrichtung des Rituals, für die Eheschließung und das Lehren des Koran. Im Nordsyrien und Nordirak hießen diese Gelehrten Mullahs.

Im 20. Jahrhundert haben die modernen Staaten die Razzien strikt verboten und sich viel Mühe gegeben, die Nomaden anzusiedeln, damit der Staat sie besser kontrollieren konnte, aber gleichzeitig wurde ein sozialer Wandel eingeleitet. In den Fünfzigerjahren habe ich noch erlebt, wie die Dorfbewohner – mein Heimatdorf liegt im Stammesgebiet im Nordosten des Libanons – im Sommer mit ihren Herden in die fruchtbare Südbekaa-Hochebene zogen. Heute sind nicht nur die Herden, sondern auch die Landwirtschaft verschwunden, viele sind in die Städte oder ins Ausland ausgewandert, im Sommer jedoch sind die meisten wieder im Dorf. Das kulturelle Stammesbild hat trotzdem überlebt – wenn moderne staatliche Strukturen wackeln, werden diese archaischen Muster wiederbelebt. Als 1985 im Zuge des Bürgerkriegs der libanesische Staat zusammenbrach, konnte man Annoncen in den Zeitungen lesen, in denen uralte in Beirut ansässige Familien, die ihre Familiensolidarität lange verloren hatten, plötzlich als Familien auftraten und der einen oder anderen Miliz ihre Unterstützung erklärten. Anstatt den Kontakt zu anderen Bürgern, die wie sie unter den Milizen litten, zu suchen, funktionierte der uralte Reflex, und sie isolierten sich unter dem illusorischen Schutz der Großfamilie; das hat ihnen nicht geholfen.

Das hier geschilderte Bild der Nomaden ist nicht sehr schmeichelhaft und entspricht auf keinem Fall dem idealisierten Bild mancher westlichen Reisenden vom »edlen Wilden«, wobei hier die Betonung mehr auf »Wilder« als auf »edel« liegt. Schon für Mohammed, der in einem städtischen Kaufmannsmilieu predigte, waren sie schwierige Zeitgenossen. Im Koran steht: »Die Wüstenaraber sind verstockt in Unglauben und Heuchelei, und es passt zu ihnen, dass sie die Vorschriften, welche Allah auf seinen Gesandten herabgesandt hat, nicht kennen. Und Allah ist wissend und weise« (Vers 9:97).

### Moderne Zeiten

In den modernen Zeiten und unter dem Einfluss Europas wurden die traditionellen soziokulturellen und religiösen Strukturen der islamischen Welt auf die Probe gestellt, neue Ideologien drangen in das islamische Gebiet ein, nationalistische und sozialistische Bewegungen wollten in der postkolonialen Zeit Nationalstaaten errichten. Sie legten Wert auf die bürgerliche Kleinfamilie und emanzipierten die Frau, oft gegen ihren Willen. Das war die Zeit des Staatsfeminismus, in dem Frauen ohne Kopftuch und in Militäruniform, manchmal mit Maschinengewehr, in den Paraden defilierten. Alle diese Staaten, Ausnahmen sind nicht bekannt, endeten in autoritären Regimen und Militärdiktaturen, die sich auf ihre Clans stützten und die demokratischen Kräfte zerschlugen. Fehlte eine bürgerliche Opposition, übernahmen die Islamisten diese Rolle und lieferten den autoritären Regimen einen harten Kampf. Um ihre Macht zu verfestigen und die Gunst der Bevölkerung zu gewinnen, begannen die Regime, ihre Staaten zu islamisieren, die Islamisten erreichten ihr Ziel, ohne an die Macht zu gelangen.

Nach dem Zweiten Weltkrieg existierte ein einziger Schariastaat in der Welt, das war Saudi-Arabien. Inzwischen sind es fünfunddreißig. Diese Staaten versuchen, die alten Strukturen wiederzubeleben, darunter die Familienstruktur. Ich habe Hassan al-Banna, der 1928 die Muslimbruderschaft in Ägypten begründete, bereits erwähnt. Für ihn besteht die Methode seiner Bewegung darin, den einzelnen muslimischen Menschen islamisch zu bilden, damit er die islamische Familie als Teil der islamischen Gemeinschaft gründen kann; wenn dies realisiert ist, kommt der islamische Staat von selbst. Dieses Programm haben alle islamistischen Organisationen in Europa. Erst wollen sie die sozialen Verhältnisse islamisieren – in diesem Licht ist übrigens auch der Kampf um das Kopftuch zu sehen. Er bedeutet die Einführung der Geschlechtertrennung in die Gesellschaft als Schritt zur Anerkennung des islamischen Familienrechtes, das die Gemeinschaft der Muslime in einer multikulturellen Gesellschaft zusammenhält. Manche nennen das Parallelgesellschaft. Wenn die Gemeinschaft später groß genug ist, dann folgen die politischen Konsequenzen.

Hassan al-Banna lehnt die politischen Parteien entschieden als ein westliches Konstrukt zur Spaltung der islamischen Gemeinschaft ab.[26] Dieselbe Meinung vertreten die schiitischen Islamisten. Ali al-Kurani, ein Ideologe der Hisbollah im Libanon, schreibt in seinem Buch[27] über die islamische Aktion seiner Bewegung, dass die Parteien als westlicher Import dem natürlichen Charakter der sozialen Strukturen widersprechen würden. Diese

Strukturen seien im Laufe der Jahrhunderte genuin gewachsen, sie umfassen die Religions- und Dorfgemeinden, die Stämme und die Notabeln. Sie würden vollkommen ausreichen, um die Gesellschaft unter der Obhut der Rechtsgelehrten zu verwalten. Alle anderen Organisationsformen, so die Schlussfolgerung, würden diese natürlichen Gegebenheiten stören. – Damit sind nicht nur die Parteien gemeint, sondern auch die Gewerkschaften und andere Vereine, die zu der Zivilgesellschaft gehören. Diesen Begriff lehnen die Islamisten ab, und sie fühlen sich bestätigt, wenn sie sehen, dass der Westen seit Jahrzehnten die Zivilgesellschaften in der islamischen Welt und andernorts unterstützt, auch finanziell, um die Demokratie zu fördern, etwas, was die Islamisten übrigens auch ablehnen.

Die Wahrnehmung des Islam in Europa begann, als mit der Verbreitung des Islamismus der damit verbundene Islam sichtbar wurde. In den Sechziger- und Siebzigerjahren, als die muslimischen Gastarbeiter kamen, war die Religion kein Thema; Ende der Achtzigerjahre, als die Kopftücher den öffentlichen Raum immer mehr besetzten, wurde der Islam wahrgenommen, auch von mir. In meiner Kindheit und Jugend im Libanon der Fünfziger- und Sechzigerjahre habe ich selten ein Kopftuch gesehen. In Berlin, wo ich in einem Sozialprojekt tätig war, hat keine arabische Frau ein Kopftuch getragen. Mit dem Machtverlust der PLO nach ihrem Abzug aus dem Libanon 1982–83 – die PLO vertrat einen gemäßigten säkularen Kurs – traten die Araber massenhaft in die Gefolgschaft der islamistischen Hisbollah als Anführerin des Kampfes gegen Israel ein. Zu ihr gesellte sich Hamas, der palästinensische Ableger der Muslimbruderschaft und die Anführerin der Ersten Intifada bis 1992. Ab diesem Datum verschleierten sich in kurzer Zeit alle arabischen Frauen, jene, die es nicht taten, standen seitdem unter einem massiven sozialen Druck.

Da man in Europa den Islam in seiner islamistischen Erscheinung wahrgenommen hat, neigt man sehr stark dazu, die liberalen Muslime in gewisser Weise als »nicht richtige« Muslime zu betrachten. Ich habe es immer wieder erlebt, dass Deutsche in der Politik und in der Verwaltung nicht praktizierende Muslime als muslimische Ansprechpartner nicht akzeptieren. Damit spielen sie ungewollt das Spiel der Islamisten, die behaupten, ein Muslim, der nicht fastet und betet, sei kein richtiger Muslim. Die Konsequenzen dieser Einstellung für die Integration sind verheerend, wie wir tagtäglich feststellen können.

Kapitel 2

# Die Migration der Mhallami

## Die Migration in den Libanon

Stämme sind kein starres Gebilde, sie ändern sich ständig. Und sie ändern ihre Namen sowie ihre Wandergebiete. Zu den heute existierenden Namen finden wir keine Entsprechung in den Geschichtsbüchern vor fünfhundert Jahren, die zeitgenössische Landschaft bildete sich hauptsächlich im 18. und 19. Jahrhundert aus und wurde durch die Entstehung der wahabitischen Bewegung in der Provinz Nejd in Arabien angetrieben. Riesige Stammesföderationen wie die Schammar und 'Inizeh mussten gen Norden wandern und sorgten für endlose Kriege mit den schon in Syrien, Irak und Jordanien vorhandenen Stämmen sowie untereinander. Dadurch haben sie das ohnehin schwache Osmanische Reich noch weiter geschwächt.

Die Einwanderung der Stämme in den Libanon geht auf die Zeit der islamischen Eroberung im 7. Jahrhundert zurück. Sie besiedelten die Bekaa-Hochebene und die Küste. Der Libanon besteht aus zwei Bergketten, die im Norden dreitausend Meter überragen, dazwischen liegt die besagte Bekaa-Hochebene und ein schmaler Küstenstreifen. Muslimische arabische Stämme wurden in den Küstenstädten wie Beirut und Tripoli angesiedelt, um die Angriffe der Byzantiner abzuwehren; die Bekaa-Hochebene, deren nördliche Ausläufer in die syrische Wüste münden, war ein natürliches Einzugsgebiet der Nomaden; Baalbek wurde der Sitz des Militärgouverneurs für das libanesische Gebiet. Die neuen Besatzer vermieden die Berge, die immer ein Zufluchtsort für Minderheiten waren.

So wanderten im 7. Jahrhundert die Maroniten – eine christliche Gemeinschaft – aus Syrien nach Nordlibanon, und später, als 750 die sunnitischen Abbasiden die Macht übernahmen, entstand im syrischen Raum eine Oppositionsbewegung unter der Flagge des Schiismus. Von den Schiiten spalteten sich Sekten ab, alle litten unter der Herrschaft der sunnitischen Mehrheit, und viele flüchteten in die Berge. Die Sekte der Nusairis besiedelte die Bergkette nördlich vom Libanon, sie trägt ihren Namen: Berg der Alawiten. Im Südteil der Bergkette fand später die Sekte der Drusen Zuflucht; diese stritten 1711 politisch untereinander, und ein Teil wanderte nach Südsyrien und bevölkerte einen Berg, der seinerseits nach ihnen benannt wird: Berg der Drusen. Diese Zufluchtsgebiete waren wie die kurdischen Gebiete relativ autonom, sie durften von ihren eigenen Stammeshäuptlingen im Namen des Sultans regiert werden.

Trotz der geografischen Nähe haben sich diese Gruppen nicht vermischt.[28] Unter den Christen waren die theologischen Differenzen zwischen Orthodoxen und Maroniten zu groß, unter den Muslimen war es ähnlich. Die Sunniten bekämpften die Sektierer, die zudem untereinander zerstritten waren. Generell verhinderte das islamische kommunitaristische System, das sogenannte Millet-System – eine Rechtsordnung, die den Status nicht muslimischer Religionsgemeinschaften regelte –, eine religiöse Vermischung. Jede Konfession lebte autonom nach ihrem eigenen Recht, insbesondere dem Familien- und Erbrecht. Die nicht sunnitischen Konfessionen hatten darin allerdings eine minderwertige Position und waren von politischen und militärischen Ämtern ausgeschlossen. Außerdem verbietet das islamische Recht den muslimischen Frauen, Nichtmuslime zu heiraten, dagegen dürfen muslimische Männer Christinnen heiraten, trotzdem gab es weder Mischehen noch Religionswechsel.

Bei allen religiösen Gemeinschaften setzte sich nivellierend die arabische Familienstruktur durch, die Ehe mit der Cousine väterlicherseits wurde zur Regel. Wegen der Binnen- und Außenmigration litten die Familienbande, ihre Schwächung ist nicht nur bei Christen feststellbar, sondern auch bei breiten Schichten der städtischen Muslime. Dies erlaubte die Entstehung einer nationalen säkularen Bewegung, die die Abschaffung des konfessionellen Systems anstrebte. Die nächste Stufe über den Familienbanden, nämlich die konfessionelle Bindung, wurde jedoch infolge der Bürgerkriege gestärkt, und die säkulare Bewegung wurde verdrängt.

Die Alawiten und die Drusen sind monogam wie die ansässigen Christen, und alle zusammen waren gleich endogam. Ein weiterer gemeinsamer Punkt war das Fehlen der Möglichkeit, sich scheiden zu lassen. Bei den Muslimen wurde die Scheidung als Vertragsbruch zwischen zwei Familien und daher als feindlicher Akt betrachtet. Bei den ansässigen Christen existiert die Scheidung nicht, nur unter den Orthodoxen kann die Ehe unter schweren Bedingungen annulliert werden. Endogamie gekoppelt an Monogamie und das Fehlen der Möglichkeit, sich scheiden zu lassen, stärkt die Solidarität der Gruppe, die bei Minderheiten eine essenzielle Voraussetzung für das Überleben darstellt.

Das islamische kommunitaristische System brachte den Christen Nachteile, garantierte aber ihr Überleben als Gruppe. Mit dem modernen Nationalismus, der die Gleichheit aller Bürger hochhielt, schwanden diese Garantien, eine richtige Gleichheit wurde aber nicht durchgesetzt. Schlimmer war, dass die Christen im Namen des Nationalismus als fremde Ethnie bekämpft wurden, was es zuvor nicht gegeben hatte. So sind nach der Zerschlagung eines assyrisch-chaldäischen Aufstands 1933 im Irak Tausende von ihnen in den Libanon geflüchtet. Die größte Flucht aber hatte bereits früher stattgefunden, ausgelöst im Osmanischen Reich mit den wiederholten Massakern an den Armeniern von 1894 bis

1896 und 1895 an den Aramäern in der Gegend von Mardin und Diarbekir – den Provinzen, in denen die Mhallami leben. Dann folgte im Ersten Weltkrieg ab 1915 der Völkermord an Armeniern, Aramäern und Assyrern. Die Überlebenden wurden nach Syrien deportiert. Ab 1920 zogen sie unter der Mandatsmacht Frankreich weiter in den Libanon.

Nicht nur Christen fanden im Libanon Zuflucht, sondern auch Muslime. Nach dem kurdischen Aufstand von Scheich Said 1925 und seiner Zerschlagung durch die Türken flüchteten ethnische Kurden in das französische Mandatsgebiet, und manche gelangten nach Beirut. Da der Aufstand von 1925 sich auch im Gebiet der Mhallami abspielte, behaupten einige von ihnen fälschlicherweise, sie wären aus politischen Gründen in den Libanon geflüchtet. Nach der Vereinigung zwischen Syrien und Ägypten 1958 begann eine systematische Verfolgung der Kurden in Syrien, Tausende von ihnen flohen in den Libanon. Auf diese Art entstand eine kurdische Gemeinde, die durch einen ethnischen Nationalismus zusammengehalten wird.

Viel größer und bedeutender ist jedoch die Migration der Palästinenser. Nach der Entstehung des Staates Israel 1949 haben circa zweihunderttausend Palästinenser überstürzt ihr Land verlassen. Nach dem »Schwarzen September« 1970 flohen weitere Zehntausende vor der Repression der jordanischen Armee in den Libanon, vereinzelt kamen die ersten jungen palästinensischen Flüchtlinge nach Berlin. Die Gesamtzahl der Palästinenser im Libanon im Jahr 2017 wird auf fünfhunderttausend geschätzt, einschließlich der zuletzt aus Syrien Geflüchteten. Die allergrößte Migrantengruppe bilden allerdings die anderthalb Millionen Syrer, die nach Ausbruch des Bürgerkriegs in Syrien 2011 in den Libanon geflüchtet sind. Fast die Hälfte der Bevölkerung im Libanon besteht aus Flüchtlingen, manche sprechen sogar von einem Bevölkerungswechsel, der sich langsam vollzieht.

Was diese Migranten von den ersten unterscheidet, ist die

Tatsache, dass ihre Integration nicht auf der Tagesordnung steht. Selbst nach circa siebzig Jahren spricht niemand über die Integration der Palästinenser im Libanon. Im Gegenteil, das Thema Integration bedeutet Verrat an der palästinensischen Sache, der Kampf gegen Israel müsse weitergeführt und die Palästinenser müssten in ihre befreite Heimat zurückgeschickt werden. Die syrischen Flüchtlinge sind genauso unerwünscht, ihre Rückkehr in die befriedeten Gegenden Syriens setzt aber die direkten Verhandlungen mit der Regierung in Damaskus voraus, was die libanesische Regierung bislang ablehnt. Da die syrischen Flüchtlinge mehrheitlich Sunniten sind, wird das Lager der sunnitischen Libanesen gestärkt, deshalb hat die schiitische Hisbollah vor Kurzem damit begonnen, Schiiten aus dem Iran und dem Irak in den Libanon zu importieren.

Die Migration der Mhallami in den Libanon gehört zur ersten Migrationsart, sie hofften also, wie die Armenier integriert zu werden, die teilweise auch aus ihrer Gegend abstammen. Für lange Zeit forderten sie ihre Einbürgerung nach dem Vorbild der Armenier, was ihre Unwissenheit über den Integrationsprozess in einem konfessionellen System verrät.

### Die Ghettoisierung

Die Integration in ein konfessionelles System bedeutet zuerst die Integration in eine Konfession. Als die Armenier in dem von den Franzosen neu erschaffenen Libanon eintrafen, sorgten die Christen für ihre schnelle Einbürgerung; trotz ihrer gemeinsamen ethnischen Herkunft und Identität wurden sie gleich doppelt anerkannt, nämlich als zwei Konfessionen: eine orthodoxe und eine katholische. Die Anerkennung als Konfession bestimmt im konfessionellen System den Umfang der Beteiligung an Politik (Abgeordnete) und Staat (höhere Beamtenposten) und hängt schließlich von den Kräfteverhältnissen zwischen den Konfessionen ab, die wiederum sehr stark von Demografie und Migration beeinflusst werden. Daher die ständigen Bürgerkriege, deren Zweck es ist, den Proporz an die neuen Kräfteverhältnisse anzugleichen. So gesehen sind die Bürgerkriege systemimmanent.

Seit der Gründung des Libanons 1920 und bis zum Ausbruch des Bürgerkriegs 1975 bildeten die Christen die Mehrheit der Bevölkerung. Während des Bürgerkriegs unterlagen sie jedoch dem Bündnis, das die libanesischen Muslime mit den sunnitischen Palästinensern eingegangen waren, weshalb sie sich 1989 gezwungen sahen, dem Abkommen von Taif zuzustimmen, das den Proporz zu je der Hälfte zwischen Muslimen und Christen neu verteilte – dies war die Voraussetzung für die Beendigung des Bürgerkriegs. Unter der syrischen Besatzung, die darauf folgte, wurden die Christen weiter verdrängt. Heute ist ihr Anteil an der Gesamtbevölkerung von 51 Prozent am Anfang des Bürgerkriegs auf 34 Prozent gesunken, ihr Anteil an Staat und Politik wird von den Schiiten vereinnahmt, die ausgehend von diesem demografischen Zustand eine neue Verteilung des Proporzes zu je einem Drittel zwischen Schiiten, Sunniten und den gesamten Christen anstreben. Aus dieser Motivation heraus haben die Christen, solange sie die Macht innehatten, die christlichen Flüchtlinge eingebürgert, um ihr Lager zu stärken, und die Einbürgerung der Nichtchristen blockiert, wovon an erster Stelle die Mhallami betroffen waren.

Die ersten Mhallami erschienen bereits Anfang der Zwanzigerjahre im Libanon in einer kleineren Zahl von wenigen Hunderten. Im Jahr 1925 zettelte der kurdische naqschbandi Sufi-Scheich Said einen Aufstand gegen die säkularistische Regierung Atatürks an, er wurde von den Kurden unterstützt, da unter diesen die naqschbandi Sufi-Tariqa der Khalidiyya sehr verbreitet war. Die Regierung reagierte heftig und verfolgte die Sufibewegungen im ganzen Land, davon wurden die Kurden massiv betroffen. Infolge des Aufstandes hat Atatürk die Sufi-Tariqa verboten, ihre Treffpunkte, die Tekke, geschlossen und ihren Besitz beschlagnahmt. Es folgte von 1930 bis 1932 der Kara-Dag-Aufstand, der kurdisch-nationalistisch geprägt war und brutal niedergeschlagen wurde. Viele Kurden wurden nach Anatolien deportiert, die kurdische Sprache wurde verboten und die kurdische Identität unterschlagen. Die Kurden hießen seitdem Bergtürken.

Die Mhallami behielten während dieser Ereignisse eine neutrale Position und waren den Repressalien des Staates nicht ausgesetzt, sie wurden jedoch durch die Kriegshandlungen in Mitleidenschaft gezogen, und ihre wirtschaftliche Situation, die schon vorher prekär war, verschlechterte sich zusätzlich. Viele wanderten mit den Kurden nach Syrien aus und ließen sich in der Grenzstadt Qamischli und weiter südlich in der Stadt Hassake nieder. Von dort wanderten immer mehr Menschen weiter Richtung Westen, sie gingen zu Fuß von Hassake nach Aleppo, Homs, dann zur libanesischen Küstenstadt Tripoli und endeten in Beirut.

Die Neuankömmlinge informierten ihre zurückgebliebenen Angehörigen vom Wohlstand im Libanon. So setzte in den Vierzigerjahren die große Einwanderung ein, angefeuert durch die libanesischen Sunniten. Der größte Teil der Mhallami – 80 Prozent – immigrierte zu dieser Zeit. 1943 wurde der Libanon von den Franzosen in die Unabhängigkeit entlassen, zugleich regelten die Konfessionen untereinander mit einem nationalen Pakt die Verteilung der Macht. Da die Sunniten jedoch ihre Position noch weiter stärken und den Zuwachs an Christen durch die armenische Einwanderung ausgleichen wollten, begannen sie, die Einwanderung der Mhallami zu fördern. Wegen der Blockade der Christen wurden sie allerdings nicht eingebürgert. Bis 1994, als das Einbürgerungsdekret erlassen wurde, gelang es den Sunniten nur, etwa 10 Prozent der Gruppe zu naturalisieren.

Auf ihrem Wanderungsweg trafen die Mhallami erst in Tripoli ein, dort ließen sich nur die Einwanderer aus dem Dorf Mnaizel nieder, alle anderen wollten zur Wirtschaftsmetropole Beirut.

Einmal angekommen, bewohnten sie muslimische Viertel rund um das Zentrum der Stadt, um bessere Chancen auf Beschäftigung zu haben und um die Fahrtkosten zur Arbeit zu sparen. Ein Angebot des sunnitischen Führers Sami al-Sulh, ein Stück Land um die Stadt kostenlos zu besiedeln, lehnten sie ab. Unter schwierigen hygienischen Bedingungen hausten sie in Blechbaracken und waren in den nahliegenden Gemüse- und Obstmärkten beschäftigt. Ursprünglich Hirten und Bauern, konnten die Mhallami in der Stadt ihre Fähigkeiten nicht nutzen, nur ihre Körperkraft in physisch harten Arbeiten einsetzen, etwa als Lastenträger. Anders die Armenier, von denen viele Kaufleute, aber vor allem Handwerker waren und schnell eine angesehene wirtschaftliche Position ohne Staatsunterstützung erringen konnten; so haben sie beispielsweise die Leder- und Schuhindustrie aufgebaut und fest in ihrer Hand behalten.

Die Mhallami kamen in ihren verschiedenen Wohnvierteln nach Familie und Herkunftsort zusammen und bildeten kleine Ghettos, die mit der Zeit durch Geburten und den Familiennachzug immer größer wurden. Im Viertel Qarantina/al-Maslakh um den Schlachthof von Beirut besetzten sie eine große Fläche und waren als Lastenträger im Schlachthof tätig. Die Grundbesitzer versuchten wiederholt, sie mittels Brandstiftungen zu vertreiben, jedoch ohne Erfolg. Da der unappetitliche Slum entlang der Hauptstraße, die Beirut mit dem Norden verbindet, liegt und intensiv von den Touristen befahren wird, hat die Behörde Ende der Sechzigerjahre den Slum hinter einer Mauer verborgen.

Diese Maßnahme verdeutlicht exemplarisch die Haltung, die das Land ihnen gegenüber hat, sie werden geduldet, aber möglichst ignoriert, als ob sie nicht existierten. Die Mhallami wurden von allem, was den anderen Bürgern zur Verfügung stand, ausgeschlossen. Sie hatten keine Arbeitserlaubnis und durften keine freien Berufe ausüben, geschweige denn in den Staatsdienst eintreten. Sie durften ihre Kinder nicht in den kostenlosen staatlichen Schulen einschulen und waren vom rudimentären staatlichen Gesundheitssystem ausgeschlossen. Sie lebten im Elend, mehrere Familien, die untereinander verwandt waren, teilten sich die Blechbaracken, die in der Regel aus einem Großzimmer bestanden. Da sie dadurch in der sozialen Skala ganz unten rangierten, vermied die Bevölkerung den Kontakt zu ihnen. Als ich noch in Beirut lebte, wusste ich wenig über sie; wenn sie sich untereinander stritten, was in ihren Ghettos oft vorkam und für Außenstehende unverständlich war, machten die Libanesen einen Bogen um sie und warteten auf die Polizei, die dann erschien und alle Streitenden verprügelte.

Die materielle Lage der Mhallami im Libanon war nicht viel besser als in ihrer Heimat. Auf die spätere Frage von Forschern, warum sie nicht nach Hause zurückkehrten, antworteten sie, es sei wegen der Sicherheit. Trotz der vollständigen Segregation hat man sie im Libanon in Ruhe gelassen, sie fühlten sich sicherer als in der Türkei, wo die Repression und die Willkür des Staates parallel zum Zuwachs der kurdischen Autonomiebewegung in ihrer Region größer wurden. Zudem griff die 1978 gegründete PKK (Arbeiterpartei Kurdistans) wiederholt ihre Dörfer an, weil sie ihnen die Zusammenarbeit mit dem türkischen Staat unterstellte, weshalb sie zwischen die Fronten gerieten.

Angesichts dieser Isolierung sowie der fehlenden sozialen und staatlichen Unterstützung rückten die Familien enger zusammen, und die mitgebrachten Clanverhältnisse verstärkten sich, der Einzelne war ganz auf seine Familie angewiesen. Das Zusammenwohnen mehrerer Familien war dadurch erleichtert, dass sie alle untereinander eng verwandt waren. Nicht nur die Endogamie in der Gruppe, sondern auch die Ehe mit der Cousine half bei diesen engen Wohnverhältnissen, nach der Heirat wohnten die Kinder weiterhin bei den Eltern. Die Bindung an die Heimat blieb erhalten, die Mhallami wagten es nicht, den Libanon als ständigen Aufenthaltsort zu betrachten. Vor dem Bürgerkrieg

1975 bestand noch eine zweimal wöchentlich betriebene Busverbindung zwischen Beirut und Aleppo.

Die Ältesten in den Clans regelten die Differenzen in der Gruppe, man vermied jede fremde Einmischung und beachtete die Gesetze wenig, damit blieb die Blutrache genauso virulent wie in ihrer Heimat. Selbst ihre Clanbündnisse folgten der Aufstellung in der Heimat, deshalb konnten die Libanesen nicht verstehen, dass es eigentlich eine Fehde im Herkunftsdorf in der Türkei war, die zu Streitigkeit unter den Mhallami in Beirut führte. Ein kurzer Blick auf die Clanstruktur mag das verdeutlichen: Die Clans in der Ömerli-Gegend in Südostanatolien, wo die Dörfer der Mhallami liegen, waren Anfang des 20. Jahrhunderts in zwei Bündnisse aufgeteilt. Das eine hieß Mahmudki und das zweite Osmanki in Anlehnung an die beiden Brüder Mahmud und Osman Aga, die um die Macht stritten. Die ganze Gesellschaft und jedes Dorf waren entsprechend gespalten, das galt auch für lange Zeit in Beirut. Dieses duale Clanbündnis, *al-bandah* genannt, wurde von den Mhallami gepflegt, die sich extrem an ihre tribalen Verhältnisse und Werte hielten.[29]

In meiner Forschung Mitte der Neunzigerjahre stieß ich auf eine ähnliche Aufteilung der Gruppe, aber nicht unter den oben erwähnten historischen Namen, sondern unter den aktuellen Namen der Clans in den Dörfern, wo es weiterhin zwei Lager gibt. Inwieweit diese Clankonstellation die Beziehungen innerhalb der Gruppe in Deutschland bestimmt, sei wegen fehlender Forschung dahingestellt. Sicher ist, dass sie immer noch eine Rolle spielt, eine Untersuchung der Eheschließungen zwischen den Clans könnte hier aufschlussreich sein.

Die Ausgrenzung und Isolierung der Mhallami im Libanon wurde zum ersten Mal im Bürgerkrieg von 1958 durchbrochen. Der Krieg, und nicht die Politik hat die Integration der Gruppe in das libanesische konfessionelle System eingeleitet. Damals, 1955, wurde im Mittleren Osten ein Verteidigungsbündnis, bekannt als

Bagdad-Pakt, gegründet, dessen Ziel es war, den Einfluss der Sowjetunion einzudämmen. Mitglieder waren die Türkei, der Irak, Iran, Pakistan und Großbritannien, die USA hatten Beobachterstatus. Unter der Führung des ägyptischen Präsidenten Gamal Abdel Nasser organisierte sich der Widerstand gegen dieses Bündnis. Am 1. Februar 1958 vereinigten sich Syrien und Ägypten, und die neue Vereinigte Arabische Republik unterstützte die Opposition im Libanon, die gegen die prowestliche Politik des Staatspräsidenten Kamil Chamoun war. Er lehnte zwar den Beitritt zum Bagdad-Pakt ab, erklärte jedoch seine Unterstützung für das Bündnis.

### Die Integration

Am 1. Mai 1958 wurde ein oppositioneller Journalist ermordet, das war der Beginn des Bürgerkriegs. Die Mhallami engagierten sich gegen die Christen auf der Seite der islamischen Partei al-Nedjadeh, in der Hoffnung, der sunnitische Chef der Partei, Adnan al-Hakim, könnte ihre Einbürgerung durchsetzen. Sie erklärten sich damit zu seinem Klienten und verließen ihren bisherigen sunnitischen Führer Sami al-Sulh, weil er sich auf die Seite des Präsidenten Chamoun geschlagen hatte. Am 14. Juli stürzte das Militär den König im Irak, einen Pfeiler des Bagdad-Paktes, kurz darauf landeten die Marines im Libanon. Im Oktober 1958 endete der Bürgerkrieg, die Amerikaner zogen aus dem Libanon ab.

Kurdische Nationalisten hatten von Anfang an versucht, die Mhallami für ihre Bewegung zu vereinnahmen. Selber in der deutlichen Minderheit, hofften sie, eine große Gefolgschaft zu gewinnen, um den französischen Behörden gegenüber ihre Wichtigkeit zu betonen; diese hatten die Kurden in ihrem Konflikt mit den Türken unterstützt. Die kulturellen und bildungspolitischen Bemühungen der Kurden bei den Mhallami blieben ergebnislos, die Mhallami haben weder die kurdische Sprache noch den kurdischen Nationalismus übernommen, geblieben ist nur der Name: Die Libanesen nennen sie fälschlicherweise Kurden – das habe ich auch getan, bis ich die Gruppe in Berlin kennenlernte.

Nach der Erfahrung von 1958 gewannen die Mhallami, deren Zahl merklich gestiegen war, an Selbstbewusstsein, und die sunnitischen Führer lernten, ihr Engagement in den politisch-religiösen Konflikten zu schätzen. Deshalb suchten sie, ihre Gunst dadurch zu gewinnen, dass sie sich für ihre sozialen Belange einsetzten. So gelang es, ihnen den Besuch der staatlichen Schule und die Notaufnahme in den staatlichen Krankenhäusern zu ermöglichen. Die Hauptfrage der Einbürgerung blieb dennoch offen.

Der große Durchbruch kam mit dem Bürgerkrieg von 1975 zustande. Spätestens nach dem militärischen Putschversuch vom März 1976 und der darauf folgenden Spaltung der Armee war der libanesische Staat weitgehend neutralisiert bis aufgelöst, seine Funktion wurde durch Milizen ersetzt. Da schlug die Stunde der Mhallami. Die durch den Staat erzwungene Ausgrenzung entfiel, sie waren bewaffnet und konnten sich nun bei der Gesellschaft bedienen, was sie auch ausgiebig taten. Ihre Ausschreitungen waren so massiv, dass die PLO eingreifen musste, die in Westbeirut bis zu ihrem Abzug 1982 teilweise die Funktion des Staates übernahm und für ein Minimum an Ordnung sorgte, so hat sie die kleine jüdische Gemeinde im Viertel Wadi abu Djmil in Beirut beschützt, die Juden haben trotzdem vorsichtshalber alle das Land verlassen. Der sunnitische ehemalige Premierminister Chafik al-Wazzan warf 1983 den Mhallami vor, Beirut ausgeplündert und verbrannt zu haben.[30]

Es wundert deshalb nicht, dass die Mhallami im Verlauf des Bürgerkriegs abwechselnd muslimischen und linken Parteien folgten, außer ihrer antichristlichen Haltung war keine politische Linie erkennbar. Sie haben stets ihre engen Claninteressen verfolgt, die übergeordneten nationalen und sozialen Ziele blieben ihnen fremd. Ein Beispiel dafür liefert der Fall der Kurdischen Demokratischen Partei. Mit Einverständnis der Mutterpartei im irakischen Kurdistan unter der Führung des Mulla Mustafa Barazani, der 1961 einen Aufstand gegen die Zentralregierung angezettelt hat, erhielt Jamil Meho die Erlaubnis, eine Sektion im Libanon zu gründen, was er mit seinen Söhnen 1970 auch tat. In der Führung der Partei saßen Jamil Meho, Muhammad Jamil Meho, Riad Jamil Meho, Faisal Jamil Meho und Muhammad Qasem Hussein, also eindeutig der Clan. Bald überwarf sich die Sektion mit der Mutterpartei, die ihr geheime Kontakte zur Zentralregierung in Bagdad vorwarf. Zur Klärung wurde Jamil Meho nach Kurdistan beordert und verhaftet. Nach Ende des Aufstandes 1975 kehrte Jamil in den Libanon zurück, und seine Partei hatte eine klare pro-irakische und antikurdische Linie verfolgt.[31] Die Sozialforscher Meho und Kawtharani[32] kommen in ihrer Abhandlung über die kurdische Gemeinschaft im Libanon zu folgendem Ergebnis: »Es ist offensichtlich, dass die meisten vorhandenen Organisationen der Libanon-Kurden als Erweiterung der verwandtschaftlichen Netzwerke, die auf einem ethnischen und tribalen Hintergrund basieren, handeln, der sich mehr den partikularen Interessen der Mitglieder eines Clans oder eines Dorfes widmet als dem Wohl der ganzen Gemeinschaft.«

Eine friedliche Integration der Mhallami in das libanesische konfessionelle System war in einem Ausnahmefall möglich: in Tripoli, der zweitgrößten Stadt des Landes. Die Migranten aus dem Dorf Mnaizel, die dort blieben, wurden nicht von den kurdischen Nationalisten belästigt, da diese nur in Beirut aktiv waren, weshalb sie ihren Namen behielten und nach ihrem Herkunftsort benannt wurden. Man nannte sie Mardelli, das heißt aus der Gegend von Mardin, genau wie die ebenfalls von dort eingewanderten Aramäer, die in der Stadt Zahle wohnten. 1946 gelang es dem sunnitischen Lokalpolitiker Abdel Hamid Karami während seiner Amtszeit als Ministerpräsident, alle Mhallami in Tripoli einbürgern zu lassen. Das leitete ihre Integration ein, sie öffneten sich für die sunnitische Gemeinschaft und verschmolzen allmählich in ihr. Sie verließen das Ghetto, heirateten außerhalb des Clans, erwarben Eigentum und waren am wirtschaftlichen Leben voll beteiligt. Zu Beginn des Bürgerkriegs war das Ghetto bereits aufgelöst, und viele haben seinen Namen – es hieß ebenfalls Mardelli – sogar vergessen.

Eine Studie Ende der Neunzigerjahre[33] zeigt, wie fortgeschritten ihre Integration war, sogar politisch unterscheiden sie sich von den libanesischen Sunniten nicht mehr. Am Anfang des Bürgerkriegs versuchten die Oberhäupter der Clans erfolglos, eine Vertretung der Mhallami zu organisieren, die jungen Menschen waren wie andere Sunniten auf nationalistische und konfessionelle Organisationen verteilt. Von den alten Clangepflogenheiten behielten sie jedoch die Neigung, ihre Konflikte intern ohne fremde Interventionen zu lösen. Aramäische Spuren in Alltag, Sprache und Sitten, die ihnen bewusst waren, verloren sie, und übernahmen die Sitten der Sunniten; sie haben sich im libanesischen Sinn integriert, das heißt, sie haben sich konfessionalisiert.

## Die Einbürgerung

Die letzte Etappe der Integration stellt ohne Zweifel das Einbürgerungsdekret von 1994 dar. Im Vertrag von Lausanne 1923 wurde die Frage der Staatsangehörigkeit in den Nachfolgestaaten des Osmanischen Reiches geregelt und 1924 im libanesischen Staatsangehörigkeitsrecht aufgenommen. In Artikel eins heißt es: »Jeder türkische Staatsangehörige, der am 30. August 1924 im Grand Liban wohnt, verliert die türkische zugunsten der libanesischen Staatsangehörigkeit.« Bei der Volkszählung von 1932 wurden die wenigen Mhallami, die bereits im Land wohnten, eingebürgert.

Wie oben erwähnt, gelang 1946 die Einbürgerung der Mhallami in Tripoli. Die Initiative des sunnitischen Premierministers

Sami al-Sulh, 1947 anhand des Artikel 1 des Gesetzes von 1924 den Mhallami den libanesischen Pass zu geben, wurde dagegen schnell von den Christen blockiert. Der Versuch eines Dutzend Mhallamis, den Pass dennoch zu erlangen, indem sie zum Christentum konvertierten, brachte 1956 die Muslime auf die Barrikaden und verursachte eine große Krise, die ein Jahr später durch einen Kompromiss gelöst wurde: 150 bis 175 Mhallami-Familien wurden eingebürgert, dafür aber auch genauso viele Aramäer.

1960 nahm der sunnitische Premierminister Saeb Salam einen neuen Anlauf und forderte die Mhallami auf, Einbürgerungsanträge zu stellen, was die meisten auch taten. Wegen des Streites unter der sunnitischen Führung wurden sie jedoch nicht bearbeitet, sowohl der alte Gönner Adnan al-Hakim als auch der neue Gönner Saeb Salam wollten die Mhallami als ihre Klienten gewinnen, so dass sie sich gegenseitig blockierten. Ein Jahr später stellte der drusische Innenminister Kemal Djoumblat den Mhallami Ausweise mit der Nationalität »ungeklärt« aus, einige Betroffene prozessierten mit Erfolg, da im Gesetz verankert war, dass jeder, der im Libanon zur Welt kommt und dessen Eltern unbekannt sind oder deren Staatsangehörigkeit unbekannt ist, automatisch Libanese wird. Um diese Entwicklung zu stoppen, änderte die Behörde die Eintragung »ungeklärte Staatsangehörigkeit« in »*à l'étude*«, das heißt, »in Bearbeitung«. Wie wir sehen, ist die deutsche Behörde nicht die einzige, die mit administrativen Maßnahmen eine Integration behindert.

Die Anträge blieben bis 1994 in Bearbeitung, die wiederholten Initiativen der Sunniten 1970 und 1976 zeitigten keinen Erfolg. Auch der positive Abschluss von 1994 ist nicht ihr Verdienst, sondern das Werk der syrischen Besatzungsmacht (1992–2005). Diese hatte 1990 die Alliierten bei der Befreiung Kuwaits von den Irakern unterstützt und als Belohnung freie Hand im Libanon bekommen. So konnte Syrien den Widerstand des christlichen Staatspräsidenten Michel Aoun brechen und das

Land unter seine Kontrolle bringen. Das bedeutete einen klaren Sieg für die Muslime, die angeschlagenen Christen konnten nur noch politischen Widerstand leisten, da sie nach ihrer Niederlage entwaffnet wurden. Nur die schiitischen Milizen, Amal und Hisbollah, durften ihre Waffen behalten. Um die Christen endgültig auszuschalten, beschloss Syrien, die Demografie zu ändern, das war sozusagen die ultimative Waffe. Am 20.6.1994 erließ der libanesische Innenminister das Einbürgerungsdekret Nr. 5247, es sieht die Einbürgerung von zweihundert- bis dreihunderttausend Menschen, überwiegend Muslime, vor, darunter alle Mhallami, alle arabischen Beduinen und über dreißigtausend Palästinenser. Damit war endgültig Schluss mit der Hegemonie der Christen im Libanon.

Die Zahl der eingebürgerten Mhallami kann man nur schätzen, weil das Dekret nicht nur die neunzigtausend ausdrücklich erwähnten Namen erfasst, sondern auch ihre nicht erwähnten Angehörigen. Viele Mhallami haben im Laufe der Jahre ihre Ehen und ihre Kinder nicht registrieren lassen, andere suchten sich illegal eingereiste Ehepartner. Um von dem Dekret zu profitieren, reichte eine Bestätigung der Identität durch den Bürgermeister des Beiruter Viertels Zuqaq al-Blat aus, der selbst Mhallami ist. Ein Mhallami-Aktivist, Ghazi Khamis, der das Dossier der Einbürgerung begleitete,[34] zählte 2007 rund zwölftausend Familiendossiers, bei einer durchschnittlichen Familiengröße von acht Personen waren das 96000 Personen. Das bedeutet, dass tatsächlich fast alle Mhallami eingebürgert wurden, ausschließlich derjenigen, die damals unregistriert einreisten und keinen Anschluss an registrierte Personen (etwa durch Heirat) fanden. Das bedeutet auch, dass fast alle Mhallami in Deutschland libanesische Staatsbürger sind, viele haben ihre Pässe geholt, sie zeigen sie den Behörden aber aus Angst vor Abschiebung nicht – als Libanese können sie abgeschoben werden, als ungeklärte Staatsangehörige nicht. Trotz des langen Aufenthalts in Deutschland haben viele wegen Straffälligkeit eine Duldung und keine Aufenthaltserlaubnis.

### Die unklare Identität

Die Clans der Mhallami sind eine Gruppe, die sich klar von anderen Gruppen unterscheidet. Trotzdem bilden sie keinen Stamm mit mythischen Referenzen und mythischem Ursprung. Und das macht sie zu einem Sonderfall. Das Fehlen von übergeordneten Referenzen verengt ihr Bewusstsein und beschränkt ihre Weltsicht auf die Grenzen von Clans und Gruppe, womit eine entsprechend starke Fixierung auf ihre direkten verwandtschaftlichen Bindungen einhergeht. Der räumliche Horizont der Gruppe war sehr eng, sie lebte im Süden in der Türkei in vierzig bis fünfzig Dörfern in der Provinz von Mardin, die im Dreieck zwischen den Kreisstädten Savur im Westen, Midyat im Osten und Ömerli im Süden liegen. Die Dörfer sind überwiegend von Kurden umgeben, aber auch von Aramäern, heute haben sie bis zu 80 Prozent ihrer Bewohner durch die Migration verloren. Sie hießen al-Raschdiyeh, Maasarti, al-Mkahschiniyeh, Mnaizel und Marjeh, hier lebte die größte Gruppe unter den Auswanderern.

    Die Herkunftsgegend der Mhallami ist bekannt, ihr Dialekt auch.[35] Die Philologen klassifizieren ihn als arabischen Dialekt. Die Gruppe nennt ihren Dialekt Mhallami, daher wurde sie nach ihm benannt. Die Mhallami sprechen keine kurdischen Sprachen, weder Zaza noch Kermanji. Ihre Kurdifizierung in Beirut ist gescheitert, und in Deutschland haben sie mit der kurdischen Gemeinde, die riesig ist, nichts zu tun, sie betrachten sich als Teil der nahöstlichen arabischen Bevölkerung, mit der sie enge Beziehungen unterhalten; die arabischen Nordafrikaner sind ihnen aber fremd. Bei fehlenden Abstammungsreferenzen ist ihre Identität unstabil und wechselt ständig, sie haben sich bis heute auf keine einheitliche Erzählung geeinigt.

In Berlin habe ich die Gelegenheit gehabt, verschiedene Völker und Ethnien kennenzulernen, Araber aus verschiedenen Ländern, Türken, Aramäer, Kurden, Aleviten und viele mehr. Es fiel mir auf, dass die Kurden aus dem Libanon, ich wusste noch nicht, dass sie Mhallami waren, dieselben Fehler machten, wenn sie Arabisch sprachen, wie die Aramäer. Es war mir nicht bewusst, dass die Dialekte selbstständige Sprachsysteme darstellten und dass die gemeinsamen angeblichen Sprachfehler ein Hinweis auf die Nähe beider Dialekte war. Bei der oben erwähnten Untersuchung in Tripoli sagten manche Mardelli, sie würden Aramäisch sprechen. Ein wichtiger sprachlicher Unterschied zwischen beiden Gruppen lag darin, dass die Aramäer den arabischen Dialekt als sekundäre Sprache für die Kommunikation mit ihrem Milieu nutzten, ihre Hauptsprache war Aramäisch und knüpfte an eine uralte und weitverbreitete Kultur an – Jesus sprach Aramäisch. Die Mhallami hatten hingegen nur ihren Dialekt, den sie nicht weit zurück in der Geschichte verankern konnten.

Im Rahmen einer Untersuchung Mitte der Neunzigerjahre haben mir die Mhallami verschiedene Geschichten über ihre Abstammung erzählt, die ich anhand der Quellen, soweit es ging, überprüft habe. Sie sollen ursprünglich Aramäer gewesen sein und sind vor ein paar Jahrhunderten nach einem Streit mit dem Patriarchen zum Islam übergetreten. Diese Geschichte hat der Orientalist Sir Mark Sykes, der 1907 die Gegend bereiste, von den Betroffenen gehört, er schreibt: »Mahalemi. Achthundert Familien. Dieser Stamm hat eine eigenartige Geschichte. Sie sagen, dass sie vor dreihundertfünfzig Jahren Christen waren. Während einer Dürre und ausbleibenden Ernte baten sie den Patriarchen um seine Erlaubnis, während der Fastenzeit Fleisch zu essen. Der Patriarch lehnte es ab, und sie konvertierten zum Islam. Sie sprechen ein Bastard-Arabisch, ihre Frauen tragen rote Kleider und keinen Schleier. Ibrahim Pascha sagt, sie wären jetzt eine Mischung aus Arabern und Kurden. Einige Familien sind vermutlich noch Christen.«[36] Der Orientalist Ishaq Armala, der die Gegend zur selben Zeit bereiste, erwähnt diese Geschichte ebenfalls. Sie ist auch in einigen Büchern der Aramäer zu finden. Im Buch des Patriarchen Agnatius Afram I Barsum (1887–1957) allerdings wird die Konversion anders datiert und begründet. Sie soll Anfang des 17. Jahrhunderts stattgefunden haben, verursacht durch die Unterdrückung seitens der Behörden.[37]

Weitere Geschichten betonen die arabische Abstammung – im Zuge der islamischen Eroberung im 8. Jahrhundert sollen einhundert arabische Krieger ihre Zelte in der Gegend aufgeschlagen haben, die Mhallami seien ihre Nachkommenschaft. Eine andere Variante besagt, dass sie aus einem Stamm der *banu hilal* stammen. Die *banu hilal* waren aber nie in der Südosttürkei.

Andere Erzählungen betonen die kurdische Abstammung. Wieder sollen Krieger, diesmal kurdische Truppen des kurdischen Führers und Bezwingers der Kreuzritter Saladins, die Gegend besiedelt haben, und die Mhallami sollen ihre Nachfahren sein. Manche Aussagen behaupten, dass alle in der Gegend Kurden gewesen sind, einige haben sich durch Vermählung mit Araberinnen arabisiert, das seien die Mhallami, und andere christianisiert, das seien die Aramäer. Diese Geschichten nehmen keine Rücksicht auf historische Fakten. Das Christentum als ältere Religion war unter den Kurden verbreitet, später sind sie Muslime geworden. Die Aramäer sind die Urchristen und sind es geblieben. Der ethnische Wechsel wegen der Frau ist unwahrscheinlich, denn normalerweise folgt die Frau dem Mann und nicht umgekehrt.

Die letzte Gruppe von Geschichten verbindet den Namen mit der geografischen Gegend, sie soll Mhallami heißen, und ihre Bewohner wurden nach ihr benannt. Diese Auffassung ist historisch nicht belegt. Die erste Geschichte scheint die wahrscheinlichste zu sein, sie ist aber nicht prestigeträchtig. Alle anderen Geschichten dagegen veredeln die Abstammung. Die Bemühungen um die Veredelung ihrer Abstammung begleiten die Gruppe bis heute, deshalb die wechselnde Identität und die Uneinigkeit über ein gemeinsames Narrativ.

Schon beim ersten von einem Mhallami verfassten Werk (1995) über die Gruppe wird eine Nähe zu den kurdischen Fürsten in der Geschichte Libanons suggeriert, um eine Verbindung vorzutäuschen. Die Arbeit beginnt mit der Schilderung der ersten Einwanderung, wie er das nennt, das waren kurdische Stämme wie die *banu assaf*, die an der Küste Nordlibanons von den Osmanen im 16. Jahrhundert angesiedelt wurden, um die Autonomiebestrebungen der lokalen Fürsten in Schach zu halten. Dazu kommen kurdische Stämme wie die *banu djumblat*, die vor den Osmanen flüchteten, und sich in die drusische Gemeinde integriert haben. Alle diese Stämme wurden zu einem Bestandteil der Geschichte Libanons und haben sich integriert. Deshalb achtet der Autor darauf zu erwähnen, dass die zweite Einwanderung der Kurden, er meint die Mhallami, mit der ersten nichts zu tun hat, und gibt die Abstammungsgeschichten wieder, die ich schon in Berlin gehört habe. Der bereits erwähnte Sozialforscher Lokman Meho meinte im selben Jahr, dass die Mhallami keine Kurden sind, weil sie kein Kurdisch sprechen. Die Meho waren ursprünglich ein kurdischer Clan, der aus derselben Gegend und gemeinsam mit den Mhallami eingewandert ist. Der Anteil der echten Kurden an der Gesamtzahl der Mhallami beträgt circa 10 Prozent. Beide Werke tragen zur Klärung der Abstammung nicht bei, machen die Frage noch komplizierter. Eins ist auf jeden Fall spürbar, je mehr der soziale Aufstieg voranschreitet, umso größer ist der Wunsch, die Abstammung zu veredeln.

Die Gruppe ist inzwischen infolge der Migration auf viele Länder verteilt und sucht nach einer Identität in der neuen Umgebung. In Nordostsyrien und dem Norden Iraks wird die arabische Abstammung betont, auf dem Internetblog »*Fursan al thaqafa*« etwa, was »Ritter der Kultur« bedeutet,[38] behauptet der Autor, dass der Stamm der Mhallami zu der arabischen Stammesföderation der *banu hilal* gehört, und damit es echt klingt, liefert er in der Tradition der arabischen Genealogen eine genaue Ahnenkette, so gehören sie »zu Hilal ben Amer, ben Saasaa, ben Bakr, ben Hawazen, ben Mansur, ben Akrama, ben Khasfa, ben Qays Ilan, ben Madar, ben Nizar, ben Maed aus der Nachkommenschaft Adnans, zu denen gehörte auch der Stamm Quraisch«, welcher der Stamm des Propheten ist. Sie sollen an den islamischen Eroberungen teilgenommen haben und in viele Länder ausgewandert sein, hundert Haushalte hätten sich in der Nähe von Midyat niedergelassen, daher der Name Mhallami, was eine Kombination von zwei arabischen Wörtern sei, die »die Siedlung der Hundertschaft« bedeuten sollen. Das ist natürlich alles erfunden, die *banu hilal*[39] waren nie in der Südosttürkei, sie waren in Nejd südlich von Kuwait, haben sich an den islamischen Eroberungen nicht beteiligt, stifteten aber viel Unruhe. Aus diesem Grund haben die Abbasiden im 9. Jahrhundert ihre Emigration nach Ägypten forciert, dort haben sie die Fatimiden unentwegt genervt, diese schickten sie im 11. Jahrhundert nach Nordafrika, wo sie irreparable Schäden anrichteten – die Ausdehnung der Wüste ist ihrer Zerstörung der Landwirtschaft geschuldet. Der berühmte Ibn Khaldun (1332–1406) vergleicht sie mit Wolken von Heuschrecken. Im kollektiven Gedächtnis der Menschen im Orient haben ihre Untaten als märchenhafte Heldentaten überlebt, wie die Märchen von Abu Zaid al-Hilali, und wurden jahrhundertelang von Märchenerzählern propagiert. Viele religiöse und ethnische Gruppen führen ihre Abstammung auf diese Stämme zurück, um furchterregend zu erscheinen, was ihr Ansehen steigern soll.

Auf einem anderen Blog werden die Mhallami dem Stamm der *banu schaiban* zugerechnet,[40] wegen Jahrhunderten von Invasionen, Unterdrückung, Unwissenheit und Rückständigkeit sei die Erinnerung an den Ursprung verloren gegangen. Auch die Website »*Al-Mhallamiya*«[41] plädiert für die Abstammung von *banu schaiban*, ihre These wird sogar von einer DNA-Analyse der

Firma iGENEA untermauert, die vom Clan Omeirat in Auftrag gegeben wurde.[42]

Auch im Libanon haben die Mhallami, wie zu erwarten ist, keine einheitliche Geschichte über ihre Herkunft. Lokman Meho unterscheidet in seiner Studie[43] zwischen den echten Kurden, die er Kermanji nennt, und den arabisch sprechenden Kurden, die auf drei Identitäten verteilt sind: eine kurdische, eine arabische und eine arabisch-kurdische. Eine andere Aufteilung folgt den Herkunftsorten: al-Rashdiye, al-Mkhashniye und al-Mhallamiya. Meho erklärt, dass unter der letzten Benennung circa fünfzehn Dörfer gemeint sind, die zwischen Mardin, Midyat und Diarbekir liegen, also ungefähr die Ömerli-Gegend. Die vierzehn Hauptfamilien der Mhallami sind: 'Atriss, Fakhro, Fattah, Harb, Miri, Omari, Omeirat, Ramadan, Rammu, Sha'bu, Sharif, Shaykh Musa, Siyala und al-Zein.

Während der Clan Omari seine arabische Identität betont und behauptet, dass er von den *banu hilal* abstammt, haben der Zedern Sport- und Kulturverein (1969) und die Razgari-Partei (1975) ihre kurdische Identität hervorgehoben. In diese beiden Organisationen traten hauptsächlich Migranten aus al-Rashdiye ein, in der Führung überwog der Clan Fakhro. Beide Organisationen sind bedeutungslos geworden, weil fast alle ihre Mitglieder nach Europa ausgewandert sind, vor allem nach Deutschland. Ähnlich erging es dem Clan Omeirat, der sich 1979 als selbstständiger Verein organisierte, um von dem Clan Fakhro unabhängig zu bleiben, andere Mhallami traten aus demselben Grund islamischen Organisationen bei. Diese letzten Gruppen sehen sich nicht als Araber, auch nicht als Kurden, deshalb bezeichnen sie sich als kurdische Mardelli.

Nach der Erlangung der libanesischen Staatsangehörigkeit 1994 wurden Vereine wie der »Libanesische Mardelli Verein«[44] oder die »Al-Mustaqbal Jugend« (1997) gegründet, die ihr Arabertum betonen, mit der klaren Absicht, sich in das libanesische System zu integrieren und eine politische Rolle zu spielen. Schließlich versucht ein 2004 erschienenes Buch, die Deutungshoheit über die Abstammung endgültig zu gewinnen, es heißt »Die Mhallamiya. Arabische Identität und authentischer Ursprung«.[45] Es beschreibt unter anderem die Situation der Gruppe im Irak, in Syrien und dem Libanon und beklagt, dass die Mhallami im Libanon als Kurden betrachtet werden und nicht als Araber, daher kämen die Probleme mit ihrer Anerkennung durch den Staat. Bei diesem Wirrwarr bleiben zwei Konstanten unbestritten: erstens der Clan und das Dorf, aus dem die Menschen kommen; zweitens das Bewusstsein, dass alle Clans, selbst die, die ursprünglich Kermanji waren, einen eigenen Dialekt sprechen und eine distinkte Gruppe bilden.

### Eine neue Identität in Deutschland

Ihre Identitätsprobleme haben die Mhallami nach Deutschland mitgebracht. So kritisieren etwa Ali und Rashid Moussa auf YouTube die oben erwähnte DNA-Analyse des Clans Omeirat als unwissenschaftlich und lächerlich, weshalb sie die wahre Geschichte erklären. Ihr Fazit: »Wir Mhallamiye (Mardelli) sind Kurden aus Mardin, jedoch kommen wir ganz ursprünglich aus dem Irak (Mosul). Abstammung: Salahedin Ayubi.«[46] Offensichtlich haben sie mit dem folgenden Protest nicht gerechnet. Unter der Überschrift »Hameln: Mhallami sind so arabisch wie die PKK ein Gartenverein« wird am 22. November 2016 in der Presse berichtet, dass ein junger Mann in Hameln im Streit mit seiner früheren Freundin um das Sorgerecht für das gemeinsame Kind mehrmals auf sie eingestochen, sie dann mit einem Seil ans Auto gebunden und rund 250 Meter über die Straße geschleift habe. Täter und Opfer wurden als Mhallami-Kurden gekennzeichnet. Daraufhin meldete sich, wie der Artikel berichtet, die Kurdische Gemeinde Deutschlands mit einer Presseerklärung zu Wort und bezeichnete die Darstellung als falsch. Sie schreiben: »Bei den ›Mhallami‹ handelt es sich um einen arabischen Clan aus dem Nahen Osten. Die Angehörigen dieses Clans sind Araber aus dem Libanon und aus Mardin/Türkei, die überwiegend arabisch sprechen ... In den Behördenakten werden sie meistens fälschlicherweise als Kurden aus dem Libanon geführt. Die Gruppe Mhallami selbst bezeichnet sich aber zum größten Teil als Araber, nicht als Kurden. Sie gehören der kurdischen Community in Deutschland nicht an.«[47]

Eine Lösung fanden die Mhallami mit der Erschaffung einer neuen Identität, nämlich der der libanesischen Kurden. Ein Hauptvertreter dieses neuen Ansatzes ist der Verein der Familien-Union e.V. in Essen,[48] der Beziehungen zu allen ethnischen Gruppen und Parteien pflegt, sein Hauptanliegen aber besteht in der Beschwörung der Einheit der Gruppe – nur so können sie mächtig werden. Die Mhallami betrachten sich als Volk und reihen sich damit auf einer Stufe mit Kurden, Arabern und Deutschen ein und wollen auch so wahrgenommen werden. Eine Integrationsarbeit, die von solchen Vereinen üblicherweise erwartet wird, ist nirgends erwähnt, der Verein sieht seine Aufgabe vielmehr in der Vermittlung zwischen dem Staat und den Familien, insbesondere in Fragen der Kriminalität. Was das Label »libanesische Kurden« bedeutet, weiß noch niemand. Die Gruppe stammt nicht aus dem Libanon, sondern aus der Gegend von Mardin in der Türkei; und ob sie Kurden sind, bleibt offen. Die Medien haben diese Bezeichnung teilweise übernommen, aber verbreiteter ist die der »Mhallami Kurden«, welche auch eher zutrifft.

Der Name Mhallami scheint für die Gruppe selbst grundsätzlich ein Problem zu sein. In Syrien und dem Irak wurde der Name behalten, weil in einer tribalen Umgebung die Behauptung, die Mhallami wären ein Stamm, für die Veredlung der Herkunft ausreicht, außerdem haben sie ein Leben wie alle anderen in ihrer Umgebung geführt und wurden kaum diskriminiert. Im Libanon hingegen waren sie, wie wir gesehen haben, lange ausgeschlossen und missachtet, später in Deutschland waren sie unerwünschte Flüchtlinge. Mit dem langsamen sozialen Aufstieg im Libanon sowie dem beachtlichen sozialen Aufstieg in Deutschland – herbeigeführt durch die kriminelle Anhäufung von Reichtum und die Ausplünderung des Wohlfahrtsstaates – akzeptieren sie den alten Namen nicht mehr, er erinnert sie zu sehr an die Zeit des Elends. Interessant dabei ist, dass auch in Deutschland der Wunsch fortbesteht, weiterhin als distinkte Gruppe zu gelten, die Integration steht nicht auf der Tagesordnung.

Dieser Geltungsdrang ist ein Ausdruck dafür, dass die Gruppe extrem unter ihrer minderwertigen Position leidet und daher sehr bemüht ist, einen herausragenden Platz zu besetzen, wenn nötig, auch mit Gewalt. Das ist keine entspannte Gruppe, die ihren Platz unter Ebenbürtigen findet, sondern eine frustrierte, ausgegrenzte Gruppe, die sich revanchieren will. Sie teilten den minderwertigen Status der religiösen Minderheiten in einem muslimischen Milieu, sind aber selber muslimischen Glaubens. Im Libanon wurden sie sogar einer Ethnie zugerechnet, die sie nicht akzeptiert hat, und von der sie selber auch nicht Teil sein wollen. Deshalb ist ihre erste und wichtigste Identität der Clan: Das ist das Milieu, in dem sich der Einzelne geborgen und geschützt fühlt und auch materiell unterstützt wird. Der Clan öffnet sich für die Gruppe, die unter denselben Verhältnissen leidet. Der soziale und zivilisatorische Horizont der Gruppe ist sehr eng, die Migration bietet ihnen jedoch neue Perspektiven, und sie versuchen, sich sowohl ethnisch, bislang ohne großen Erfolg, als auch religiös zu öffnen. Beim letzten Versuch haben sie, wie wir sehen werden, mehr Erfolg gehabt.

Kapitel 3

# Die Migration nach Deutschland

## Das Schlupfloch in der Mauer

Lange bevor die Mauer fiel, fasste gänzlich unbemerkt von Politik und Öffentlichkeit eine Gruppe von Menschen in Deutschland Fuß, die später der organisierten Kriminalität eine neue Dimension verleihen sollte: die *Clankriminalität*. Diese Menschen sind die Mhallami-Kurden, sie gehören zu den Libanon-Flüchtlingen, die nach Ausbruch des Bürgerkriegs am 13. April 1975 nach Deutschland flohen. Sie kamen unbehindert über Ostberlin nach Westberlin.

Die Mauer war offensichtlich doch nicht so dicht, wie man dachte. Das liegt an der rechtlichen Sonderstellung von Berlin, die die Alliierten auf den Konferenzen von Jalta und Potsdam 1945 vereinbart hatten. Berlin wurde in vier Zonen unter die Verwaltung der alliierten Mächte gestellt, formell blieb die Stadt bis zum Inkrafttreten des Zwei-plus-Vier-Vertrages, der 1991 den Weg für die Wiedervereinigung Deutschlands freimachte, unter der alliierten Kommandantur.

Wenige Monate nach der Gründung der Bundesrepublik 1949 wurde die DDR gegründet, die Sowjets überließen die Ostzone der SED, Ostberlin wurde Hauptstadt der DDR. Damit wurde die Grenze zu Westberlin zu einer internationalen Landesgrenze, was der Westen vehement ablehnte. Die westlichen Alliierten sahen in Großberlin ein einheitliches Gebiet, deshalb errichteten sie innerhalb der Stadt keine Grenzkontrollen, und die deutschen

Behörden des damaligen Berlin-West waren nicht befugt, solche Kontrollen durchzuführen. Das bedeutete, dass die Grenze offen stand. Um sie zu schließen, hat die DDR am 13. August 1961 die Mauer als Teil des Eisernen Vorhangs gebaut, der ganz Europa in Ost und West aufteilte.

Das bedeutete eine einseitige Durchlässigkeit der Mauer von Ost nach West, umgekehrt nicht. Praktisch sah es folgendermaßen aus: Die Flüchtlinge kauften im Libanon ein Flugticket und flogen mit der DDR-Fluglinie Interflug von Beirut nach Berlin-Schönefeld, wo sie ein Transitvisum für fünf Mark erhielten. Im Bürgerkrieg war der Beiruter Flughafen wegen der Kriegshandlungen oft geschlossen, weshalb die Flüchtlinge nach Damaskus in Syrien reisten, wo der Flughafen ebenfalls von Interflug angeflogen wurde.

Mit dem Transitvisum wurden die Flüchtlinge in einem Bus zum Grenzübergang in der Friedrichstraße gefahren. Dort verließen sie das DDR-Gebiet durch die Grenzkontrollen und gelangten in den Westen, wo es keine polizeiliche Präsenz an der Grenze gab. Vom Bahnhof Friedrichstraße fuhren die Transitierenden mit S- und U-Bahnen weiter nach Westberlin. Fast alle Flüchtlinge aus dem Libanon und drei Viertel der Flüchtlinge in Deutschland aus dem arabischen Nahen Osten nutzten diesen Weg.

Die Libanon-Flüchtlinge besaßen drei Arten von libanesischen Reisedokumenten mit unterschiedlichen Eintragungen bezüglich ihrer Nationalität. Für die Libanesen war die Nationalität in ihrem Passdokument deutlich, im »*Document de voyage*« stand »Palästinenser«, eine Nationalität, die völkerrechtlich nicht existierte, weil es keinen Staat Palästina gab. Für die Mhallami stand in ihrem »*Laisser-Passer*« der Begriff »*à l'étude*«, also »in Bearbeitung«. Beide, Mhallami und Palästinenser, wurden als Staatenlose in Deutschland registriert und tauchen in keiner behördlichen Statistik auf. Problematisch wurde dies, als später innerhalb dieser Gruppen die Kriminalität überdurchschnittlich hoch wurde.

Sie waren einfach unsichtbar, trotz ihrer Omnipräsenz im Bereich der Kriminalität. Der Polizei, die ständig mit ihnen konfrontiert war, verdanken wir die ersten internen Berichte über sie. Trotzdem sind sie in den Dokumenten über die organisierte Kriminalität (OK) nicht vorhanden. Vor dem Fall der Mauer bildeten sie innerhalb der Migranten die überwiegende Mehrheit in der Kategorie »staatenlos«, danach wurden viele Flüchtlinge aus anderen Ländern unter dieser Kategorie registriert, weshalb diese Gruppen von Libanon-Flüchtlingen nicht mehr zu identifizieren waren. Eine 1985 durchgeführte Änderung ihrer Klassifizierung erschwert ihre Identifizierung zusätzlich: Sie laufen seitdem unter der Kategorie »ungeklärte Staatsangehörigkeit«. Den Grund dafür lieferte die erfolgreiche Klage eines Palästinensers, der nach der Genfer Flüchtlingskonvention (GFK) seinen Anspruch auf Ausstellung eines deutschen Reisedokuments mit Aufenthalt durchsetzte. Um zu verhindern, dass andere geduldete Flüchtlinge die GFK in Anspruch nahmen, änderte die Behörde ihren Status einfach in »ungeklärt«. Noch bedeutender war die Tatsache, dass viele Flüchtlinge aus anderen Ländern, insbesondere aus der Türkei, angaben, sie seien Mhallami und Palästinenser – sie wussten, dass sie damit nicht abschiebbar waren. Ähnliches erleben wir in der letzten Zeit, viele Flüchtlinge geben an, sie seien Syrer, um einen besseren Flüchtlingsstatus zu ergattern.

Die Arbeitsgruppe Ausländer (AGA) bei der Westberliner Polizei, zu deren Aufgaben in den Achtzigerjahren das Abfangen der Illegalen gehörte, hatte wenig Erfolg. Da sie Scheinehen mit deutschen Partnern für die Erlangung des Aufenthaltstitels verfolgte, geriet sie sogar öffentlich in die Kritik. Deshalb reagierte die Bundesregierung und zeigte ihren Unmut über die DDR-Praxis, Asylbewerber über Westberlin in die BRD abzuschieben. Sie verlangte, ein Transitvisum erst zu erteilen, wenn ein Anschlussvisum für die BRD vorhanden war. Für die DDR bedeutete dies die Anerkennung der Zugehörigkeit Berlins zur BRD, was nicht dem Viermächte-Status entsprach. Sie hatte schon einmal auf diese Art den Weg für die Volksgruppe der Tamilen aus Sri Lanka nach Westberlin gesperrt und war dafür von den Sowjets gerügt worden.

Schließlich, am 1. Oktober 1986, wurde der Transitweg unterbunden, die Asylbewerberzahlen sanken rapide. Noch 1986 wurde etwa ein Drittel (32,68 Prozent) der Asylanträge der BRD in Berlin gestellt, nach der Transitregelung sank der Anteil 1987 auf 4,87 Prozent. Allerdings wurden schnell neue Methoden entwickelt, um die Sperre zu umgehen. Viele in Ostberlin ansässige Araber, hauptsächlich Studenten, verdienten ein Vermögen, indem sie Einladungen für Flüchtlinge ausstellten, die pro Kopf 300 bis 500 Dollar kosteten. Damit konnten die Eingeladenen das begehrte Visum für die DDR erhalten, von wo sie nach Westberlin eingeschleust wurden. Andere kamen als Touristen, mussten aber ein Hotel buchen, das war die teurere Variante. Am Ende landeten wieder vollgebuchte Flugzeuge in Berlin-Schönefeld, diesmal aber mit »Touristen« und »eingeladenen« Besuchern.

Später, nach dem Fall der Mauer und der Öffnung der Grenze, kamen innerhalb eines Jahres über zwanzigtausend Flüchtlinge aus dem Libanon. Diese massive Einwanderung sollte für die Stabilisierung und Verfestigung der Gemeinschaften der Libanon-Flüchtlinge in Deutschland entscheidend sein: Sie wurden lebensfähig und konnten sich aus eigener Kraft reproduzieren und wachsen. Sie wurden, wie die Migrationsforscher sagen, zu ethnischen Kolonien.

Vorerst blieb es jedoch bei dem Schlupfloch der Mauer. Seine Entdeckung ist den arabischen Studenten in Ostberlin zu verdanken. Einen Tag nach der Aufnahme der diplomatischen Beziehungen zwischen Israel und der BRD am 12. Mai 1965 kam es zum Abbruch der diplomatischen Beziehungen seitens zehn arabischer Länder, die sich zugleich der DDR annäherten. Insbesondere mit der ein Jahr zuvor gegründeten Palästinensischen

Befreiungsorganisation (PLO) unterhielt die DDR enge Beziehungen, von denen Tausende palästinensische Studenten profitieren sollten. Auch aus den kommunistischen arabischen Parteien kamen Stipendiaten in die DDR.

Das Wissen über das Schlupfloch gaben die Studenten an ihre Verwandten und Bekannten weiter; nach dem Schwarzen September 1970 in Jordanien erschienen in Westberlin die ersten palästinensischen Flüchtlinge, in der Regel junge Männer. Im Verlauf des Bürgerkriegs wurde dieses Wissen verstärkt verbreitet und die von den Schleppern organisierte Route ausgebaut, vor allem für die Ärmsten im Libanon, die sonst nirgendwohin flüchten konnten, weil sie über keine Kontakte in der Welt verfügten. Syrien hatte zwar seine Grenze für die Libanon-Flüchtlinge geöffnet und ihnen erlaubt, zu arbeiten sowie ihre Kinder einzuschulen, aber die Leute wollten lieber nach Deutschland, wo, wie sie gehört hatten, die Lebensverhältnisse viel besser waren.

Aus diesem Grund kamen die Ärmsten der Armen, die bereits im Libanon als Flüchtlinge lebten und keine positive Lebensperspektive hatten, nach Deutschland: die Palästinenser und die Mhallami. Beide Gruppen lebten, wie im zweiten Kapitel gezeigt, im Libanon in Ghettos und Flüchtlingslagern, genau wie die Libanesen aus dem Armutsgürtel um Beirut. Nicht anders als die Flüchtlinge aus den osteuropäischen Ländern waren auch sie konsumhungrig, aber nicht, weil sie keine Konsumgüter in ihrem Herkunftsland gehabt hätten, sondern weil sie ausgegrenzt waren und unterdrückt wurden. Der Libanon war die »Schweiz des Orients«, man konnte dort alles finden, was im Westen produziert wurde, aber nicht alle konnten es sich leisten, am wenigsten die Flüchtlinge. Deshalb hofften sie in Deutschland auf ein besseres Leben, mussten jedoch feststellen, dass sie unerwünscht waren, man verweigerte ihnen die Teilnahme am Wohlstand. Sie schlugen zurück. Die Clankriminalität ist ihre Antwort.

## Die Migrantengruppen

Einige Zeit nach Beginn des Bürgerkriegs im Libanon gründete ich mit einigen Landsleuten in Berlin die Libanonhilfe e. V., um in Zusammenarbeit mit humanitären Organisationen wie medico international der leidenden Bevölkerung im Libanon zu helfen. 1976 meldete sich das Sozialamt Kreuzberg bei uns und bat um Unterstützung, in den letzten Tagen seien über zweihundert Flüchtlinge aus dem Libanon eingetroffen, das Obdachlosenheim sei voll, und sie wüssten nicht, wie sie mit den Flüchtlingen umgehen sollten, vor allem wegen der fehlenden Sprachkenntnisse. Ich ging mit einer Kollegin hin, und wir waren erstaunt zu entdecken, dass es sich nicht um Libanesen handelte, sondern um Kurden aus dem Libanon. Das war mein erster Kontakt zu der Personengruppe der Mhallami. Sie sprachen ein gebrochenes Arabisch, ich konnte sie aber verstehen.

Die Behörden in Berlin waren mit einer neuen Gruppe von Menschen konfrontiert, die nicht nur eine andere Kultur, Sprache und Mentalität hatte, sondern andere Erfordernisse mit sich brachte. Anders als die Gastarbeiter, die normalerweise im Beruf standen und mehr mit dem Arbeitsamt als mit dem Sozialamt zu tun hatten – der Bezug von Sozialhilfe führte in der Regel zum Verlust der Aufenthaltserlaubnis und zur Ausweisung[49] –, standen diese Flüchtlinge unter der Obhut des Sozialamtes, das für alles sorgen musste, von der Unterkunft bis zur medizinischen Versorgung und dem Unterhalt.

Diese Flüchtlinge – Mhallami, Palästinenser und Libanesen – wurden bei den Behörden und den Medien als Libanesen bezeichnet. Erst im Laufe der Jahre lernte man, zwischen den verschiedenen ethnischen Gruppen zu unterscheiden. 1985, während der Belagerung der palästinensischen Flüchtlingslager in Beirut durch die libanesisch-schiitische Amal-Miliz gingen die Libanon-

Flüchtlinge in Berlin auch in den Haftanstalten aufeinander los, Palästinenser und Kurden auf der einen Seite, Libanesen auf der anderen. Die Behörden und die Öffentlichkeit lernten jetzt, nicht nur die Ethnie, sondern auch die Konfessionen zu unterscheiden: Palästinenser und Kurden waren muslimische Sunniten, die Libanesen überwiegend Schiiten. Dass die Kurden eigentlich Mhallami waren, wusste niemand. Die paar Dutzend Philologen weltweit, die den Mhallami-Dialekt kannten, ahnten nicht, dass die Menschen, die diesen Dialekt sprechen, inzwischen in Deutschland und Europa als Flüchtlinge unterwegs waren. Der Name wurde erst durch die Veröffentlichung meines Buches »Die Libanon-Flüchtlinge in Berlin. Zur Integration ethnischer Minderheiten« im Jahr 2000 öffentlich bekannt.

Wie schon erwähnt, folgten die Mhallami der Spur der Palästinenser und gelangten über Ostberlin in den Westen. Das Schlepperwesen war am Anfang einfach und beschränkte sich auf einige Reisebüros im Libanon, die Flugtickets für die Interflug und die Beratung für das Transitvisum sowie den Übergang nach Westberlin lieferten. Mehr Infrastruktur brauchte man nicht, um nach Westeuropa zu gelangen. Trotzdem wurde dieser Weg nicht beansprucht, weil die Motivation fehlte: Niemand dachte daran, nach Europa auszureisen. Europa war weit weg und kam nur für Wohlhabende in Frage, die ihre Kinder für viel Geld dorthin schickten, um sie für rentable Berufe wie Arzt oder Ingenieur ausbilden zu lassen. Oder sie reisten selbst als Touristen hin. Man wusste, dass dort politisch Verfolgte Asyl fanden, aber dafür gab es im Libanon keine Nachfrage. Denn der Libanon war selbst Asylland, alle Anstifter gescheiterter Umsturzversuche in Syrien und dem Irak flüchteten dorthin, genau wie die politischen Opfer der gelungenen Militärputsche. Das sorgte immer wieder für Ärger zwischen der libanesischen Regierung und den neuen Machthabern der benachbarten Länder.

Niemand wusste von der Möglichkeit, Flüchtlinge aus der

Dritten Welt in Europa aufzunehmen, auch die Europäer nicht, weil nach dem Zweiten Weltkrieg nur die Repatriierung der Gefangenen und Zwangsarbeiter aus Deutschland sowie die Aufnahme der Vertriebenen in Deutschland auf der Tagesordnung standen. Die Aufnahme von Flüchtlingen aus der Dritten Welt stand nirgendwo auf dem Programm, auch nicht in der Genfer Flüchtlingskonvention von 1951. Man kannte nur politisch Verfolgte, und das waren vereinzelte Fälle. Infolge der Massaker an den Palästinensern im September 1970 in Jordanien flohen viele Palästinenser nach Syrien, die meisten jedoch in den Libanon; von wo aus manche, wie erwähnt, den Weg nach Berlin fanden. Das waren die ersten Flüchtlinge.

Immer mehr junge Palästinenser kamen ohne Visum aus Ost- nach Westberlin und blieben illegal in der Stadt. Sie wurden von sogenannten Sklavenbüros, die 30 bis 40 Prozent ihres Gehalts behielten, auf dem Arbeitsmarkt schwarz vermittelt und wohnten zu horrenden Mieten in von Landsleuten angemieteten, völlig überbelegten Wohnungen. Von den Vorteilen eines Asylantrages wussten sie noch nichts. Ein wichtiger Treffpunkt für Information und Erfahrungsaustausch war ein Café an der Gedächtniskirche. Dort wurden die jungen Männer von zwei deutschen Anwälten aufgesucht, die ihnen die Vorteile des Asyls erklärten und fertige Formulare für die Asylanträge bereithielten. Der Antrag kostete 5 DM. Trotzdem hatten viele Bedenken zu unterschreiben: Ein Asylantrag glich in ihren Augen einer Verratserklärung, ihre Anwesenheit in Berlin begriffen sie als Flucht vor ihrer nationalen Aufgabe des Kampfes in den Reihen der PLO. Nur die wenigen bereits eingetroffenen Familien sahen das anders. Diese Haltung zur Asylfrage änderte sich 1975, nach Beginn des Bürgerkriegs, schlagartig – jetzt kamen zahlreiche Familien, und sie zögerten nicht, die Hilfe des Staates in Anspruch zu nehmen.

Bis dahin hatten die jungen Menschen bereits viel Unheil angerichtet, in einer fremden Umgebung und ohne soziale Kontrollen ließen sie ihren negativen Neigungen freien Lauf – das war ähnlich wie in der Silvesternacht 2015 von Köln, in der junge Nordafrikaner dieselbe Haltung an den Tag legten. 1974 wollte ich eine Diskothek am Ku'damm besuchen, ein Araber, der am Eingang stand, begrüßte mich auf Arabisch. Nachdem ich den Gruß erwidert hatte, teilte er mir mit, dass Araber leider keinen Zugang hätten. Ich zog mich daraufhin in meine Studentenwelt zurück, ein paralleles Studentenmilieu, in dem die Werte einer heilen Welt und die internationale Solidarität hochgehalten wurden. In den Achtzigerjahren, nachdem das damalige Amt des Ausländerbeauftragten geschaffen worden war, hat diese sich im Rahmen der Diskriminierungsbekämpfung für den freien Zugang für Ausländer in Diskotheken eingesetzt, ohne nach den jeweiligen kulturellen Hintergründen zu fragen. Zur selben Zeit eröffnete in München die erste türkische Diskothek in Deutschland mit türkischer Discomusik, die natürlich für alle offen war, junge Männer allerdings durften nur in Begleitung einer Frau hinein, was als diskriminierend angeprangert wurde. Diese Regelung war mir vom Libanon bekannt. Die jungen Männer mussten dort statt einer Freundin, die es selten gab, die Schwester oder die Cousine als Ersatz mitnehmen und waren dadurch gezwungen, sich zu benehmen. Das war eine pädagogische zivilisatorische Maßnahme, weil Männer in einer muslimischen Kultur, mit wenigen Ausnahmen, ein Problem mit Frauen haben. Das war damals genau wie heute bekannt, aber Multikulti hatte seinen Siegeszug begonnen, wodurch es immer schwieriger wurde, Kulturen in Frage zu stellen.

Nicht nur Sexismus, sondern auch Diebstahl war unter den jungen Migranten verbreitet. Als ich einmal in einem Imbiss am Bahnhof Zoo saß, hörte ich das Gespräch zweier junger Araber am Nebentisch mit. Die beiden waren Mitte zwanzig, der eine erklärte dem anderen gerade die Kunst des Diebstahls und machte ihm klar, wie leicht das Stehlen eigentlich ist, wenn man nur auf bestimmte Punkte achtete. Hätte ich mir während dieser brillanten Darstellung Notizen gemacht, hätte ich die Grundlage für eine neue Berufsperspektive gewonnen. Mich beeindruckte unter anderem der Rat, die Einbrüche zwischen fünf und sechs Uhr morgens durchzuführen, weil, so der Experte, die Polizeistreife dann schon müde sei und auf ihre Ablösung warte. Damals ging die Polizei noch zu Fuß.

Ein weiteres Feld krimineller Betätigung war wie immer der Drogenhandel, in den sie – in welchem Umfang ist unbekannt – als kleine Dealer einstiegen. Was aber bekannt ist, ist ihre erfolgreiche Einführung der Drogen in die DDR. Darüber hinaus haben sie mithilfe arabischer Diplomaten auch die Menschenflucht in den Westen organisiert und daran verdient. Das habe ich einmal sehr deutlich zu spüren bekommen: Ein Freund von mir arbeitete eine Zeit lang an der libanesischen Botschaft; wenn ich ihn besuchte, holte er mich mit seinem Diplomaten-Auto vom Bahnhof Zoo ab und brachte mich später dorthin zurück. Dabei fuhren wir über Checkpoint Charlie, ohne kontrolliert zu werden. Einmal, nachdem er mich am Zoo abgesetzt hatte, bemerkte ich ein deutsches Paar, das mich anstarrte und mir in den Bus folgte. Sie stiegen mit mir aus, und als ich in eine kleine Straße abbog, blieben sie weiterhin hinter mir; ich drehte mich um, ging auf sie zu und fragte, was sie wollten. Ich sollte beim Schmuggeln ihrer Verwandten aus Ostberlin helfen. Das habe ich abgelehnt.

Unter palästinensischen Migranten war Kriminalität sehr verbreitet. Anders sah es bei den türkischen Gastarbeitern aus, diese folgten strikten Moralvorstellungen, arbeiteten legal und pflegten ihre dörflichen Bindungen. Sie verbrachten ihren Urlaub in der Heimat, während die Palästinenser entwurzelt und in Flüchtlingslagern aufgewachsen waren. Eigentum bedeutete ihnen wenig, sie hatten nie welches besessen und daher keine großen moralischen Gewissensbisse, sich in einer reichen Gesellschaft fremdes Eigentum anzueignen. Erst als nach Ausbruch des

Bürgerkriegs 1975 die oben erwähnten Familien eintrafen und die Gemeinde wuchs, konnten palästinensische Organisationen tätig werden und ein Minimum an ethischem Verhalten durchsetzen, womit eine Art soziale Kontrolle gewährleistet war. Man wollte der Sache der palästinensischen Revolution nicht durch ein Fehlverhalten in den Gastgesellschaften schaden. Die praktischen Auswirkungen waren bescheiden, trotzdem war die Aufstellung von positiven Moralvorstellungen sehr wichtig, weil sie verhinderte, dass die Gemeinschaft in eine negative Haltung dem Gastland gegenüber abdriftete.

Die Palästinenser stammen aus einer Bauernkultur – der von der britischen Mandatsmacht im Jahr 1922 durchgeführte Zensus ergab, dass 71 Prozent der Palästinenser Bauern waren. Die Viehzucht war sehr reduziert und beschränkte sich auf wenige Dörfer in der Westbank, deren Bewohner mit ihren Herden im Sommer in das Jordantal wanderten, wobei ihr Wanderungsradius selten dreißig Kilometer überschritt. Wie überall im Orient spielte die Großfamilie eine wichtige Rolle, die Clanstrukturen waren aber nicht sehr ausgeprägt, was bei ihrer Flucht in den Libanon sichtbar wurde. Die palästinensischen Flüchtlinge kamen aus Nordpalästina und versuchten, soweit es ging, in den Lagern, deren Belegung auch von der libanesischen Behörde mitbestimmt wurde, nach Herkunftsort zusammenzukommen. In den großen Flüchtlingslagern trugen die Gassen den Namen der Herkunftsdörfer. Der palästinensische Sozialforscher Hani Mendes schreibt 1974: »Was wir hier betonen möchten, ist, dass der Einfluss der bäuerlichen Sitten und Mentalität auf das palästinensische Volk und speziell auf die Bewohner der Flüchtlingslager sehr stark ist.«[50]

Mit der Vertreibung der PLO aus Jordanien 1970 zog die Führungsgruppe um Arafat in den Libanon um und brachte eine große Gefolgschaft mit. Beide, Führung und Gefolgschaft, stammten ursprünglich aus dem Gazastreifen, was zu einer Spannung führte, die wiederum die Bedeutung des Herkunftsortes belegt. Es ist wichtig zu wissen, dass die palästinensische Revolution eine nationale und daher teilweise säkulare Dimension einführte, die eine revolutionäre Ethik erzeugte und Kriminalität verurteilte. Der nicht endende Bürgerkrieg im Libanon hat allerdings die hohen Ziele aller Beteiligten zerrieben, weshalb sich alle Milizen schließlich in Räuberbanden verwandelten, die für ihre Selbsterhaltung sorgten. Als sich die PLO 1982 aus Beirut zurückziehen musste, endete auch ihr politischer Einfluss, und eine neue Ära begann. Mit der Ersten Intifada 1987 änderte sich die politische Loyalität, am Ende des Aufstandes, 1992, war die Führerschaft der Hamas unbestritten. Das war in Deutschland auch zu spüren.

Wie erwähnt, kamen neben den Mhallami und Palästinensern auch Libanesen in geringerer Anzahl. Nach der Säuberungsaktion durch die Christen in Ostbeirut kamen die Mhallami aus dem Viertel Qarantina und die Palästinenser aus dem Lager Tell al-Zaatar fast alle nach Berlin, die Schiiten aus dem Viertel Bourj Hammoud blieben dagegen im Libanon. Ein Teil von ihnen ging zu Verwandten in Westbeirut, die meisten aber kehrten in ihre Dörfer im Südlibanon zurück, wo sie noch ihre Häuser hatten – ihre Migration in die Stadt Beirut fand erst in den Sechzigerjahren statt. 1982 erlebten sie mit der israelischen Invasion ihre große Vertreibung, sie flohen nach Beirut, und viele fanden den Weg nach Deutschland. Die Mehrheit der Schiiten kam allerdings erst nach dem Fall der Mauer 1989, während des Jahrs, als die Grenze offen war. Ihre Motivation war eine rein wirtschaftliche.

Wie die Palästinenser sind auch die Schiiten Bauern. Zwischen ihrem Gebiet im Südlibanon und Nordpalästina existierte früher keine Grenze, die Gruppen unterscheiden sich jedoch in Religion und Dialekt. Die Schiiten, im Osmanischen Reich jahrhundertelang unterdrückt, emanzipierten sich zwar im Libanon, waren aber sehr arm und nicht einmal als Konfession organisiert, um ihre Interessen im konfessionellen Staat Libanon zu vertreten. Das nutzten die linken Parteien aus, insbesondere in die Kommunistische Partei traten die Schiiten massiv ein. Ende der Sechzigerjahre wurde die »Bewegung der Unterprivilegierten« gegründet, die durch die Schaffung des »Höheren schiitischen Rates für religiöse Angelegenheiten« 1969 die Konfessionsbildung einleitete. Diese Bewegung wurde später in »Amal« umbenannt. 1982 gründete der Iran als Reaktion auf die israelische Invasion die »Hisbollah«, und seitdem kontrollieren beide Organisationen die schiitische Konfession. Da der Zuwachs der schiitischen Gemeinde in Deutschland nach 1982 ansetzte, haben wir hier ähnliche Verhältnisse wie im Libanon. *Ashura* etwa, das Hauptfest der Schiiten, wird in Berlin einen Tag lang in Großhallen gefeiert und von Tausenden von Menschen besucht.

Als letzte ist die Gruppe der Libano-Palästinenser zu erwähnen. Das sind die Bewohner von sieben Dörfern im Südlibanon, die durch die neue Grenzziehung im Jahr 1924 vom Libanon abgetrennt und Palästina zugerechnet wurden. Nach der Entstehung Israels 1949 flüchteten sie mit den Palästinensern in den Libanon und teilten ihre Lager und ihr Schicksal. Anders als die sunnitischen Palästinenser sind sie Schiiten und sprechen einen libanesischen Dialekt. Der libanesische Staat bot ihnen mehrere Gelegenheiten zur Einbürgerung an, die sie jedoch ablehnten, weil sie die Unterstützung der UNRWA (*United Nations Relief and Works Agency*, das Hilfswerk der Vereinten Nationen für Palästina-Flüchtlinge im Nahen Osten) in Naturalien und sozialen Leistungen nicht verlieren wollten. Im Bürgerkrieg standen sie erst aufseiten der Palästinenser, später, als der Konflikt zwischen Schiiten und Palästinensern ausbrach, wechselten sie die Seite und beteiligten sich 1985 mit Amal an der Belagerung der palästinensischen Lager. Seitdem gehören sie zur Gruppe der Libanesen und wurden, wie die Mhallami, 1994 eingebürgert.

## Das Asylrecht

Das Asylrecht wurde im Grundgesetz 1949 als subjektives Recht verankert. Es ist ein einklagbares Grundrecht, das vor den Gerichten entschieden wird. Praktisch bedeutet dies, dass der Flüchtling, der an der Grenze das Wort Asyl ausspricht, ins Land gelassen werden muss, damit sein Fall auch gerichtlich überprüft wird – eine Zurückweisung an der Grenze ist nicht möglich. In allen anderen Ländern ist das Asylrecht ein vom Gesetz geregeltes Gnadenrecht, das ein langes, normales Gerichtsverfahren ausschließt: Revision, Widerspruch, Berufung und Klage werden eingeschränkt. In Frankreich zum Beispiel oder in Italien dauert ein Asylverfahren ein paar Monate, in Deutschland bis zu acht Jahren. Der Asylweg wurde aber wenig beansprucht, weil die Flüchtlinge bis zu über 90 Prozent aus dem Ostblock kamen, wegen des Eisernen Vorhangs blieb ihre Zahl gering. Die Fälle wurden nach der Genfer Flüchtlingskonvention schnell behandelt, und 1966 beschloss die Innenministerkonferenz, den Ostblockflüchtlingen auf Antrag eine Aufenthaltserlaubnis zu erteilen, ohne die 1953 errichtete Bundesdienststelle für die Anerkennung ausländischer Flüchtlinge in Zirndorf (die Vorläuferin des heutigen Bundesamts für Migration und Flüchtlinge) zu belasten. Die dort im Sammellager vorhandenen Plätze reichten für die Bearbeitung der Asylfälle vollkommen aus.

Nach dem Anwerbestopp Ende 1973 änderte sich die Situation, weil manche, die früher als Gastarbeiter gekommen waren, nun den Asylweg nutzten, um sich einen Zugang nach Deutschland zu verschaffen. Die Zahl der Asylanträge stieg von 5595 im Jahr 1974 auf 9494 im folgenden Jahr und wird diese Marke nie wieder unterschreiten. Das Lager in Zirndorf war voll und seine Kapazität erschöpft, eine Dezentralisierung wurde beschlossen. Mit dem Erlass von 1975 darf das Bundesamt keine Asylanträge mehr entgegennehmen, dafür sind die Grenz- und Ausländerbehörden zuständig, ein Verteilungssystem auf die Länder wurde entwickelt. Um die Sozialämter zu entlasten, wurde noch im selben Jahr den Asylbewerbern mit einem weiteren Erlass der Zugang zum Arbeitsmarkt eröffnet.

Ein Jahr später, 1976, erschienen die Libanon-Flüchtlinge und konnten von diesen günstigen Bedingungen profitieren. Sie wurden auf Länder und Kommunen verteilt, die auf das neue Phänomen nicht vorbereitet waren. Es gab für die Aufnahme von Flüchtlingen kein Konzept, man brachte sie in leer stehenden verfügbaren Wohnungen unter, mit dem Ergebnis, dass sie oft besser wohnten als die hart arbeitenden türkischen Gastarbeiter. Sehr schnell verbreitete sich das Gerücht, in Deutschland bekämen Flüchtlinge schöne Wohnungen und ein Gehalt. Tatsächlich konnten manche Familien wegen ihrer schieren Größe – oft über zwölf Personen – nur in großen Altbauwohnungen untergebracht werden, was die Gerüchte erhärtete.

Entsprechend hoch waren die Erwartungen vieler Flüchtlinge. Für ihre Versorgung standen ihnen in Berlin damals, genau wie allen Sozialhilfebeziehern, zuerst die Kleiderkammer und die im Rathauskeller gelagerten Möbel aufgelöster Wohnungen zur Verfügung. Wer dort nicht fündig wurde, dem standen Neuanschaffungen zu. In meiner Zeit als Betreuer für Flüchtlinge habe ich immer wieder Fälle erlebt, in denen die Familien gebrauchte Möbel und Kleider mit Erfolg ablehnten. Die hohen Erwartungen wurden erfüllt; mit der Verschärfung des Asylrechts wurden sie aber bald enttäuscht.

Hunderttausende haben während des Bürgerkriegs den Libanon verlassen, nur ein kleiner Bruchteil von ihnen kam nach Deutschland. Der Libanon war nicht nur ein Zufluchtsland, sondern seit Mitte des 19. Jahrhunderts auch ein Auswanderungsland. Flüchtlinge immigrierten, gleichzeitig verließen Libanesen aus ökonomischen Gründen ihr Land und wanderten nach Nord-

und Südamerika, Westafrika sowie Australien aus, mit dem Ergebnis, dass die meisten Libanesen irgendwo in der Welt Verwandte hatten, die sie in der Not zu sich holten. Nach Europa, vor allem Zypern, Griechenland, Italien, Großbritannien und Frankreich, flüchteten die Reichen und Wohlhabenden, die Gebildeten und die Geschäftsleute. Sie stellten keine Asylanträge, sondern bereicherten diese Länder durch ihre Investitionen und ihre Arbeit. In Frankreich etwa gab es schon 1985 fünfzehn libanesische Banken, sie bildeten die drittgrößte ausländische Gruppe nach den USA und Großbritannien, und die Libanesen belegten den zehnten Platz aller ausländischen Investoren. Die oben erwähnten Länder erleichterten die Erteilung von Touristenvisa an Libanesen; wer einen Job fand, bekam eine Aufenthaltserlaubnis und wurde nach ein paar Jahren eingebürgert. Diese Libanesen haben die Sozialkassen nicht belastet, und viele sind nach Ende des Bürgerkriegs in die Heimat zurückgekehrt. Der Rest hat sich in die Gastländer integriert, die weltweit bekannte Amal Clooney ist kein Einzelfall. Anfang der Achtzigerjahre war ihre libanesische Familie nach London geflüchtet, der Vater arbeitete als Professor für Wirtschaft, die Mutter als Auslandskorrespondentin für die Zeitung *al-Hayat*. Amal hat drei Geschwister, studierte Jura, machte eine internationale Karriere als Juristin und traf auf George Clooney, den sie später heiratete. Ihre Religion, den Islam, trägt sie nirgends zur Schau, sie verhält sich diesbezüglich wie ein durchschnittlicher Mensch im Westen.

Diejenigen, die keine Verbindungskontakte in der Welt hatten, die ausgegrenzt und auf sich gestellt waren, die Ärmsten der Armen, kamen nach Deutschland. Sie waren zum größten Teil Analphabeten ohne Bildung und brachten wenig berufliche Qualifikationen mit. Diese Mängel waren je nach Gruppe unterschiedlich verbreitet, bei den Mhallami am deutlichsten, bei den Libanesen am geringsten. Die Palästinenser lagen bei mittleren Werten, weil die UNRWA ein elementares Bildungssystem für sie unterhält und den Analphabetismus bekämpfte. Im Bürgerkrieg jedoch wurden Schulen zerstört, und viele Jugendliche trugen statt Schulbüchern Waffen, so dass Anfang der Achtzigerjahre die meisten geflüchteten palästinensischen Jugendlichen Analphabeten waren.

Nicht alle Libanon-Flüchtlinge nutzten die einmalig günstigen Rahmenbedingungen für ihren Aufenthalt in Deutschland, zusätzlich zu den Qualifikationen fehlte auch die Motivation. Dass sie im Netz des Wohlfahrtstaates angekommen waren, stellte eine enorme Verbesserung ihrer materiellen Situation dar, verglichen mit dem Libanon bedeutete dies einen Aufstieg von der untersten Stufe der sozialen Skala bis zur gut situierten Mittelschicht. Außerdem waren die unqualifizierten Jobs nicht ausreichend entlohnt, um die staatlichen Sozialleistungen für eine Großfamilie, manchmal mit sechzehn Personen, spürbar zu übersteigen. Nichtsdestotrotz arbeiteten viele von ihnen, wenn auch nicht die Mehrheit. Vor allem junge Männer gingen Beschäftigungen nach, die für Deutsche unattraktiv waren, etwa in der Gastronomie. Später machten sie sich selbstständig und eröffneten ihre eigenen Imbisse und Gaststätten. Andere, die dazu keine Gelegenheiten hatten, sorgten zumindest dafür, dass ihre Kinder von dem staatlichen Angebot der kostenlosen guten Bildung und danach der gebührenfreien beruflichen und akademischen Ausbildung profitieren. Ein Beispiel dafür liefert die SPD-Politikerin Sawsan Chebli: Sie kam in Berlin zur Welt als vorletztes von insgesamt dreizehn Kindern. Die Familie stammt aus einem palästinensischen Flüchtlingslager im Libanon. Die Eltern waren Analphabeten, sorgten aber dafür, dass ihre Kinder eine gute Ausbildung erhielten. Das hat sich bezahlt gemacht. Im Gegensatz zu Amal Clooney begleitet sie das Thema Islam ständig, und sie engagiert sich für die Integration der Muslime. Sie befindet sich auf einer schwierigen Gratwanderung zwischen ihrem öffentlichen politischen Leben und ihrem islamischen Milieu.

Die Libanon-Flüchtlinge bildeten in Deutschland die erste große Gruppe von Bürgerkriegsflüchtlingen. Das war eine neue, rechtlich nicht vorgesehene Klientel. Im Artikel 16.2.2. des Grundgesetzes heißt es: »Politisch Verfolgte genießen Asylrecht« – das setzt eine individuelle politische Verfolgung durch den Staat voraus, die im Fall der Bürgerkriegsflüchtlinge nicht gegeben ist. Die Anträge wurden deshalb mit einer Rate von über 95 Prozent durch die Gerichte abgelehnt, einen Hauptgrund lieferte die Möglichkeit der Binnenflucht: Wer von einer Partei verfolgt wird, wie es in der Begründung der Asylanträge oft erwähnt wurde, kann ins Gebiet einer anderen Partei wechseln. Die nach Artikel 16 des Grundgesetzes rechtskräftig abgelehnten Asylbewerber erhielten somit eine Ausweisung, stellten dann jedoch erfolgreich Anträge nach Artikel 14 des Ausländergesetzes (AuslG) von 1965, der den Artikel 33.1. der Genfer Flüchtlingskonvention beinhaltet und die Abschiebung einschränkt: »Ein Ausländer darf nicht in einen Staat abgeschoben werden, in dem sein Leben oder seine Freiheit wegen seiner Rasse, Religion, Staatsangehörigkeit, seiner Zugehörigkeit zu einer bestimmten sozialen Gruppe oder wegen seiner politischen Überzeugung bedroht ist.« Das führte zur Aussetzung der Abschiebung, genannt Duldung: Die Ausweisung blieb gültig und konnte jederzeit durchgeführt werden, wenn die Gründe zu ihrer Aussetzung nicht mehr gegeben waren. So fanden Abschiebungen immer wieder statt, wenn Waffenstillstände im Libanon vereinbart waren. Manche Libanon-Flüchtlinge kehrten in dieser Situation freiwillig zurück, in der Hoffnung, der Bürgerkrieg sei beendet, kurz danach entflammten die Kämpfe erneut, die Menschen flüchteten wieder nach Deutschland und stellten einen neuen Asylantrag. Die freiwillige Rückkehrbereitschaft war unter den Mhallami am geringsten verbreitet, unter den Libanesen am stärksten. Die Hoffnung auf Rückkehr endete jedoch 1982 mit der israelischen Invasion und dem Abzug der PLO aus Beirut. Seitdem wollten alle Gruppen in Deutschland bleiben.

Behörden und Politik betrachteten die Dritte-Welt-Flüchtlinge als Wirtschaftsflüchtlinge, sie fühlten sich durch das ständige Pendeln zwischen Heimat und Zufluchtsland bestätigt, begannen von »Asyltourismus« und von »Scheinasylanten« zu sprechen. Der Vorwurf war nicht ganz unbegründet, weil nicht alle Pendler wirklich zurückkehren wollten, viele missbrauchten – und das lange vor Beginn des Bürgerkriegs – das Asylrecht. Wer den Libanon besuchen wollte, nahm seinen Asylantrag zurück und wurde automatisch auf Kosten des Staates abgeschoben. Am Ende seines Urlaubs kam er zurück und stellte erneut einen Asylantrag. Nicht anders war es bei denjenigen, deren Asylanträge rechtskräftig abgelehnt worden waren und die daher abgeschoben wurden. Das Spiel schien kein Ende zu haben, die Stimmung im Land war geladen. Alle Vertreter der deutschen Politik, die Innenministerkonferenz, die Konferenz der Ministerpräsidenten der Länder, die Bundesregierung, der Bundesrat, die Fraktionen des Deutschen Bundestages, der Bund Deutscher Verwaltungsrichter und der Deutsche Städtetag waren sich 1977 einig, das Asylverfahren zu beschleunigen.[51]

Der Missbrauch beschränkte sich nicht allein auf das Asylrecht, sondern erfasste auch das soziale Netz und nutzte dessen Lücken aus. Damals erhielt ein Arbeitnehmer beispielsweise Arbeitslosengeld für ein Jahr, sofern er mindestens sechs Monate sozialversicherungspflichtig gearbeitet hatte. Viele Libanon-Flüchtlinge nutzten diese Möglichkeit und ließen sich kündigen. Andere meldeten sich in verschiedenen Bezirken und kassierten mehrmals Sozialhilfe, eine zentrale, EDV-gesteuerte Erfassung existierte noch nicht. Die meisten aber arbeiteten – in der Regel weiterhin in der Gastronomie und im Gemüsehandel – schwarz. Verglichen mit den Gastarbeitern, deren soziale Situation nicht viel besser war, ist eine große Diskrepanz festzuhalten: Auf der einen Seite Menschen, die nur begrenzt Zugang zur Wohlfahrt hatten und daher auf sich gestellt waren – die Gastarbeiter – und auf der anderen Seite Flüchtlinge, die von der Wohlfahrt verwöhnt und nicht in die Pflicht genommen wurden, für sich selber zu sorgen. Trotzdem bemühte sich ein Kern aufgrund von Selbstachtung und positiven Moralvorstellungen, aktiv an der Gesellschaft teilzunehmen. Mit der Zeit hätte dieser Kern wachsen und vielleicht zur Integration der Gesamtgruppe beitragen können, aber die Entwicklung ging nicht in die erhoffte Richtung.

Die Verschärfung des Asylrechts entsprach der allgemeinen Ausländerpolitik. Nach dem Anwerbestopp vom 23. November 1973 erwartete die Politik die Rückkehr der Gastarbeiter in ihre Heimat, aber das Gegenteil war die Folge. Wegen der eingeschränkten Freizügigkeit holten die Gastarbeiter vorsorglich ihre Familien zu sich, das konnte die Behörde nicht verhindern, weil die Familienzusammenführung ein Grundrecht ist (Art. 6 GG). Um dagegenzusteuern, versuchte die Politik mit rechtlichen und behördlichen Maßnahmen, die Gastarbeiter aus dem Arbeitsmarkt zu verdrängen. Zwischen 1973 und 1978 verließen tatsächlich circa achthunderttausend Gastarbeiter das Land, dennoch stieg die Gesamtzahl der Ausländer leicht an, sie wuchs von 3 966 200 auf 3 981 062 Personen. Die Struktur der Gruppe hatte sich jedoch geändert, die Beschäftigungsquote sank von 65,4 auf 46,8 Prozent, was auf einen steigenden Anteil von Frauen und Kindern hinweist. 1983 stürzte sie sogar auf 37,68 Prozent ab. Der deutsche Durchschnitt in dieser Periode lag stets über 61 Prozent, in den letzten zwanzig Jahren lag die Quote immer über 80 Prozent, weil immer mehr Frauen einer Beschäftigung nachgehen.

Zum Vergleich: In der ersten Hälfte der Sechzigerjahre lag die Beschäftigungsquote der Gastarbeiter bei über 90 Prozent, die jungen Männer waren in Arbeiterheimen untergebracht. Mit der Ankunft der Familien verließen sie die Heime und bildeten Ghettos, die die Basis der späteren Parallelgesellschaften wurden. Dort trafen sie auf die Flüchtlinge und teilten mehr oder weniger deren Schicksal; 1980 sprengte die Zahl der Asylbewerber die Grenze von hunderttausend, über die Hälfte von ihnen, 53,86 Prozent, kamen aus der Türkei. Die Flüchtlinge wurden bald einer härteren Politik der Ausgrenzung ausgesetzt und an den Rand der Gesellschaft verdrängt.

## Die Ausgrenzung

Nach der Gründung der Bundesrepublik gab es kein Asylgesetz, man verfuhr nach der Genfer Flüchtlingskonvention. Auch ein Ausländerrecht gab es nicht, man hatte 1951 die alte Ausländerpolizeiverordnung (APVO) vom 22. August 1938 aufgrund der vom Artikel 123 des Grundgesetzes erlaubten Rechtskontinuität wieder in Kraft gesetzt. Erst 1965 wurde ein Ausländergesetz, das einen Abschnitt über das Asylverfahren beinhaltet, verabschiedet.

Die Verschärfung des Asylrechts, die Teil der abwehrenden Ausländerpolitik war, begann mit der Ergänzung der Verwaltungsvorschriften zur Ausführung des Ausländergesetzes mit einer Rechtsmissbrauchsklausel vom 1. Juni 1977. Sie ermächtigte die Grenz- und Ausländerbehörden zu prüfen, ob bei einem Flüchtling eindeutige asylfremde Gründe für seine Einreise vorlagen. Da sie nicht effektiv genug war, folgten weitere Maßnahmen und Gesetze mit dem Doppelziel, das Asylverfahren erheblich zu verkürzen und die Anträge angeblicher Scheinasylanten so schnell wie möglich als offensichtlich unbegründet aus dem Verfahren auszuschließen. So wurden 1978 das erste und 1980 das zweite Gesetz zur Beschleunigung des Asylverfahrens verabschiedet und im Jahr 1982 zum ersten Mal in der Bundesrepublik ein ausführliches selbstständiges Asylverfahrensgesetz verabschiedet.

Das Gesetz von 1982 stellt eine wichtige Etappe auf dem Weg der Einschränkung des Asylrechtes dar, aber nicht die letzte. Weitere Gesetze folgten 1984, 1987, 1988, 1990, 1992; ihren Höhepunkt erreichten sie mit dem Asylkompromiss von 1993. Das Grundgesetz wurde ergänzt, der Satz »Politisch Verfolgte genießen Asylrecht« (Art. 16.2.2.) wurde zu einem neuen ausführlichen Artikel 16a, der die sogenannte Drittstaatenregelung, die die Ablehnung der Asylanträge als offensichtlich unbegründet rechtfertigte, und die Übernahme europäischen Rechts erlaubte: Der Schengen-Raum, der europäische Binnenmarkt, war bereits im Aufbau. 1993 war es der Politik gelungen, das großzügige subjektive Asylrecht der Verfassung weitgehend in ein staatliches Gnadenrecht umzuwandeln.

Schwerwiegender als die neuen Gesetze waren für die Flüchtlinge allerdings deren »flankierende Maßnahmen«, die ihre sozialen Rechte einschränkten. Im Gesetz von 1980 wurde die Arbeit während des Asylverfahrens für ein Jahr verboten, 1981 für zwei Jahre und 1987 für fünf Jahre. Das Kindergeld wurde gestrichen und nur beim positiven Abschluss des Verfahrens rückwirkend bezahlt, wozu es nur in wenigen Fällen kam. Ausländerrechtliche Auflagen – wie das Verbot von Ausbildung und Studium – erfolgten 1981. Nach Schätzungen des Hessischen Rechnungshofes vom Juni 1980 standen bundesweit siebzig Prozent der Asylbewerber in Arbeit oder erhielten Arbeitslosengeld beziehungsweise Arbeitslosenhilfe, die neuen Gesetze verdrängten sie zum großen Teil aus dem Arbeitsprozess. Dieser hohe Anteil an Beschäftigung betrifft jedoch nicht die Libanon-Flüchtlinge, die nur 10 Prozent der Gesamtflüchtlinge darstellten und, wie erwähnt, mehrheitlich keine Arbeit suchten. Diejenigen, die doch einen Job hatten, verloren ihn wegen Pendelns, wenn sie einen weiteren Nachfolgeantrag stellten oder weil der erste Antrag bereits negativ abgeschlossen worden war. Auf diese Weise verringerte sich die Zahl der Beschäftigten unter den Libanon-Flüchtlingen drastisch: In meiner ersten Untersuchung 1988 in Berlin, die 727 Personen, darunter 112 Familien mit 207 Elternteilen und 457 Kindern erfasste, haben nur fünfzehn Väter und eine einzige Mutter gearbeitet. Außerdem gingen sechs Kinder einer Arbeit nach; von den 63 Alleinstehenden hatten drei einen offiziellen Job.

Die flankierenden Maßnahmen gehörten zur Politik der Abschreckung, Deutschland sollte für Wirtschaftsflüchtlinge unattraktiv werden und keine Anziehungskraft mehr auf sie ausüben, der Aufenthalt der bereits im Land lebenden Flüchtlinge sollte möglichst ungemütlich sein, damit sie Deutschland freiwillig verließen. Dazu gehörte nicht nur das Arbeitsverbot. Sammelunterkünfte wurden errichtet, die Sozialhilfe in Naturalien geleistet, Bargeld blieb den Menschen nur in Form eines Taschengeldes, für die außerhalb der Heime wohnenden Flüchtlinge wurde die Sozialhilfe gekürzt und die medizinische Versorgung auf das Notwendigste reduziert. Die ausländerrechtlichen Auflagen hatten Ausbildung und Studium unterbunden, mit dem Asylverfahrensgesetz von 1982 war auch die Schulpflicht aufgehoben: Während des Asylverfahrens und solange kein positiver Ausgang vorliegt, gilt Deutschland nicht als gewöhnlicher Aufenthaltsort, womit der Anspruch auf einen Schulplatz ausfällt. In der Praxis konnten die Eltern ihre Kinder in den Schulen anmelden, diese waren aber nicht verpflichtet, sie aufzunehmen, was sie in der Regel dennoch taten. Eine amtliche Benachrichtigung blieb aus, der Sozialarbeit wurde auf diese Weise ein weites Feld eröffnet. Manche Länder, wie Bayern, haben diese Regelung nicht umgesetzt, für sie gehörten Kinder einfach in die Schule, Punkt!

## Entstehung und Verbreitung der Kriminalität

Mit all diesen Maßnahmen kam eine Integration nicht mehr in Frage. Die Abschreckung war wirkungslos, denn die Libanon-Flüchtlinge, für die weiterhin der Verlauf des Bürgerkriegs maßgeblich blieb, kehrten nicht in die Heimat zurück. Gerade 1982, als die abschreckenden Maßnahmen gebündelt wurden, fand die israelische Invasion im Libanon statt, und die Hoffnung auf baldigen Frieden erlosch. Der erzwungene Abzug der PLO aus Beirut ließ die Palästinenser ohne Schutz, das darauf folgende Massaker von Sabra und Schatila zeigte, wie unsicher ihre Lage geworden war. Alle Libanon-Flüchtlinge beschlossen, in Deutschland zu bleiben, das sagten auch alle Befragten der oben erwähnten Untersuchung, wobei sie zusätzlich das Argument ihrer hier aufgewachsenen Kinder einbrachten. Zudem war ihr Verbleib in Deutschland auch gesichert: Das Asylverfahrensgesetz schrieb den Einzug des Heimatpasses bei der Asylbeantragung vor, um eine eventuelle Abschiebung zu sichern. Die Flüchtlinge reagierten mit der Vernichtung oder dem Verstecken ihrer Reisedokumente; der Libanon hat seitdem keine neuen Dokumente für Mhallami und Palästinenser mehr ausgestellt und selten für Libanesen. Die Frage, mit der sie nun konfrontiert waren, hieß: Wie sollen wir unser Leben unter diesen Bedingungen organisieren?

Den Weg der Integration hatten sie kaum beschritten, jetzt war er versperrt. Sie hatten wenig Gelegenheit, sich die Werte der Gastgesellschaft und die entsprechende Sozialisation anzueignen, es war eine verpasste Chance. Man merkt bis heute, dass diejenigen, die sich in den Siebzigerjahren um Job und Bildung bemüht haben, besser integriert sind als alle anderen. Es wundert nicht, dass die negativen Erscheinungen, die von Anfang an sichtbar waren, sich jetzt flächendeckend verbreiteten. Als ich 1982 umzog, erhielt ich von allen Seiten den Rat, mich auf dem Hehlereimarkt zu versorgen, dort fände ich, wie man mir versicherte, alles, was ich brauchte, sogar schweres Gerät wie Waschmaschinen und Kühlschränke. In der Tat gab es damals in den Geschäften kaum Sicherheitsdienste, insgesamt waren Sicherheitsmaßnahmen rudimentär. Man konnte in einen Kittel gekleidet unbehindert ein verpacktes Gerät auf einer Karre aus dem Lager eines Herstellers oder großen Kaufhauses herausbefördern.

Ab Mitte der Achtzigerjahre richteten immer mehr Geschäfte ihre Sicherheitsdienste ein, selbst der relativ kleine Supermarkt in der Nähe meines Büros im Bezirk Neukölln hatte einen. Ich fragte mich, wie er die zusätzlichen Kosten erwirtschaftete, durch Umlegung auf die Preise? Nicht alle Geschäfte hatten diese Möglichkeit. Der zuständige Kontaktbeamte der Polizei machte manchmal in meiner Beratungsstelle halt, erkundigte sich, wie die Situation sei, und erzählte von den Problemen im Viertel. Er sagte, dass viele Inhaber kleiner Geschäfte am Rand des Ruins stünden, das Ausmaß des Diebstahls sei so groß, dass sie mit ihrem kleinen Umsatz nicht mithalten könnten. Die Verdächtigen seien fast alle Araber.

Zur selben Zeit meldete sich das Bezirksamt Berlin-Zehlendorf bei unserem Projekt und bat um Unterstützung, sie hätten Flüchtlinge aus dem Libanon in zwei Häusern am Elvirasteig am Schlachtensee untergebracht, eine noble Gegend in Berlin. Das intensive Klauen verunsichere die Bewohner, ob wir etwas unternehmen könnten. Wir wollten erkunden, ob wir dort eine Schulfiliale mit Beratung eröffnen könnten, das wäre eine positive Einwirkung von außen gewesen und hätte indirekt eine Art Kontrolle ermöglicht. Ich ging an einem Vormittag hin, um eine Bestandsaufnahme zu erstellen. Zu meiner Überraschung fand ich in beiden Häusern keinen einzigen Mann oder Jugendlichen vor. Als ich nach ihnen fragte, sagten mir die Frauen, dass sie arbeiten gegangen seien, und erst auf meinen Einwand, Arbeit sei gesetzlich verboten, rückten sie mit der Wahrheit heraus: Die Männer, Jugendlichen und auch Kinder würden in den Supermärkten und in der Gegend herumziehen, um sich mit allem Möglichen zu versorgen.

Ein weiteres Beispiel unter vielen sind die Altkleider, die zweimal jährlich vom Deutschen Roten Kreuz (DRK) gesammelt wurden, weshalb die Menschen Kleidersäcke auf den Bürgersteig stellten. Libanesen wurden darauf aufmerksam, sie fuhren gegen fünf Uhr morgens, eine Stunde vor den Wagen des DRK, mit VW-Bussen durch die Straßen und sammelten die Säcke ein. Sie stopften die Busse bis zum Dach mit den Altkleidersäcken voll und fuhren dann nach Hamburg, von wo aus Bus und Kleidung in den Libanon verschifft wurden – im Bürgerkrieg erlebte der Secondhandmarkt dort einen immensen Aufschwung. Das DRK schaffte diese Praxis später ab, indem es geschlossene Container in die Viertel stellte. Die Möglichkeiten der Selbstbedienung waren so vielfältig, dass das Entwenden fremden Eigentums bagatellisiert und vor allem entkriminalisiert wurde. Wer selber nicht klaute, und das waren wahrscheinlich viele, versorgte sich mit geklauter Ware. Natürlich gab es Ausnahmen, Menschen, die weder das eine noch das andere taten, aber sie fielen nicht ins Gewicht und konnten der Gruppe keine bessere Orientierung geben.

Im Rahmen unseres Projekts wurden auch unbegleitete Jugendliche in einem Heim betreut. Jeder erhielt nach den gesetzlichen Kürzungen monatlich ein Taschengeld in Höhe von 13 DM, und das Erste, was sie einzusparen versuchten, waren die Fahrtkosten. Eine Fahrt dauert durchschnittlich eine halbe Stunde, in der ein Täter intensiv sein Vergehen erlebt, weil er wegen möglicher Kontrollen auf der Hut ist; das baut die Hemmschwellen ab. Viel bedrohlicher war es aber, dass die Jugendlichen als Kuriere für den Drogenhandel rekrutiert wurden; man verlangte von ihnen, eine Tüte zu einem bestimmten Ort zu transportieren und sie an eine bestimmte Person zu liefern, dafür erhielten sie 25 DM. Das war eine leichte und lukrative Aufgabe, sie hat den Aufstieg in die Kriminalität erleichtert.

### Krise der Familie und ihre neue Ausrichtung

Von dieser Entwicklung blieb die Familie nicht verschont, und die patriarchalische Kleinfamilie wurde auf eine harte Probe gestellt. Durch die Untätigkeit verlor der Vater seine Versorgerfunktion, Kinder und Jugendliche waren bei der neuen Versorgungsart des Diebstahls besser qualifiziert, und die von Erwachsenen organisierte Kriminalität war noch nicht weit entwickelt. Viele Jugendliche hatten sich schon im Bürgerkrieg teilweise von der väterlichen Autorität emanzipiert, indem sie Waffen trugen, im Häuserkampf waren sie besonders geschickt und von den Milizen begehrt. In Deutschland ging dieser fragwürdige Emanzipationsprozess mit dem Unterschied weiter, dass das Jugendamt die Schutzfunktion der Milizen übernahm. Hier konnte der Vater seine Autorität und seine Erziehung noch weniger mit Gewalt durchsetzen. Das Jugendamt, das die Familien bei der Erziehung ihrer Kinder unterstützen sollte, erwies sich als Gegner der mitgebrachten Erziehungsvorstellungen und daher als Bedrohung für die patriarchalische Familie. Im Rahmen meiner Betreuung straffälliger Jugendlicher haben sich Väter bei mir oft wegen schwindender Autorität beklagt, sie hätten keinen Einfluss auf die Kinder, um sie von Straftaten abzuhalten; die Freiheit in dieser Gesellschaft sei zu groß, die Bestrafung sei sehr milde und würde nicht abschreckend wirken.

Nur bei der Gruppe der Mhallami habe ich nie solche Beschwerden gehört. Wenn Gejammer zu vernehmen war, dann wegen der Kontakte der Kinder zu den Deutschen, sie fürchteten, dass sie dadurch verdorben würden. Was ein Zeichen der Integration ist, haben sie als Gefahr wahrgenommen, weil sie nicht an Integration dachten, anders als die Palästinenser und Libanesen, die für die Integration offen waren und wegen der fehlenden sozialen und kulturellen Voraussetzungen nur darauf warteten, dass man ihnen den Weg zeigte; was nicht geschah. Sie waren in Deutschland unerwünscht.

Nicht nur wegen der Kinder, sondern auch wegen der Frauen geriet die Familie in die Krise. Viele Frauen waren nicht mehr bereit, die Gewalt ihrer Männer zu ertragen, und hofften auf fremde Unterstützung. Die Familienkonflikte waren ein Hauptthema in der Beratungsstelle, oft waren es Geldprobleme, weil der Mann den alleinigen Anspruch auf das Geld der Sozialhilfe erhob, obwohl er das Geld nicht selber verdient hatte. Hoffnungslos aber waren die Fälle, in denen die Frauen die Wohnung verließen. Ein Frauenhaus hatte eine Betreuung für die Aufnahme türkischer Frauen eingerichtet, für arabische Frauen, für die es an Infrastruktur fehlte, gab es noch keine Betreuung. Ein Beispiel unter vielen: Eine Frau mit fünf Kindern war von ihrem Mann schwer geschlagen worden. Schließlich wurde sie in einer Einrichtung mit ärztlicher Versorgung aufgenommen. Die zwei Sozialarbeiterinnen waren der Meinung, dass die Frau nicht nach Hause zurückkönnte, und ich sollte herausfinden, was sie wollte. In einem langen Gespräch stellte ich fest, dass die Frau Analphabetin war, früh geheiratet hatte und nie selbstständig gewesen war. Sie machte nicht den Eindruck, dass sie schnell autonom werden konnte; sie wollte nicht zu ihrem Mann, wohl aber zu ihren Kindern. Ich sagte den Sozialarbeiterinnen, dass sie jahrelange Betreuung bräuchte, um einigermaßen selbstständig zu werden, abgesehen von der Frage der Vormundschaft für die Kinder. Ob sie bereit wären, sie so lange zu begleiten? Das konnten sie nicht. Aus diesen Gründen endeten die meisten Fälle mit einer Vermittlung, damit die Frau zu ihrem Peiniger zurückgeht.

Ein anderes Beispiel zeigt die kulturelle Verwirrung, die in dieser Zeit entstanden ist. Eine Jugendliche war ausgebüxt und lebte in einer betreuten Wohnung mit anderen Mädchen. Da der Vater sie zurückhaben wollte, wurde ein Treffen im Jugendamt vereinbart, zu dem auch ich eingeladen wurde. Statt des Vaters erschien der Onkel des Mädchens, der Vater hatte sich nicht getraut zu kommen, offensichtlich wollte er in Anwesenheit von Fremden keine direkte Konfrontation mit der Tochter. Der Onkel redete auf die Tochter ein, sein Hauptargument war der Hinweis auf »unsere arabischen Sitten und Gebräuche«, die das Verlassen des Elternhauses nicht erlauben. Da ich über den Fall informiert war und über den Lebenswandel des Vaters Bescheid wusste, fragte ich den Onkel, ob es denn zu unseren Sitten gehöre, dass ein geschiedener Mann mit einer Frau ohne Ehschein lebe und diese illegale Beziehung seiner Tochter zumute, er habe ja schließlich eine Vorbildfunktion. Das war nach der Logik des Onkels ein Gegenargument im Sinn der traditionellen Gesellschaft, das Mädchen blieb in der Obhut des Jugendamtes.

Auch hier sind mir keine Fälle von Mhallami bekannt, das zeigt wiederum den Unterschied zwischen ihnen und den anderen Gruppen. Bei den Palästinensern und den Libanesen wurde die patriarchalische Familie auf eine harte Probe gestellt, bei den Mhallami nicht. Der Grund für diese Diskrepanz liegt darin, dass die ersten beiden Gruppen die bäuerlichen Moralvorstellungen behalten und durch ihre Beteiligung an der Politik weiter gepflegt haben; trotz des Zerfalls der Ideologien am Ende des Bürgerkriegs sind moralische Spuren übrig geblieben. Für sie ist ein Diebstahl ein Diebstahl, man kann die Tat verharmlosen, sie bleibt ein Delikt. Die Mhallami dagegen betrachten mit ihrer Clanmentalität diese Delikte nicht als Straftaten, daher konnte kein Problem zwischen Eltern und Kindern entstehen, weil beide dieselben Moralvorstellungen teilen und die Untaten der Kinder keine Emanzipation von der Autorität des Vaters bedeuten. Im Gegenteil, es sind die Eltern, die ihre Kinder zu den Razzien ermutigen. In der nächsten Dekade werden diese Kinder das Heft in die Hand nehmen.

Bei den Frauen ist es ähnlich, die Clanmentalität erfordert totalen Gehorsam gegenüber dem Mann, die Idee einer Emanzipation existiert in dieser Gruppe nicht. Wie unbeweglich diese Strukturen sind, illustriert ein Beispiel aus der Mitte der Neunzigerjahre, als ich meine zweite Untersuchung durchführte. In einer Familie traf ich auf die Tochter, die stolz erzählte, sie habe das beste Abitur in ihrer Schule geschrieben. Ich dachte, endlich ein Durchbruch, und fragte hoffnungsvoll, was sie zu studieren beabsichtige. Gar nichts, antwortete sie. Ich war verblüfft und fragte nach dem Grund. Sie antwortete, weil sie heiraten wolle. In der Tat hatte sie wegen der Schule ihr Heiratsalter überschritten, ich fragte nach dem Glücklichen, das war natürlich ihr Cousin. Und was arbeitet er, wollte ich wissen, er arbeitet nicht, erfuhr ich, hat nicht einmal eine Ausbildung und bezieht Sozialhilfe. Ich bemerkte, dass sie mit ihren Noten die Anforderungen von rentablen Fächern mit Numerus clausus wie Medizin erfülle und viel Geld verdienen könne. Sie entgegnete, für das Geld solle der Mann sorgen. Ich hatte irgendwie Mitleid mit dem Mann; um diese Frau zufriedenzustellen, würde er sich auf dem kriminellen Weg sehr anstrengen müssen. Vielleicht war mein Mitleid fehl am Platz.

Die Libanon-Flüchtlinge wurden ausgegrenzt, sie wurden aus dem Arbeitsprozess, aus dem Bildungswesen und aus dem Wohnungsmarkt verdrängt, die Sozialleistungen und die medizinische Versorgung wurden reduziert; nur eines hat der Staat nicht geschafft: sie in ihr Herkunftsland abzuschieben. Das hat bei den Palästinensern und Libanesen zu einer Krise der Familie und zu Auflösungserscheinungen geführt, zudem zur Verbreitung der Kleinkriminalität. Bei den Mhallami war von einer Krise nichts zu spüren, der Clan blieb intakt und rückte wegen der Ausgrenzung noch enger zusammen. Raub und Diebstahl wurden zu einem Beruf. Beim jährlichen Treffen der Jugendhilfe, wo ich einige Male referiert habe, waren in allen Bezirken die Namen der Mhallami-Clans bekannt, bei den anderen Arabern war nicht erkennbar, dass hinter den Einzeltätern Familien standen.

### Die Altfallregelung

Die Zahl der geduldeten Libanon-Flüchtlinge wurde immer größer und die Dauer ihres Aufenthalts immer länger, sie waren Teil der De-facto-Flüchtlinge, die ein humanitäres Problem darstellten. Am 17. Dezember 1984 erließ die Regierung in Berlin mit Hinblick auf die Libanon-Flüchtlinge eine »Altfallregelung«, die in bestimmten Fällen einen Aufenthaltstitel ermöglichen sollte. Die Regelung war aber an so viele Bedingungen geknüpft, dass am Ende nur circa dreihundert Personen davon profitierten, das Problem war nicht gelöst. Knapp drei Jahre später, am 1. Oktober 1987, folgte eine zweite umfassende Regelung, betroffen waren über viertausend Flüchtlinge. 1989 kam eine dritte Regelung für circa zweitausend Personen. Andere Bundesländer folgten dem Beispiel Berlins, erließen ihre Altfallregelungen, schließlich wurden alle diese Erneuerungen in das neue Ausländergesetz von 1990, das Regelungen sowohl für Bürgerkriegsflüchtlinge als auch De-facto-Flüchtlinge beinhaltete, integriert.

Im Laufe der Jahre hat die schätzungsweise überwiegende Mehrheit – mehr als 80 Prozent – einen Aufenthaltstitel erhalten oder wurde eingebürgert. Wegen einer Sonderregelung in Berlin, die bis 1997 galt, wurde eine große Zahl eingebürgert, nach meiner Untersuchung 40,47 Prozent der Eltern und 50,82 Prozent der Kinder;[52] nur diejenigen, die straffällig geworden waren, behielten eine »Duldung«. Mit den neuen Aufenthaltsverhältnissen begann auch eine neue Phase, nämlich die der Restrukturierung der Gruppen.

Kapitel 4

# Die Parallelgesellschaft

Wenn eine Gesellschaft Migranten aus welchen Gründen auch immer nicht integriert, dann bilden diese ihre eigene Gesellschaft. Es ist ein allgemein feststellbares Phänomen, dass Migranten aus verständlichen kulturellen Gründen dazu neigen, ihre Landsleute zu treffen. Vor dem Bürgerkrieg gab es in Beirut ein paar Lokale, wo sich die Deutschen trafen; man ging dorthin, um Landsleute zu treffen und sich auf Deutsch mit ihnen zu unterhalten. Als ich vor ein paar Jahren in den USA in Columbus war, besuchte ich dort das deutsche Viertel, denn ich hatte Lust auf echten deutschen Kaffee und Kuchen. Die auf diese Weise entstandenen ethnischen Milieus haben mit Parallelgesellschaften nichts zu tun, denn trotz der Pflege eigener Sitten und Gebräuche halten sich diese Milieus im Westen an die Werte der Menschenrechte, die in den verschiedenen Verfassungen der jeweiligen Länder verkörpert sind. Erst wenn eine Migrantengruppe mit anderen fundamentalen Werten als den im Westen geltenden eintrifft, dann gewinnt ihre Milieubildung den Charakter einer Parallelgesellschaft, sie versteht sich dann als Alternative zur vorhandenen Gesellschaft. Das ist bei den Muslimen, deren Religion den Anspruch erhebt, die Verhältnisse sowohl im Jenseits als auch im Diesseits zu regeln, europaweit der Fall. Zwar kann sich ein guter Teil der Muslime von diesem religiösen Zwang befreien und sich integrieren, die Versuche der Reformmuslime, einen mit den

Menschenrechten kompatiblen modernen Islam zu entwickeln, sind jedoch bedauerlicherweise bis heute gescheitert.

Man führt dieses Phänomen in der Regel auf politische und materielle Ursachen zurück, das reicht aber als Erklärung nicht aus. Wie bereits erwähnt, sind alle Ausländer von der Ausländerpolitik betroffen, und nur bei den Muslimen ist eine Parallelgesellschaft entstanden. Deshalb muss man zu den Ursachen der Desintegration eine kulturelle Dimension hinzufügen: Zu viele Muslime lehnen aus religiösen Gründen unser Wertesystem zumeist grundsätzlich ab und arbeiten aktiv daran, es auszuhöhlen, indem sie die demokratischen Freiheiten ausnutzen, um ihr Schariasystem der Unfreiheit durchzusetzen. Bei einer Distanzierung vom Rechtsstaat droht die Parallelgesellschaft, die Grenzen der Legalität zu unterlaufen, Gesetzesübertretungen sind dann die Folge. Erreicht die Distanzierung einen hemmungslosen Grad, kann die Parallelgesellschaft kippen und zur Gegengesellschaft[53] werden, die schlimmstenfalls zur religiösen Kriminalität und zu Terrorismus führt.

Mit der Befreiung vom Korsett des Asylrechtes war der Weg zur Integration in die Gesellschaft wieder offen. Aber die Libanon-Flüchtlinge beschritten ihn nicht, im Gegenteil; vielmehr wurden die während der erzwungenen Abschottung entwickelten sozialen Strukturen ausgebaut und vor allem durch die Parallelgesellschaft stabilisiert. Damit vollzogen die Libanon-Flüchtlinge eine Integration in die sich gerade im Aufbau befindende islamische Parallelgesellschaft und nicht in die deutsche Mehrheitsgesellschaft.

Der Begriff Parallelgesellschaft war lange Zeit umstritten, wird sogar von Multikulturalisten weiter hartnäckig bekämpft; aber wie immer setzt sich langfristig die Realität gegen die Fantasien durch. Dass der Staat 2006 neben einem Integrationsgipfel, der eigentlich für alle Migranten hätte ausreichen sollen, extra die bereits erwähnte Islamkonferenz einberief, bekräftigt die »Sonderstellung« der Muslime in unserer Gesellschaft.

Eine Parallelgesellschaft ist ein soziales Milieu, das sich von der Mehrheitsgesellschaft abschottet und ein alternatives Wertesystem befolgt. Das soziale Milieu kann ethnisch oder religiös oder von beidem zugleich geprägt werden. Wird es abgeschottet, entstehen Ghettos, in denen das soziale sowie das ökonomische Leben von abweichenden Normen, wie etwa denen der Scharia, geregelt werden. Auch die Konfliktlösung innerhalb der Gemeinde unterliegt anderen Kriterien als den staatlichen und wird daher mehr oder weniger eigenständig geregelt. Das ist die Paralleljustiz.[54]

Die Libanon-Flüchtlinge wurden, wie wir gesehen haben, klar und explizit ausgegrenzt; man wollte sie nicht. Die muslimischen Gastarbeiter aber hat man freiwillig mit offenen Armen und offiziellen Anwerbeverträgen ins Land geholt. Für sie ging es darum zu arbeiten, ohne jedoch den Sozialstaat zu belasten; daher fragt man sich, warum sie sich nicht integriert, sondern in Parallelgesellschaften abgeschottet haben? Als Grund wird zumeist das reaktive Verhalten der Gastarbeiter auf die Ablehnung der Deutschen angeführt, sie sollen auf die Ausgrenzung mit Selbstabgrenzung geantwortet haben. Das ist richtig, aber nur die halbe Wahrheit, wie wir unten sehen werden.

**Die Ausgrenzung**

Jeder weiß inzwischen, dass in Deutschland zwar die Ausländer unerwünscht waren, jedoch nicht ihre Arbeitskraft. Bis zur Änderung des Staatsangehörigkeitsgesetzes am 23. Juli 1999 hieß es immer, Deutschland sei kein Einwanderungsland, konsequenterweise gab es auch keine Integrationspolitik. Die Arbeitskräfte wurden auf Zeit angeworben, ihr Aufenthalt sollte keinesfalls verfestigt werden. Als der westdeutsche Arbeitsmarkt für die Gastarbeiter Anfang der Sechzigerjahre geöffnet wurde, war der Wiederaufbau Westdeutschlands längst abgeschlossen. Anders als in anderen europäischen Ländern gab es keinen Mangel an Arbeitskräften, mit den acht Millionen Heimatvertriebenen und den vier Millionen Übersiedlern aus der DDR hatte man in Westdeutschland eher mit Arbeitslosigkeit zu tun. Für lange Zeit war das Ziel der Beschäftigungspolitik Vollbeschäftigung, Anfang der Sechzigerjahre war sie erreicht. Die Exportwirtschaft war in vollem Gang, »Made in Germany« eroberte die Welt. Mit dem Bau der Berliner Mauer am 13. August 1961 spitzte sich die Situation auf dem Arbeitsmarkt zu, so dass für fünfhunderttausend offene Stellen nur hundertfünfzigtausend Arbeitslose zur Verfügung standen. Ein Anwerbeabkommen mit der Türkei wurde rasch vereinbart, mit anderen Ländern sollten weitere erfolgen.

Um die Bevölkerung zu beruhigen und die Anwerbeabkommen zu verharmlosen, sprach die Wirtschaft von einer sogenannten Rotationspolitik, mit der die Gastarbeiter (30 Prozent der Belegschaft) jährlich rotieren und nicht im Land bleiben würden. Wie erwartet hielt die Wirtschaft nicht Wort, aus Kostengründen – die ständige Anlernung neuer Arbeitskräfte war teuer – drang sie stattdessen darauf, den Aufenthalt ihrer Gastarbeiter zu verlängern, was auch durchgesetzt wurde. Die Wirtschaft förderte auch die Anwerbung der Ehepartner der Gastarbeiter, um die Betriebsbindung zu stärken; was der Staat unterstützte, da er hoffte, dass durch die bewährte Instanz der Familie eine soziale Stabilisierung erreicht würde. Mit den Ehepartnern kamen die Kinder, und weitere Kinder wurden gezeugt. Innerhalb einer Dekade trafen in Deutschland vier Millionen Menschen ein, aber niemand dachte an ihre Integration.

1962 waren 90 Prozent der Gastarbeiter junge Männer im Alter zwischen zwanzig und vierzig Jahren, zwei Drittel von ihnen lebten in Gemeinschaftsunterkünften. Mit dem Zuzug der Familien verließen sie ihre Baracken und begannen, Ghettos zu bilden. Mit den Familien ging auch die Beschäftigungsquote von 80 Prozent (1961) auf 65 Prozent (1970) zurück, immer mehr nahmen Sozialleistungen in Anspruch. Auch die wachsende Zahl der Kinder, die Kindergärten und Schulplätze benötigten, war bedeutend, die Zahl der Schulbesuche stieg von 35 100 (1965) auf 158 000 (1970). Das falsche Versprechen der Wirtschaft war nun für alle offensichtlich und löste eine öffentliche Debatte über die Vor- und Nachteile der Ausländerbeschäftigung aus. Mit der Verlängerung ihres Aufenthaltes würden die Ausländer bzw. ihr Nachwuchs wahrscheinlich auch die volkswirtschaftlich teuren Lebensabschnitte Kindheit, Jugend und Alter in Deutschland verbringen, so würde die Gesellschaft die Profite, die der Wirtschaft zugutekamen, langfristig teuer bezahlen. 1972 lebten bereits dreißig Prozent der erwerbstätigen Ausländer seit über sieben Jahren in Deutschland. In dieser Debatte gab Willy Brandt in seiner Regierungserklärung vom Januar 1973 den Ton an, er sagte, »dass wir sehr sorgsam überlegen, wo die Aufnahmefähigkeit unserer Gesellschaft erschöpft ist und wo soziale Vernunft und Verantwortung Halt gebieten«. Das Leitmotiv für die nächsten Dekaden war gegeben und hieß »Das Boot ist voll.« Die im selben Jahr ausgebrochene Ölkrise veranlasste die Regierung am 23. November 1973, einen Anwerbestopp zu erlassen.

Die Phase der Gastarbeiteranwerbung kam zu ihrem Ende, man erwartete, dass die Gäste nach Hause gingen. Aber das taten sie nicht. Die Zeit der Willkommenskultur, in der der millionste Gastarbeiter im Bahnhof Köln-Deutz 1964 feierlich empfangen und ihm ein Moped geschenkt wurde, war vorbei, stattdessen stand die Rückführung auf der Tagesordnung. Jetzt versuchte man mit behördlichen Maßnahmen, die Ausländer aus dem Arbeitsmarkt zu verdrängen. Da infolge des Anwerbestopps die Freizügigkeit für ausländische Arbeitskräfte nicht mehr gewährleistet war, begannen sie, vorsorglich ihre Familien zu sich zu holen. Ende 1974 reagierte die Arbeitsverwaltung darauf mit dem Ausbildungsverbot für die zugezogenen Jugendlichen, indem sie es untersagte, ihnen die dafür notwendige besondere Arbeitserlaubnis zu erteilen. Damit wurde ein Grundstein für die Misere der zweiten Generation gelegt. Die Abwehrpolitik scheiterte kläglich und erreichte genau das Gegenteil dessen, was sie beabsichtigte: Von 1973 bis 1983 stieg die Zahl der Ausländer von 3,9 auf 4,6 Millionen, die Erwerbsquote dagegen sank von 65 Prozent auf 37 Prozent. Zur selben Zeit erreichte die Arbeitslosigkeit, die infolge der Ölkrise einsetzte, einen Höhepunkt von 9,1 Prozent, zehn Jahre früher hatte sie bei 2,7 Prozent gelegen.

Die Achtzigerjahre stellen in Bezug auf die Migration eine Wende in der Geschichte der Bundesrepublik dar. Das zeigt sich in fünf Punkten sehr deutlich: erstens in der Vermischung der Ausländer- und Flüchtlingspolitik, zweitens in der Zunahme der Fremdenfeindlichkeit, drittens im Einzug der Ideologie des Multikulturalismus, viertens in der deutschen Wiedervereinigung und fünftens im Schengener Abkommen von 1985.

Seit dem Anwerbestopp begannen immer mehr Menschen den Asylweg für den Zugang in die BRD zu wählen; lag die Zahl der Asylanträge zuvor bei circa viertausend jährlich, so wurde 1980 die Marke von hunderttausend geknackt, seitdem sind beide Bereiche, Ausländer- und Asylpolitik, nicht mehr voneinander zu trennen. Durch das Arbeitsverbot ab 1980 belasteten die Asylbewerber die öffentlichen Kassen. Mit steigender Arbeitslosigkeit und zunehmender Hetze seitens der Politiker, die das Ausländerthema für ihre Wahlkämpfe missbrauchten, wurde die öffentliche Stimmung gegen Ausländer immer bedrohlicher, überall schossen rechtsradikale Organisationen aus dem Boden: 1980 gründete die Nationaldemokratische Partei Deutschlands (NPD) die Bürgerinitiative Ausländer-Stopp (BIA). Im März 1982 beteiligte sich die Kieler Liste für Ausländerbegrenzung (KLA) an den Kommunalwahlen in Schleswig-Holstein. Drei Monate später, im Juni 1982, wurde die Hamburger Liste für Ausländerstopp (HLA) gegründet.[55] In München folgte 1983 die Gründung der

Partei der Republikaner (REP), der der Einzug in die Landesparlamente Berlin (1989) und Baden-Württemberg (1992) sowie ins Europaparlament gelang. Die Deutsche Volksunion (DVU), die seit 1971 als Verein existierte, wurde 1987 von Gerhard Frey in eine Partei umgewandelt, die in die Landesparlamente Bremen (1991) und Schleswig-Holstein (1992) einzog.

Mit der deutschen Wiedervereinigung nahm die Fremdenfeindlichkeit enorm zu, es kam immer häufiger zu Gewalt. Die Übergriffe auf Ausländer und Flüchtlinge wurden immer blutiger: Die Belagerung der Vertragsarbeiter- und Flüchtlingsheime in Hoyerswerda im September 1991, die Ausschreitungen gegen die Zentrale Aufnahmestelle für Asylbewerber in Rostock-Lichtenhagen und das danebenliegende Wohnheim vietnamesischer Vertragsarbeiter im August 1992, der Mordanschlag in Mölln im November 1992 und der Brandanschlag von Solingen im Mai 1993 sind die dramatischsten Ereignisse dieser Zeit. Mit dem Fall der Mauer war auch die Ostgrenze offen, innerhalb von drei Jahren kam eine Million Asylsuchende. Die SPD, die sich gegen die Forderung der CDU/CSU zur Änderung des Grundgesetzes gewehrt hatte, gab ihren Widerstand auf und ließ sich am 6. Dezember 1992 auf einen Asylkompromiss ein, der die Sichere-Drittstaaten-Regelung beinhaltete. Nun konnten Flüchtlinge aus sicheren Ländern beziehungsweise sicheren Transitländern keine Asylberechtigung mehr erlangen.

Parallel zum Anstieg der Fremdenfeindlichkeit und als Reaktion auf sie solidarisierte sich ein Teil der Bevölkerung mit den Betroffenen. Sie wollten das Selbstwertgefühl der Ausländer stärken und ihr Recht auf Teilhabe in der Gesellschaft verteidigen. Der nordamerikanische Multikulturalismus, der gerade in Europa Fuß gefasst hatte, schien die notwendige Ideologie zu liefern, er legt den Schwerpunkt auf Anerkennung und Respekt und schien geeignet, den diskriminierten Ausländer wieder aufzuwerten.

Die Fremdenfeindlichkeit und ihre Gewaltausbrüche jagten nicht nur Ausländern Angst ein, sondern sie erschreckten auch viele Deutsche, die sich an Zeiten erinnert fühlten, die sie nie wieder haben wollten. Die Zivilgesellschaft erhob sich, und unter dem Motto »Die Würde des Menschen ist unantastbar« zogen dreihundertfünfzigtausend Demonstranten am 8. November 1992 durch Berlin, Lichterketten wurden überall organisiert, die Politik der Anerkennung hatte sich auf der Straße durchgesetzt. Multikulti breitete sich quer durch alle Parteien aus und gab immer stärker den Ton an, statt Ablehnung war nun Akzeptanz angesagt. Man glaubte sogar, eine Lösung für das »Ausländerproblem« gefunden zu haben: Integration durch Partizipation.

### Reaktionen der Ausländer

Nachdem die Gastarbeiter 1961 angekommen waren, gründeten sie Arbeitervereine, die politisch und religiös neutral waren und sich mit den sozialen Belangen ihrer Mitglieder beschäftigten, vor allem, um ein Heimatgefühl zu bewahren. In dieser Phase und wegen des voraussichtlich kurzen Charakters ihres Aufenthaltes duldeten sie die Diskriminierung und die Benachteiligung, denen sie ausgesetzt waren, als Kollateralschäden ihrer Beschäftigung. Mit der Verlängerung der Aufenthaltsdauer und dem intensiven Familiennachzug nach dem Anwerbestopp von 1973 änderte sich diese Haltung. Die Anwesenheit der Familie, insbesondere der Kinder, deutete darauf hin, dass die Gastarbeiter sich für eine längere Zeit in Deutschland zu etablieren beabsichtigten. Sie verwandelten sich von rotierenden Arbeitskräften in Einwanderer. Dementsprechend waren sie nicht mehr bereit, Diskriminierung und Benachteiligung hinzunehmen. Sie suchten nach Integration und Gleichbehandlung mit den Einheimischen, sie wollten keine Assimilation, sondern die Aufhebung der Schranken, die im Ausländer- und Arbeitsrecht die Gleichstellung verhinderten. Man glaubte an das demokratische deutsche System und hielt es für möglich, unter den herrschenden Gesetzen ohne Aufgabe der eigenen Kultur integriert zu werden. Anders die Behörden, die im Gegensatz dazu gerade die Aufgabe der eigenen Kultur verlangten, da sie darin eine Voraussetzung für Integration sahen. Das Thema der eigenen Kultur, vor allem des Islam, der die Kultur der Muslime weitgehend prägt, das Thema der Religion überhaupt, wurde von den damals aktiven säkularen türkischen Organisationen nicht wahrgenommen, sie vernachlässigten damit die kulturellen und religiösen Bedürfnisse ihrer Landsleute und überließen das Feld den religiösen Organisationen.

Diese im Grunde genommen positive Haltung wurde von der deutschen Politik nicht beachtet, man war zu sehr damit beschäftigt, die Ausländer zu verdrängen – allerdings war die Politik inzwischen der Meinung, dass ein Teil der Ausländer integrierbar sei und im Land bleiben dürfe, die Mehrheit aber müsse in ihre Heimat zurückkehren. Zu den Integrierbaren gehörte die hier aufgewachsene zweite Generation, deren automatische Integration erwartet wurde, man glaubte noch an die Integrationskraft des modernen westlichen gesellschaftlichen Modells. Umso größer war das Erstaunen, als in der zweiten Hälfte der Achtzigerjahre die Jugendgewalt ausbrach. Anders als ihre Eltern waren die Migrantenkinder hier geboren und aufgewachsen, waren in der Heimat der Eltern Fremde und genossen in unterschiedlichem Maß eine deutsche Sozialisation. Sie waren nicht bereit, die Ausgrenzung zu akzeptieren, entsprechend heftig war ihre Reaktion auf die Fremdenfeindlichkeit. Mit Gewalt konnten sie das entstandene Hauptproblem der Identität allerdings nicht lösen. Deutschland war de facto ihre Heimat, man verweigerte ihnen jedoch die deutsche Identität, sie machten sich auf die Suche und fanden eine Identität im Iran und in Afghanistan.

## Identität und Abschottung

Das Bild des Islam, das im Westen negativ besetzt war, begann 1979 infolge der iranischen Revolution und der sowjetischen Invasion Afghanistans an Attraktivität zu gewinnen. In der Wahrnehmung von immer mehr Menschen verwandelte sich der Islam von einer rückständigen Dritte-Welt-Religion in eine revolutionäre freiheitliche Ideologie, die den Kampf gegen Fremdbesatzung und lokale Diktaturen anführt. Sein gleichzeitiger Vorstoß gegen den Kommunismus in Afghanistan und den Kapitalismus im Iran verlieh dem Islam den Charakter einer dritten politischen Alternative. In Deutschland lösten diese Ereignisse gemischte Gefühle von Bewunderung und Abscheu, Faszination und Angst aus, man zollte nun dem Islam – als Religion der bislang missachteten muslimischen Gastarbeiter – immer mehr Respekt.

Die Vorbilder der Migrantenkinder waren nun die Mudschahedin, die Pasdaran, später Hisbollah und Hamas, alle Kämpfer des Islam. Die islamische Identität stellte für sie eine wertvolle Alternative dar, gleichzeitig erfüllte sie ihren Wunsch, soweit wie möglich auf Distanz zu den ablehnenden Deutschen zu gehen. Sie fanden diese Identität vor Ort bei den islamistischen Organisationen, die bereits seit den Siebzigerjahren erfolglos die Dekadenz des Westens geißelten und die Bewahrung der islamischen Identität predigten, jetzt waren sie gefragt und erlebten großen Zulauf. Sie boten den heimatlosen Muslimen eine islamische Identität im Schoß der islamischen Gemeinschaft an. Das bedeutete die Zugehörigkeit zum Megastamm der Muslime, zu der Umma, mit der entsprechenden Geborgenheit. Wird die islamische Identität angegriffen, dann gibt es einen Aufstand der Muslime von Birmingham bis Kuala Lumpur. Keine andere Religion ist imstande, ihre Anhänger so massiv zu mobilisieren.

Die islamische Identität lieferte ein gesteigertes Selbstwertgefühl: Der Islam sei, wie im Koran erwähnt, die wahre Religion und Muslime die beste Gemeinschaft, die Gott je erschaffen habe, im Gegensatz zum verdorbenen und amoralischen Westen. Auf diese Weise und parallel zum gleichzeitig stattfindenden Kampf gegen den deutschen Ethnonationalismus wuchs bei den Muslimen ein religiöser Nationalismus, der nicht weniger diskriminierend war. Hassan al-Banna, der Begründer der Muslimbruderschaft, schrieb: »Wenn das Deutsche Reich sich als Beschützer all derjenigen, in deren Ader deutsches Blut fließt, durchgesetzt hat, dann verpflichtet die islamische Glaubenslehre jeden starken Muslim, sich als Beschützer all derjenigen, die die Lehre des Korans aufgenommen haben, zu betrachten.«[56]

Viele ehemalige Arbeitervereine verwandelten sich in Moscheevereine und trugen zum Erstarken der islamistischen Organisationen bei. 1986 wurde der erste Dachverband der Muslime in Deutschland, der »Islamrat«, gegründet. Er wird von Millî Görüş dominiert, der türkischen Variante der Muslimbruderschaft. Im Jahr 1994 wurde der zweite Dachverband gegründet, der »Zentralrat der Muslime«, der der arabischen Muslimbruderschaft sehr nahesteht. Die Muslimbruderschaft vertritt den politischen Islam und strebt die Errichtung eines Gottesstaates an. Ein weiterer Verband, der eigentlich der älteste ist und seit 1973 existiert, der »Verband der islamischen Kulturzentren«, trennte sich 2000 vom Zentralrat der Muslime und agiert seitdem als selbstständiger Dachverband. Er ist angeblich apolitisch, gehört dem Sufismus der Naqschbandi an, unterscheidet sich allerdings von den anderen Sufis dadurch, dass er sich strikt für die Anwendung der Scharia im Alltag einsetzt und dabei die Kontakte zu den »Ungläubigen« auf ein Minimum reduziert. Daher passt er sozialpolitisch zu der Linie des politischen Islam, weshalb er eng mit diesem zusammenarbeitet. Um die Verbreitung der Islamisten einzudämmen, ließ die türkische Regierung 1982 die »Türkisch-

Islamische Union der Anstalt für Religion« (DITIB) gründen, die den türkischen Staatslaizismus vertritt.

Mit dem Triumph von Multikulti in der ersten Hälfte der Neunzigerjahre wurde nicht nur der traditionelle, kemalistisch-säkulare Islam der Sechziger- und Siebzigerjahre – verkörpert in der DITIB – anerkannt, sondern hauptsächlich der Islamismus der Achtzigerjahre, verkörpert in allen anderen islamischen Verbänden. Seitdem fand eine ungleiche Entwicklung statt, auf der einen Seite eine ständige Öffnung der deutschen Gesellschaft, auf der anderen Seite eine Entfernung der Muslime von der Mehrheitsgesellschaft und die Bildung ihrer geschlossenen Parallelgesellschaft.

### Die arabische Parallelgesellschaft

Da die Araber lange nach den Türken und unter anderen Bedingungen eingewandert sind, fanden die gleichen migratorischen Prozesse bei ihnen mit etwas Verzögerung statt. Die Kopftücher beispielsweise als sichtbares Zeichen der Islamisierung breiteten sich unter den Türken Anfang der Achtzigerjahre aus, bei den Arabern erst am Ende der Ersten Intifada, ab 1992. Ebenfalls mit Verspätung entdeckten sie die islamische Identität. Das Bild der *Fidayin*, der palästinensischen Freiheitskämpfer, verblasste mit der Zeit und war für die arabischen Jugendlichen mit dem Abzug der PLO aus Beirut nach Tunesien 1982 kein Vorbild mehr. Am Anfang der Ersten Intifada, 1987, wurde die Hamas in Gaza-Stadt gegründet, Ende 1992 hatte sie die PLO in der Gunst der Araber und Palästinenser überholt. Die Hamas ist der palästinensische Ableger der Muslimbruderschaft. Wie bei den Türken lagen nun die kulturellen und politischen Referenzen für die Araber im islamistischen Ausland, die Frage der Integration in Deutschland stellte sich nicht mehr. Es ging nur darum, das Leben nach ihren neuen Vorstellungen zu gestalten.

Der Integration in die muslimische Parallelgesellschaft, die hauptsächlich von Türken bestimmt ist, standen ethnische und sprachliche Barrieren im Weg. Also begannen die Araber, ihre eigene Infrastruktur aufzubauen, die wesentlich im Bau von islamischen Zentren besteht. Im öffentlichen Diskurs Deutschlands wird fatalerweise zwischen Moschee und islamischem Zentrum nicht unterschieden. Als beispielsweise 2004 die Anträge für den Bau acht islamischer Zentren in Berlin gestellt wurden,[57] sprach der damalige Innensenator Ehrhart Körting ständig von Moscheen, die Organisationen jedoch von Zentren, die sie unter dieser Bezeichnung auf ihren Websites ausführlich darstellten. Körtings falsche Kennzeichnung war eine Täuschung der Öffentlichkeit, denn der Bau von Kultstätten ist ein verbürgtes Recht, der von Zentren mit sozialen und pädagogischen Aufgaben hingegen nicht.

### Das islamische Zentrum

Das islamische Zentrum ist mehr als eine Moschee, es ist eine Miniatur der islamischen Gesellschaft. Unter einem Dach versammelt es verschiedene Aufgaben, die in der islamischen Welt auf unterschiedliche Institutionen verteilt sind. Die Konzeption des islamischen Zentrums wurde von Said Ramadan entwickelt, der der Schwiegersohn des Begründers der Muslimbruderschaft Hassan al-Banna war und der Vater von Tariq Ramadan, dem vorgeblichen Modernisierer des Islam in Europa. Ramadan gründete 1961 das erste islamische Zentrum in Genf, das den islamischen Zentren aller muslimischen Minderheiten im Westen als Vorbild dient. Ein Jahr zuvor, 1960, hatte er die Moscheebaukommission in München mitbegründet, die später die »Islamische Gemeinschaft Deutschlands« (IGD) wurde und mit ihren islamischen Zentren das Hauptmitglied des »Zentralrates der Muslime« bildet. Die IGD steht der ägyptischen Muslimbruderschaft sehr nah.

Die Muslimbrüder waren ein Verbündeter des Westens gegen den Kommunismus und unterhielten deshalb gute Beziehungen zur Politik, insbesondere in Westdeutschland. Die deutsche Regierung unterstützte nicht nur den Moscheebau in München, dessen Zentrum eine Anlaufstelle der ägyptischen Muslimbrüder wurde, sondern ab 1964 auch den Bau der Bilal-Moschee in Aachen, die eine Anlaufstelle der syrischen Muslimbrüder um Issam al-Attar werden sollte.[58] Die USA betrachteten die Muslimbruderschaft als sozialreformistische Bewegung und drückten vor ihrem Antisemitismus ein Auge zu, ihr Antikommunismus war für sie maßgebend.[59]

Die arabischen islamistischen Vereine waren hauptsächlich in Studentenkreisen wirksam, eine arabische Gemeinde existierte noch nicht. Die Gastarbeiter, die anhand von Anwerbeabkommen aus Tunesien (1965) und Marokko (1967) einwanderten, waren zwar Araber, verfügten aber über ein eigenes Milieu mit eher traditionellen religiösen Vorstellungen. Mit den Flüchtlingen aus dem Nahen Osten, vor allem aus dem Libanon, bildete sich langsam eine bedeutende arabische Gemeinde, die allmählich unter den Einfluss der Islamisten geriet. Mit der Änderung ihres Aufenthaltsstatus sowie ihrem Streben nach islamischer Identität leiteten sie ihre Integration in die islamische Parallelgesellschaft ein. Die Islamisierung der Nordafrikaner erfolgte später mit dem Aufstand der Islamisten in den Neunzigerjahren in Algerien, angeführt von der »Islamischen Heilsfront« (*Front islamique du Salut*, FIS), so dass mit der Zeit eine Angleichung zwischen beiden arabischen Gebieten stattfand.

Die islamischen Zentren bieten neben Koranschule und Kultverrichtung eine ganze Reihe anderer Leistungen an. Sie verkaufen islamische Bücher und Utensilien sowie *Halâl*-Lebensmittel; viel wichtiger aber ist ihr Angebot im Bereich der Bildung und der Sozialarbeit. So werden Aufgaben der Mehrheitsgesellschaft in das Zentrum übernommen und in eigener Regie durchgeführt.

Alphabetisierung in Deutsch und Arabisch; Computerkurse, Kindergarten und Schule sowie Jugendarbeit, Sport, Freizeitgestaltung, Frauenarbeit und Beratung in allen Lebenslagen finden dort statt. Ein beantragtes, aber nicht bewilligtes Zentrum der Organisation Inssan e. V. in Berlin beispielsweise hätte all diese Elemente umfasst, mit seiner Hilfe könnte ein Hartz-IV-Bezieher sein Leben von der Geburt bis zum Tod verbringen, ohne je in Kontakt mit Deutschen zu kommen. Es fehlte nur das Altersheim.

Alle Aktivitäten des islamischen Zentrums basieren auf der Scharia – das ist der entscheidende Unterschied zur Mehrheitsgesellschaft. Die Scharia ist ein abweichendes Wertesystem, das sich mehr oder weniger gegen unsere »verdorbene« Gesellschaft richtet und sich als Alternative zu ihr versteht. Die islamischen Zentren bilden das Gerüst der Parallelgesellschaft, sie sind auch die Basis für die Islamisierung der Gesellschaftsverhältnisse, deren Hauptanliegen darin besteht, die Geschlechtertrennung einzuführen, die wiederum den Grundstein der islamischen Gesellschaftsordnung darstellt. Hinter dem Kopftuch, das die Geschlechtertrennung in der Öffentlichkeit bedeutet, steckt ein archaisches Menschenbild von der Frau als Sexobjekt, die den triebhaften Mann provoziert, deshalb muss sie sich verschleiern und von ihm ferngehalten werden. Zwischengeschlechtliche Kontakte müssen in dieser Ordnung von außen kontrolliert werden. Der Prozess der Zivilisation hingegen bedeutet die Verinnerlichung der Außenkontrolle und ihre Umwandlung in Selbstkontrolle. Der selbstkontrollierte Umgang mit den eigenen Trieben ist auch ein erklärtes Ziel unserer Erziehung – unsere Gesellschaft verabschiedet ja sogar Gesetze bezüglich der Vergewaltigung in der Ehe. Denn selbst in der intimen Sphäre, wo keine Außenkontrollen vorhanden sind, wird Triebbeherrschung erwartet.

Gerade die Frauenfrage steht im Mittelpunkt der Parallelgesellschaft, die versucht, die islamische Familie aufrechtzuerhalten und zu stärken. Die Familienverhältnisse, die unter den

Bedingungen des Asylrechtes zerrüttet waren, konnten nun mithilfe der Imame stabilisiert werden, mit dem Ergebnis, dass die Herrschaft des Mannes wiederhergestellt wurde. Flächendeckend verschleierten sich die Frauen, ihre Freizügigkeit wurde eingeschränkt. Meine zweite Untersuchung Mitte der Neunziger über die Libanon-Flüchtlinge in Berlin zeigte, dass keine einzige Frau arbeitete. Begründet wurde das mit dem Islam, wobei viele nicht einmal wussten, dass Khadija, die erste Frau des Propheten Mohammed, die wichtigste Geschäftsfrau in Mekka war. Dass es nicht um Frömmigkeit ging, war klar, denn es sah nicht danach aus, als hätten die Leute auf einmal ihre Religiosität entdeckt. Es ging eher um die Kontrolle der Frau. Die frühere ethnische Argumentation »Das erlauben unsere arabischen Sitten nicht« hat die patriarchalische Familie nicht gerettet, die jetzige religiöse Argumentation: »Das erlaubt der Islam nicht« war wirkungsvoller. Wer würde sich trauen, Gott zu widersprechen?

Aber nicht nur die erwachsenen Frauen, sondern schon die Mädchen wurden mit der Religion gefügig gemacht. Wenn ein Mädchen die Pubertät erreicht, wird es zum Imam gebracht, der ihm erklärt, dass das Leben ohne Kopftuch eine Sünde sei, die Gott nicht verzeihe. Diese Bedrohung brachte manche Jugendlichen in schwere Gewissensbedrängnis und stürzte sie in psychische Krisen. Hilfe konnten sie aber von niemandem erwarten, weil die Eltern zunehmend auf der Beratung in den islamischen Zentren bestanden, die allein für Familienangelegenheiten zuständig sein sollten. Nach einer Dekade war die Situation so dramatisch, dass man etwa in Berlin ernsthaft darüber nachdachte, aufsuchende Jugendarbeit anzubieten, um den Mädchen anonym zu helfen. Es sollten Telefonnummern von ambulanten Sozialarbeitern an den Schulen verteilt werden, die interessierten Personen hätten sie anrufen und ein Geheimtreffen vereinbaren können. Eine Finanzierung wurde nicht gefunden, die Behörden setzten bereits sehr stark auf die Zusammenarbeit mit den islamischen Verbänden.

## Der Imam

Der Imam erwies sich als zentrale Figur in der Gestaltung der Parallelgesellschaft, weil er die Scharia-Normen vermittelte; er war derjenige, der die *Fatwas* erließ. Mit fortschreitender Abschottung wurde er immer wichtiger, weil die Muslime in ihren Bemühungen, ein islamisches Leben zu führen, auf den Imam angewiesen waren, um das Verbotene vom Erlaubten zu unterscheiden; der Islam ist schließlich eine Gesetzesreligion. Es waren Fragen des Alltags, die die Muslime beschäftigten: Darf mein Kind seinen deutschen Mitschüler besuchen? Darf ich eine christliche Haushälterin haben? Darf ich ein buntes Kopftuch tragen? Bei den Islamisten waren die Antworten immer restriktiv, was die Abschottung zusätzlich forcierte.

Diese Ansätze sind nicht illegal, sie können noch unter die Religionsfreiheit des Artikel 4 des Grundgesetzes subsumiert werden, andere Praktiken sind jedoch sehr problematisch und bewegen sich an der Grenze der Legalität. Das Verbot der Ehe zwischen muslimischen Frauen und nicht muslimischen Männern ist ein Verstoß gegen Artikel 16 der Allgemeinen Erklärung der Menschenrechte der UNO vom 10. Dezember 1948. Im Absatz (1) heißt es dort: »(1) Heiratsfähige Männer und Frauen haben ohne jede Beschränkung auf Grund der Rasse, der Staatsangehörigkeit oder der Religion das Recht, zu heiraten und eine Familie zu gründen. Sie haben bei der Eheschließung, während der Ehe und bei deren Auflösung gleiche Rechte.« Früher wurde das Eheverbot nicht strikt angewandt, jetzt wird diese Praxis von den Imamen überwacht. Das erklärt die Konversion deutscher Männer zum Islam, wenn sie eine Muslimin heiraten wollen. Konvertiert der Mann nicht, wird die Frau von ihrer Familie und Gemeinde ausgeschlossen, im Extremfall kommt es zu Mord, Ehrenmord genannt.[60]

Eine weitere Praxis, die die Grenzen der Legalität tangiert, ist die häusliche Gewalt. Sie ist in unserer Gesellschaft eine Straftat und wird in den Beratungsstellen als solche behandelt: Parallel zum Schutz der Frauen wird die Möglichkeit einer Anzeige überprüft. Von den Imamen wird die häusliche Gewalt nicht als Straftat, sondern als verbürgtes Recht des Ehemannes betrachtet. Das wird mit dem berühmten Koranvers 4:34 begründet: »Und diejenigen (Frauen), deren Widersetzlichkeit ihr befürchtet, ermahnt sie, meidet sie im Ehebett und schlagt sie. Wenn sie euch aber gehorchen, dann sucht kein Mittel gegen sie. Allah ist erhaben und groß.« Die Imame begehen damit selber keine Straftat, sondern legalisieren die Straftat, ihre Scharianorm ersetzt die Menschenrechte. Ihre Beratung besteht daher darin, den Mann aufzufordern, den Propheten als Vorbild zu nehmen, Mohammed hat nach der Überlieferung keine seiner Frauen geschlagen, er war sehr liebevoll zu ihnen und hat sie gut behandelt. Weiter erinnert der Imam den Mann an die Züchtigungsregeln, die die Gelehrten entwickelt haben: Der Mann darf die Frau nicht ins Gesicht schlagen, nicht verletzen oder die Knochen brechen, überhaupt dürfen die Schläge nicht hart sein; dasselbe gilt auch für die Züchtigung der Kinder.

Der Frau rät der Imam, ihrem Mann zu gehorchen und seinen Anweisungen nicht zu widersprechen. Sie soll ihm sexuell zur Verfügung stehen und vor allem die Wohnung nicht ohne seine Zustimmung verlassen, das gilt nicht nur für das Zur-Arbeit-Gehen, sondern vor allem für alle Arten von Besuchen. Kurz gesagt, die Frau soll ihren Mann nicht ärgern, der Mann soll sich beherrschen und nicht ausflippen. Bei anderen schwierigen Angelegenheiten, die hauptsächlich finanzieller Art sind, versuchen die Familien der Ehepaare, eine Lösung untereinander zu verhandeln. In alldem ist die Vertrautheit geboten, das Einschalten deutscher Stellen und Fremder ist unerwünscht.

Mit der folgenden Praxis verlassen wir den Boden des Gesetzes – es geht um die Polygamie. Sie ist in Deutschland verboten, wird aber offensichtlich nicht geahndet. Nehmen wir folgendes Beispiel: In der JVA Tegel saß ein Araber, der nach Verbüßen eines Großteiles seiner Strafe Vollzugslockerungen beantragt hatte. Seit Jahren war er mit einer deutschen Frau verheiratet, aber kurz vor seinem Antrag heiratete er in seiner Heimat eine zweite Frau. Das war möglich, da Muslime mittels einer Vollmacht an einen Verwandten in ihrer Abwesenheit verheiratet werden können, die Ehe wird dann im Schariagericht registriert, das die Polygamie erlaubt. Das Berliner Gericht lehnte den Antrag des Gefangenen mit der Begründung ab, dass wegen der zweiten Ehe eine Fluchtgefahr bestehe. Das bedeutet, dass das Gericht von der Gesetzesübertretung wusste und nicht darauf reagiert hat.

Die Polygamie ist bei uns ansonsten nicht strafbar, weil die in den Moscheen abgeschlossenen Ehen nicht anerkannt werden. Für Muslime ist aber die religiöse Ehe wichtiger als die Ehe im Standesamt, sie allein gilt in allen islamischen Ländern – selbst die Türkei, die zuvor eine Ausnahme darstellte, erkennt sie seit Oktober 2017 an. Polygamie ist keine Seltenheit, ich kannte in meinem Umfeld sechs Fälle. In der Regel heiraten die Männer sowohl deutsche als auch Frauen, die aus ihrem Heimatland stammen. In zwei Fällen ließen die deutschen Frauen sich scheiden, nachdem sie erfuhren, dass ihre Männer in der Heimat eine zweite Frau geheiratet hatten, in den anderen Fällen waren die deutschen Frauen einverstanden.

Eine weitere Form der Ehe, die außerhalb jeder Legalität steht, aber auch nicht strafbar ist, ist die Lustehe bei den Schiiten, auch Zeitehe genannt. Mit dem Aufstieg der islamistischen Hisbollah im Libanon wurde diese Form der Ehe, die eigentlich längst verschwunden war, wiederbelebt. Mann und Frau heiraten ohne Zeugen und ohne Imam, praktisch insgeheim, für eine bestimmte Zeit und eine bestimmte Summe. Die Frau beerbt den Mann nicht, eventuelle Kinder, die aus dieser Verbindung hervorgehen, beerben den Vater und erhalten seinen Namen, vorausgesetzt der Mann erkennt sie an. Das ist ein riesiges Problem in der islamischen Welt, da nach der Scharia für die Feststellung der Vaterschaft nur das Geständnis des Vaters gilt und nicht die DNA-Analyse.

Praktiziert wird diese Ehe etwa von libanesischen Autohändlern und Geschäftsleuten, die zwischen dem Libanon und Deutschland pendeln. Sie ist auch unter den Schiiten in Deutschland verbreitet. Ende der Neunzigerjahre etwa gab es eine Initiative zur Gründung eines libanesischen Migrantenvereins, unter dessen Initiatoren auch Anhänger der Hisbollah waren. Obwohl verheiratet, trugen sie alle einen Zettel in der Tasche, der einen Zeitehevertrag auf Deutsch beinhaltete. Im Text wird der Sinn des Vertrages knapp erläutert, eine Vollmacht an den Mann für den Abschluss des Vertrages auf Arabisch gegeben sowie ein Platz für die Zeitdauer und die Höhe des Geldbetrages freigelassen. Ich konnte es mir nicht verkneifen, anzumerken, dass der Vertragstext nicht schariamäßig sei, weil eine entscheidende Frage am Anfang fehlte, nämlich die nach der Religion: Da sie nicht davon ausgehen können, dass alle deutschen Frauen Christinnen sind – viele sind religionslos –, dürfen sie diese nicht ehelichen, heißt es doch im Koran: »Und heiratet nicht eher die Heidinnen, als sie gläubig geworden sind; wahrlich, eine gläubige Sklavin ist besser als eine Heidin, auch wenn sie euch gefällt« (2:221).

Bei der Ehe mit Minderjährigen verlassen wir endgültig das Feld der Legalität, diese Handlung ist nicht nur illegal, sondern auch strafbar: Der Imam, der sie durchführt, macht sich wegen Anstiftung zum sexuellen Missbrauch von Minderjährigen zum Komplizen einer Straftat. Mir ist nicht bekannt, ob diese Straftaten in Deutschland überhaupt geahndet wurden. Die Behörde hat einfach die Augen zugedrückt, sie traut sich bis heute nicht, gegen Imame vorzugehen. In unserem Projekt in den Achtzigerjahren bestand eine Hauptaufgabe darin, für die Neugeborenen aus diesen Ehen einen Vormund zu finden. Mit der Volljährigkeit der Mutter haben die Paare nachträglich standesamtlich geheiratet, und die Vaterschaft des Ehemannes musste per Test festgestellt werden.

Seit der Einführung der Zivilehe 1875 war es in Deutschland verboten, ohne vorgewiesene standesamtliche Eheurkunde religiös zu heiraten. Der Priester oder Pfarrer, der ein Ehepaar dennoch traute, beging eine Ordnungswidrigkeit. Diese Regelung haben unsere Parlamentarier unter der Regierungskoalition von CDU/CSU und SPD 2009 ohne Not abgeschafft, so dass diese Handlung straffrei wurde. Trotzdem wird die Trauung vom staatlichen Recht als nicht eheliche Gemeinschaft angesehen, und sie genießt nicht den verfassungsmäßigen Schutz der Familie in Artikel 6 des Grundgesetzes, wo es im Absatz 1 heißt: »Ehe und Familie stehen unter dem besonderen Schutze der staatlichen Ordnung.« Die Nachteile dieser Ehe sind enorm: »Kein Unterhalt, kein Erbrecht, kein Steuerfreibetrag, keine Schutzvorschriften für den Schwächeren beim Scheitern der Ehe, auch kein Zugewinnausgleich. Ansonsten auch kein Zeugnisverweigerungsrecht vor Gericht, keine Rechte bei der Totensorge oder bei der Organtransplantation.«[61]

Die beiden christlichen Kirchen halten an dem alten Verfahren fest und setzen nach wie vor die standesamtliche Hochzeit für eine kirchliche Trauung voraus. Für die Christen hat sich damit praktisch nichts geändert, für die Muslime schon. Der bereits erwähnte größte islamische Verband, DITIB, verhält sich nach wie vor wie die christlichen Kirchen und besteht auf dem Vorrang der Zivilehe, viele andere Moscheevereine, die auf das Verbot ohnehin nie Rücksicht genommen haben, verfahren wie früher, mit dem Unterschied, dass sie nun damit keine Straftat mehr begehen, sie wurden entkriminalisiert. Das war das einzige Ergebnis des Gesetzes. Über die Verwirrung, die das Gesetz verursacht hat, berichtete der *Stern*: »Mehrere Rechts- und Innenpolitiker des Bundestages äußerten sich distanziert zu der Neuregelung. ›Es ist mir ein Rätsel, warum man das gemacht hat‹, sagte der rechtspolitische Sprecher der CDU/CSU-Bundestagsfraktion, Jürgen Gehb, dem *Kölner Stadt-Anzeiger*. Der SPD-Innenpolitiker Dieter Wiefelspütz sagte, er könne den Sinn nicht erkennen. ›Wir leben in einer säkularen Welt.‹«[62]

Mit dem neuen Gesetz wird jedoch die Ehe mit Minderjährigen nicht entkriminalisiert, sie bleibt eine Straftat, oft sogar eine doppelte, weil sie in der Regel unter Zwang stattfindet: Es sind allein die Eltern, die darüber entscheiden. Die Zwangsehe ist ein Verstoß gegen geltende deutsche Gesetze, die die Parlamentarier nicht verwässern und aushöhlen können. Schon in der Allgemeinen Erklärung der Menschenrechte ist in dem bereits zitierten Artikel 16, Absatz zwei, ausdrücklich vorgeschrieben: »(2) Eine Ehe darf nur bei freier und uneingeschränkter Willenseinigung der künftigen Ehegatten geschlossen werden.« Es hat ewig gedauert, bis die Öffentlichkeit, viel später noch die Politik, die Kinder- und Zwangsehen wahrgenommen hat. Erst am 23. Juni 2011 trat ein neues »Gesetz zur Bekämpfung der Zwangsheirat und zum besseren Schutz der Opfer von Zwangsheirat sowie zur Änderung weiterer aufenthalts- und asylrechtlicher Vorschriften« in Kraft.

### Die Zwangsehen

Die Zwangsehe beschränkt sich nicht allein auf die Minderjährigen, sie betrifft alle heiratsfähigen Frauen. Im Islam ist die Zustimmung zur Ehe durch die Braut erforderlich, sie darf nicht gegen ihren Willen verheiratet werden. Auf der anderen Seite ist auch die Zustimmung des Vormunds beziehungsweise des Vaters erforderlich, damit können die Eltern großen Druck auf die Mädchen ausüben und letztendlich ihren Wunschkandidaten durchsetzen. Das ist an den zunehmenden Ehepartnerimporten abzulesen, ein unter den Türken sehr verbreitetes Phänomen, das durch die Erteilung der Aufenthaltserlaubnis jetzt auch für Araber möglich ist. Es gibt jedoch einen Unterschied zwischen den ethnischen Gruppen: Handelt es sich bei den Türken hauptsächlich um Bräuteimporte, geht es bei den Arabern um Bräutigamimporte. Den türkischen jungen Männern, die aus dem Einflussbereich der Parallelgesellschaft kommen, erscheinen die in Deutschland aufgewachsenen türkischen Mädchen als zu emanzipiert. In der Hoffnung, sie leichter unter Kontrolle halten zu können, bevorzugen sie Mädchen aus ihrem Verwandtenkreis oder ihrem Dorf in der Türkei. Die Araber ihrerseits haben andere Sorgen, für sie geht es vor allem darum, die Position ihrer Familien in der Diaspora zu stärken. Deshalb werden viele Töchter an ihre Cousins in der Heimat verheiratet, manchmal ohne sie jemals gesehen zu haben. Das stärkt, so meinen die Eltern, die Familie und bewahrt die Sittlichkeit. Aus diesem Grund sind die sozialen Zwänge im arabischen Milieu größer als im türkischen.

Mit der Aufenthaltserlaubnis sind die Mädchen im wahrsten Sinn wertvoller geworden, der Preis der Morgengabe schießt in die Höhe. Die Morgengabe soll nach der Scharia an die Frau bezahlt werden, außer in bürgerlichen liberalen Kreisen wurde diese Regel in der islamischen Welt kaum praktiziert, auch in Deutschland nicht; das Geld kassiert immer der Vater. Deshalb versuchten sie, ihre Töchter an den Meistbietenden zu geben, mit der Begründung, dieser würde wegen der Frau auch eine Aufenthaltserlaubnis erhalten, und das sei nicht umsonst. In einem wöchentlichen arabischen Bulletin, das in Berlin erschien, beklagt ein Autor unter dem Titel »Bedauerliche Geschichten«, dass manche Väter sogar 70 000 DM verlangen.[63] Die Chancen der Mädchen, gegen diese Zustände zu rebellieren, waren gleich null, trotzdem haben sie Methoden entwickelt, um sich dem Druck zu entziehen. Eine besteht darin, den Importbräutigam so schlecht zu behandeln, dass er selbst die Scheidung verlangt, mit dem Ergebnis, dass die Frau ihre totale Freiheit erlangt, weil eine geschiedene volljährige Frau nach der Scharia keinen männlichen Vormund mehr braucht.

## Die Konvertiten

Ein billiger Weg, an eine Aufenthaltserlaubnis zu kommen, ist die Ehe mit einer deutschen Frau. Das betrifft nicht die Scheinehen, die zu Beginn der Migration verbreitet waren. Mancher Asylbewerber bezahlte damals monatlich vier- bis fünfhundert DM; wenn er das verweigerte, zeigte die Frau ihn an, und er wurde abgeschoben. Bald aber trat die junge Generation in Erscheinung, in Schule und in Diskotheken hatten die jungen Männer ausreichend Möglichkeit, Kontakte zu deutschen Frauen zu knüpfen. Damals dachte ich, dies wäre ein guter Weg, die Jugendlichen zu integrieren, weil sie durch eine solche Beziehung eine deutsche Sozialisation erfahren würden. Oft jedoch lief das Ganze schief, Trennungsgrund war immer Gewaltanwendung gegen die Mädchen – wegen ihrer Freizügigkeit. Die jungen Männer wollten die Aktivitäten ihrer Freundin ganz unter Kontrolle halten, die Mädchen ließen sich das nicht gefallen und gingen nach dem ersten körperlichen Angriff.

In den Mischehen mit den Konvertiten ging es nicht selten auch um den Aufenthaltsstatus. Frauen, die einen Mann aus einem islamischen Kulturkreis heiraten, tun es in der Regel aus Zuneigung und Liebe und nicht unter Zwang. Wenn sie volljährig sind, haben sie keinen Vormund, der über die Partnerwahl mitentscheidet. Auch die Familie hat keine Möglichkeiten, die Ehe zu verhindern; wenn sie sich doch dagegen ausspricht, gibt sie normalerweise nach einiger Zeit nach, weil sie ihre Tochter nicht verlieren will. Deshalb kann man davon ausgehen, dass die häusliche Gewalt, die Verachtung und die Abneigung, die manche Ehemänner für ihre Ehefrauen zeigen, klare Hinweise darauf sind, dass die Ehe andere Zwecke als die Gründung einer Familie verfolgt, nämlich den Aufenthalt und den Unterhalt.

Wie groß das Phänomen genau ist, kann man schwer einschätzen, man kann nur feststellen, dass es sich um ein sehr verbreitetes Phänomen handelt und die konvertierten deutschen Frauen nicht verschont. 1998 veröffentlichte die Zeitschrift *Al-Islam*, herausgegeben vom Islamischen Zentrum München, einen Artikel mit dem Titel »Glückselige Ehe?«[64], der vorher in der Zeitschrift *The Muslim News* in England erschienen war und für viel Wirbel gesorgt hatte. Die Autorin hatte einen Westafrikaner geheiratet und war nach vielen Jahren völlig desillusioniert. Nach dem Besuch seiner Heimat schreibt sie: »Frauen sind Menschen zweiter Klasse, sie haben kein Wissen, die Ordnung steht fest: Die Männer entscheiden alles, ob sie gerecht sind oder nicht, wird nicht hinterfragt. Der Mann ist Gott, und so wird es immer sein.« Über ihr Leben in England erzählt sie: »und trotzdem werde ich und unser Haushalt wie eine Frühstückspension angesehen. Die wirklichen Gefährten sind seine Freunde, die er zu jeder Zeit und für jede Zeit trifft. Ich darf nicht einmal fragen, wann ich ihn zu Hause erwarten soll ... Wenn man ihn fragt, wo er sich aufhält, wird man wie ein Kind abgefertigt oder verbal und körperlich misshandelt, je nach seiner Laune.« Sie kann nicht einmal mit ihrer Freundin reden, das Telefon wurde abgestellt.

In den Leserbriefen, die auf den Artikel reagierten, schreibt eine mit einem Bangladeschi verheiratete Deutsche, dass sowohl in Bangladesch als auch bei den deutsch-türkischen Familien in Deutschland ähnliche Verhältnisse herrschen, und weiter: »Alle mir bekannten Frauen, die sich dagegen auflehnen und ihre Rechte einfordern, sind heute geschieden.«[65] Eine andere Leserin schreibt, dass ihr »Martyrium« mit der Geburt des ersten Kindes begonnen habe, das ein Mädchen war – der Mann machte ein langes Gesicht. »Obwohl er damals nicht gearbeitet hat und in sechs Jahren nur insgesamt neun Monate gearbeitet hat, bestand er auf pünktliche Mahlzeiten und seine Ruhe, und das mit einem Neugeborenen, welches die Mutter sowieso Tag und Nacht auf Trab hält.« Eine deutsche Ärztin, mit einem Algerier verheiratet, beklagt sich wegen der »massiven Aggression, Demütigung und Missachtung«. Sie schreibt: »Auch, wenn mein Mann noch so oft sagt, ich soll dies als Prüfung Gottes sehen. Ich will nicht mehr akzeptieren, dass mein Mann wochenlang nicht mit mir spricht, mir blaue Augen schlägt, von meinem Geld lebt, mich betrügt und belügt, jedem Freund den Vorzug gibt und letztlich mich bemüht und ausnutzt als Putzfrau und Sklavin.«[66]

Diese Frauen beklagen, dass in der Gemeinschaft niemand über diese Konflikte redet, auch nicht in den Moscheen, sie fühlen sich völlig verlassen. Das ist leider oft der Fall, sie nehmen das staatliche Angebot nicht wahr und erhalten kein anderes. Bei den Migranten sorgt die Großfamilie für Ausgleich, die Anwesenheit der Schwiegereltern bremst die Exzesse des Ehemannes, die Frau kann immer auf ihren Schutz hoffen; bei den deutschen Frauen spielen ihre Familien keine Rolle, sie sind auf sich allein gestellt. 2003 empfiehlt eine Frau in einem Leserbrief mit dem Titel »Vertrauensmissbrauch«: »Ich möchte insbesondere den konvertierten muslimischen Frauen raten, genau zu kontrollieren, mit wem sie es zu tun haben, wenn sie heiraten möchten. Sie sollten nur Männer mit einem Aufenthalt in Deutschland heiraten, damit sie nicht für niedere Belange ausgenutzt werden.«[67] Trotzdem finden wir in derselben Zeitschrift unter der Rubrik Heiratsanzeigen Folgendes: »Ägyptischer Muslim, 51 J., Zahnarzt in Medina / Saudi-Arabien, verheiratet, drei Kinder, sucht ehrliche, gläubige, praktizierende zum Islam übergetretene Muslima zur zweiten Ehe in eigener Wohnung. Zuschriften nur auf Englisch.«[68]

## Die Islamisierung von unten

Mit der Integration in die islamische Parallelgesellschaft in den Neunzigerjahren begannen die jungen Männer, von ihren Freundinnen zu verlangen, dass sie zum Islam konvertieren, wobei es nicht um Religiosität ging, sondern um die Herrschaft der Männer. Wenn sich ein Konflikt ereignet, dann sitzt gegenüber der Frau nicht allein ihr Mann am Verhandlungstisch, sondern neben ihm auch Gott; die Frau hat keine Chance mehr, bekanntlich steht der islamische Gott sehr explizit auf der Seite der Männer. Wie das im Detail läuft, habe ich erlebt: Als ich einen arabischen Verein besuchte, kamen ein junger Palästinenser und seine deutsche Freundin, beide waren um die achtzehn Jahre alt. Das Mädchen, hieß es, wolle zum Islam konvertieren. Der Vereinsvorsitzende, der sich auch als Islamkundiger betrachtete, ging mit dem Paar in ein Nebenzimmer, zwanzig Minuten später war er zurück, er habe das Mädchen über den Islam belehrt und die Konversion durchgeführt. Die Konversion zum Islam ist einfach, man rezitiert die Glaubensformel *shahâda*, in Anwesenheit von zwei mündigen männlichen muslimischen Zeugen und wird so Mitglied in der Umma; das Verlassen des Islam ist aber nicht mehr möglich, in allen islamischen Ländern wird es mit dem Leben bezahlt. In Deutschland werden Betroffene bedroht, verfolgt und terrorisiert.

In den Nullerjahren wurde ich von einem Frauen-Projekt angerufen. Sie hatten folgendes Problem: Deutsche Studentinnen wurden von ihren muslimischen Freunden bedrängt, eine muslimische Ehe einzugehen, mit der Argumentation, selbige wäre für sie bedeutungslos, für den Mann aber wichtig, damit er nicht wegen außerehelicher sexueller Kontakte sündige. Das erscheint noch harmlos, das Problem taucht erst in der Moschee auf, wenn der Imam versucht, sie gegen ihren Willen zu konvertieren, wobei manchmal unangenehme Situationen entstehen. Ich kenne persönlich einen solchen Fall, in dem die Frau jedoch nicht wusste, ob sie nun konvertiert ist oder nicht, die Situation bei der Ehezeremonie war wohl ziemlich unübersichtlich. Das Projekt wollte wissen, ob ich einen liberalen, rücksichtsvollen Imam empfehlen könne. Ich musste an meine alten muslimischen Kommilitonen an der Uni denken, die sich ab den Achtzigerjahren islamisierten: Auf Alkohol und Schweinefleisch haben sie sofort verzichtet, von ihren deutschen Freundinnen wollten sie sich aber nicht trennen; offensichtlich haben die Studenten inzwischen eine Lösung gefunden.

Nicht nur junge Menschen und Studenten, sondern auch Erwachsene versuchten, ihre Frauen trotz der Tatsache zu konvertieren, dass eine Christin oder Jüdin, die einen Muslim heiratet, ihre Religion behalten darf. Einmal fragte ich einen Akademiker, der ursprünglich liberal war und wie viele andere religiös wurde, warum er darauf bestand, dass seine katholische Frau zum Islam konvertierte. Er antwortete, er würde sich noch wohler fühlen, wenn sie kulturell einander nah wären. Nicht um seine Integration in die kulturelle Welt seiner Frau ging es, sondern um die Integration seiner Frau in seine islamische Welt, wohlbemerkt leben beide in Deutschland. Das ist übrigens die Ideologie, die Tariq Ramadan mit Hilfe der muslimischen Studenten-Vereinigungen in Europa verbreitet.[69]

Der Islam in Deutschland und im Westen allgemein ist ein Frauenphänomen. Sie konvertieren wegen der Ehe mit muslimischen Männern. Für die Migrationsforschung gilt die Ehe zwischen Migrantinnen und einheimischen Männern als ein viel wichtigeres Indiz für die Integration der Migranten als die umgekehrte Konstellation. Mit der Konvertierung der deutschen Frauen zum Islam wird das Phänomen umgedreht, es geht um die Integration Deutschlands in das islamische Milieu. In der Tat haben die deutschen Konvertiten in den Neunzigerjahren eine entscheidende Rolle beim Aufbau der islamischen Parallelgesellschaft gespielt, sie waren die Ortskundigen und die Lotsen der islamischen Vereine für ihre Verankerung in Deutschland, bevor eine neue Generation von Muslimen erwachsen wurde, die sie schließlich ablöste. Am Anfang habe ich das Phänomen mit Sympathie beobachtet, ich dachte, die Konversion von Deutschen, die emanzipatorisch erzogen sind, wird die Entwicklung eines modernen Reformislam befördern, aber ich wurde enttäuscht: Konvertiten waren oft noch strenggläubiger als Islamisten. 2007 führte ich eine Untersuchung darüber durch, wie die islamischen Vereine sich im Internet auf Deutsch darstellen und welche Literatur sie auf Deutsch anbieten.[70] Das Ergebnis war verheerend, das vermittelte Bild war tief islamistisch und konzentrierte sich hauptsächlich auf die Sunna, es ging um das islamische Recht in seiner traditionellen und vor allem islamistischen Fassung. An der Übersetzung und Auswahl der Texte waren Konvertiten beteiligt, aber keiner von ihnen war auf die Idee gekommen, die Vorzeigekultur des Islam auch mit Übersetzungen aus den Bereichen Philosophie, Theologie, Kunst und Wissenschaften darzubieten. Dagegen finden wir reichlich al-Qaradawi, Ibn Uthaimin, al-Ghazali, Ibn Taimiya, Qutb und alle bekannten islamistischen Rechtsgelehrten und Theologen.

Mit dem Aufkommen des Satellitenfernsehens 1992 wurde die Abschottung vollkommen. In kurzer Zeit waren fast alle Wohnungen der Araber mit einer Satellitenantenne ausgestattet, und der Fernseher lief den ganzen Tag. Neben Unterhaltung waren vor allem Religionssendungen begehrt. Die sogenannte islamische Erweckung, *al-sahwa al-islamiya*, war in den arabischen Ländern in vollem Gang, die Fernsehprediger waren Superstars; unter anderem auch Scheich Yusuf al-Qaradawi, der Hauptideologe der Muslimbruderschaft. Im 1996 eröffneten Sender al-Jazeera in Qatar, mit dem die islamistische Ideologie in Millionen Haushalte eindrang, bekam er eine wöchentliche religiöse Sendung: »Die Scharia und das Leben«. Besondere Aufmerksamkeit schenkte al-Qaradawi dem Westen, er gründete 1997 den »Europäischen Rat für Fatwa und Forschung« (ECFR) in London, der sich der Anwendung islamischer Normen auf europäische Verhältnisse widmet und Fatwas für Muslime in Europa erlässt, die deren Probleme im Alltag lösen sollen. Im Jahr 2004 gründete er die »Internationale Union Muslimischer Gelehrter« ebenfalls in London, im November 2017 haben die Länder Ägypten, Saudi-Arabien, die Emirate und Bahrain diese Union auf ihre Terrorliste gesetzt.

## Die vollendete Segregation

Ende der Neunzigerjahre war die Integration der arabischen Gemeinschaft in die islamische Parallelgesellschaft vollzogen, die Situation in Berlin illustriert diesen Zustand. Anfang der Neunzigerjahre lehrten zwei säkulare Projekte circa achthundert Kindern ihre arabische Muttersprache; wegen fehlender Finanzierung wurden sie bald eingestellt. Am Ende der Dekade beherrschten fünf große islamische Zentren, die den Islamisten nahestehen, die ganze Gemeinde: die Al-Nour-Moschee, das Haus der Weisheit, die Omar-Moschee, Dar al-Qaim und das islamische Zentrum. Mit anderen kleinen muslimischen Projekten unterrichten sie über sechstausend Kinder. Durch ihre Angebote in Bildung, Erziehung und im sozialen Bereich betreuen sie weite Teile der Gemeinde und haben sie fest in der Hand, so sind sie in der Lage, enormen sozialen Druck auf ihre Mitglieder auszuüben. 2017 zählte das arabische *Dalil Magazin* bereits achtzehn Zentren in Berlin.[71]

Genau wie bei den Türken war die arabische Parallelgesellschaft nicht mehr auf ein reaktives Verhalten, auf die Ablehnung der Deutschen zurückzuführen, sondern sie war selbst in der Lage, sich zu reproduzieren. Die Desintegration der dritten und vierten Generation ist auf ihren Einfluss zurückzuführen und nicht auf die Diskriminierung durch die Mehrheitsgesellschaft. Es fällt unserer Gesellschaft sehr schwer, der Desintegrationsarbeit der Zentren entgegenzusteuern, mit der Ankunft von über einer halben Million Araber in den letzten Jahren ist die Integration fast unmöglich geworden. Außerdem will die Politik, wie wir später sehen werden, praktisch keine Integration; nicht das Miteinander wird gefördert, sondern durch Stärkung der Parallelgesellschaft das Nebeneinander.

Die arabische Gemeinde hat sich dem Islamismus unterworfen, selbst die alten nationalistischen Organisationen, wie Baathisten, Nasseristen, syrische Nationalisten und alle palästinensischen Organisationen haben sich unter die Fahne des Islam eingereiht. 1989 fand in Kairo ein Dialog zwischen Nationalisten und Islamisten statt, der in einen gemeinsamen Kongress in Beirut 1994 mündete. Die geschwächten Nationalisten dachten, sie hätten in den Islamisten einen starken politischen Verbündeten gefunden, was sich als Illusion erweisen sollte, da die Islamisten nur andere Islamisten als Verbündete anerkennen. In diesem Sinn fand 2004 in Deutschland eine Initiative für die Organisation eines arabisch-islamischen Kongresses in Berlin statt und scheiterte. *Die Welt* schrieb: »Dann stellte sich heraus, dass keine religiösen Islamisten hinter den Aufrufen zur ›Unterstützung der Widerstandsbewegung gegen die Besetzung Palästinas und Iraks‹ stehen, sondern vor allem arabische Nationalisten, die den Schulterschluss mit Moslems suchten – und bisher nicht fanden. Denn die großen islamischen Organisationen in Deutschland haben sich vom Kongress distanziert.«[72] Dies zeigt, wie es um die säkularen Kräfte in der arabischen Gemeinde steht, sie sind irrelevant geworden.

Die Gemeinde war in Deutschland und lebte dennoch in einer anderen Welt. Ihre Haltung gegenüber ihrer Umgebung war von Fremdheit geprägt, sie gehörte nicht dazu, Spuren von Identifikation und Gemeinsinn waren nicht vorhanden. Sie dachten nur daran, von ihrem Umfeld zu profitieren, die Liste der dafür angewandten Tricks ist lang – ich werde nur auf das meistverbreitete Phänomen eingehen, die Schwarzarbeit. Bei meiner Untersuchung über die Integration der Araber in Berlin Mitte der Neunzigerjahre hatte ich Fragen bezüglich der Schwarzarbeit gestellt, aber schnell bemerkt, dass die Antworten nicht wahrheitsgetreu waren, denn niemand gesteht gerne Straftaten. Deshalb verließ ich mich auf meine Beobachtung. Die Interviews führte ich bei den Befragten in ihren Wohnungen, deren Einrichtung über die materiellen Verhältnisse viel aussagte. Weit über die Hälfte hatten eine Einkommensquelle neben der Sozialhilfe, das war an der Ausstattung des Wohnzimmers sichtbar: eine neue und teure Couchgarnitur mit großem Couchtisch, ein Wandschrank und ein großer Fernseher. Wer nur Sozialhilfe bezog, hatte dagegen gebrauchte Möbel und einen alten Fernseher. Trotz meiner langjährigen Erfahrung und Arbeit mit den Libanon-Flüchtlingen wollte ich bestimmte Phänomene nicht wahrnehmen, weil ein Sozialarbeiter in der Regel die Interessen der betreuten Gruppe auch verteidigt. Meine Untersuchung machte mir klar, dass die Menschen ihr Leben mit Sozialhilfe planten und keine Bedenken hatten, ohne Ausbildung und Beruf zu heiraten und viele Kinder zu zeugen. Sozialhilfe wird als festes Einkommen betrachtet und Schwarzarbeit als zusätzliche Einkommensquelle. Für manche kommt auch die übrige Kriminalität wie Raub und Diebstahl hinzu.

In den Sektoren Gastronomie und Autohandel hatte sich eine Art ethnische Wirtschaft entwickelt, die genug Schwarzarbeit anbot, selbst für deutsche Gastronomen waren die schwarzen und billigen Arbeitskräfte willkommen. Die herrschende ablehnende islamistische Stimmung erleichterte es den Arabern, Schwarzarbeit unter diesen Umständen als nicht verwerflich anzusehen, die Deutschen waren schließlich »Schweine« und ihre Frauen »Huren«, wie viele dachten. Überhaupt sei das Ausnutzen der Gesellschaft der »Ungläubigen« legitim. 1986 wandte ich in einem

Vortrag vor der Jugendhilfe den Begriff »Beutegesellschaft« zum ersten Mal an, damals im Rahmen des reaktiven Verhaltens der Flüchtlinge auf die restriktiven Bestimmungen des Asylrechtes. Inzwischen wird dieses Verhalten von der Religion legitimiert. Es hat sich in ihre Sitten eingeprägt. 2010 meldete die Presse, dass 90 Prozent der Libanesen Hartz-IV-Bezieher sind, der Bundesdurchschnitt lag bei 8,4 Prozent, bei den Ausländern bei 18,6 Prozent.[73] Mit »90« war die Zahl zwar ungenau erfasst, aber die Ziffer zeigt eine Größenordnung, die bestimmt die höchste unter den Migranten ist: Hinter den Libanesen kommen die Iraker mit 65 Prozent; zum Vergleich sind die Raten bei Serben und Kroaten mit 8 Prozent am niedrigsten.

Unter dem Titel: »Ehemalige Flüchtlinge. Auf Hartz IV abonniert« versuchte der *Tagesspiegel* 2011 zu erklären, warum die Quote der Leistungsbezieher bei den Migranten aus dem Libanon die höchste sei. Der Leiter der psychotherapeutischen Beratungsstelle Xenion für Flüchtlinge, Dietrich Koch, führt die Gründe auf die Asylpolitik zurück, insbesondere das Arbeitsverbot. Außerdem zeigten Studien, so Koch, dass es »nahezu unmöglich« sei, Langzeitarbeitslose zu vermitteln, wegen der schädlichen Auswirkungen eines »strukturlosen Tagesablauf(s)« und des frustrierenden Gefühls, nicht gebraucht zu werden. Georg Classen vom Flüchtlingsrat Berlin resümiert: »Schließlich sind sie ja auch alle traumatisiert durch den Krieg im Libanon«.[74] Das Phänomen wird psychologisiert, dass die Gründe, die sie erwähnen, dreißig Jahre zurückliegen und die Verhältnisse inzwischen ganz anders aussehen, stört die Experten bei ihrer Diagnose nicht.

Trotz aller Abschottungsversuche schafft es die Gruppe der Araber wegen ihrer überwiegend bäuerlichen Herkunft nicht, sich in Clans zu organisieren; die Großfamilie spielt zwar wie bei den Türken eine wichtige Rolle, reicht jedoch als Bezugspunkt für die soziale Identifikation allein nicht aus, der Herkunftsort ist genauso wichtig. Daher können wir beobachten, dass neben religiösen Vereinen und Moscheen eine Reihe von Vereinen entstanden ist, die den Namen des Herkunftsorts tragen. Bei den Palästinensern sind die Vereine gelegentlich nach den Namen des Flüchtlingslagers im Libanon benannt, das liegt daran, dass die Flucht der Eltern und Großeltern aus Palästina schon weit zurückliegt. Was die Gesamtgruppe zusammenhält, ist daher die religiöse Zugehörigkeit zum Megastamm der Muslime. Das ist ein ideologisches Konstrukt, das man mit vernünftiger Integrationspolitik durchaus durchbrechen kann, denn trotz ihrer gewachsenen Macht konnte es die Religion nicht verhindern, dass sich eine Minderheit der Araber durch eigene Anstrengungen integriert hat. Bei den Türken ist der Anteil der Integrierten noch größer, auch wegen der säkularen kemalistischen Tradition.

Nichtsdestotrotz ist im arabischen Milieu die Gegengesellschaft des Salafismus und des Terrorismus entstanden. Ausgewachsene geschlossene Clanstrukturen wie bei den Mhallami – darauf komme ich noch zurück – haben sich unter den Arabern noch nicht in bedeutendem Maß entwickelt. Erste Akteure und zugleich Hauptdarsteller der Gegengesellschaft waren die Muslimbrüder, sie sind auch die ersten organisierten Islamisten, die nach Deutschland gekommen sind. Infolge des Attentats auf Ägyptens Präsident Gamal Abdel Nasser flüchteten 1954 viele Muslimbrüder nach Saudi-Arabien und in andere muslimische Länder. Da sie die Verbündeten des Westens in seinem Kampf gegen den Kommunismus waren, kamen manche nach Deutschland, das zum Zentrum der Muslimbruderschaft im Westen werden wird. Trotz ihrer programmatischen Hetze gegen den Westen wurde ihnen aktiv geholfen, so etwa bei der erwähnten Gründung der Münchener Moschee. Die muslimische Gemeinde war zunächst klein und bestand hauptsächlich aus Studenten und politischen Aktivisten. Die Masse der Muslime kam erst nach dem Anwerbeabkommen mit der Türkei 1961, die Millî-Görüş-Bewegung, die wie gesagt das türkische Pendant der arabischen

Muslimbruderschaft ist, existierte noch nicht. Sie wurde 1970 von Necmettin Erbakan initiiert, der seine Partei immer wieder unter neuem Namen wegen des Verbots durch die Regierung gründete. Unter dem Namen Wohlfahrtspartei Refah Partisi (1983) erlangte Erbakan 1996 die Macht, wurde vom Militär ein Jahr später abgesetzt und seine Partei verboten. Eine Neugründung fand 2001 mit Tayyip Erdogan statt, dessen Partei für Gerechtigkeit und Aufschwung (AKP) kam 2003 an die Macht, wo sie sich bis heute hält.

Die erste religiöse türkische Organisation, die sich in Deutschland niederließ, war die »Süleymanci-Bewegung«. Sie entstammt der bereits erwähnten Sufi-Bewegung der Naqschbandi, bezweckt aber nicht eine direkte Veränderung des politischen Systems, sondern fördert die Rückkehr des Islam in das öffentliche Leben im Rahmen der bestehenden politischen Verhältnisse. Sie war eine Reaktion auf den säkularen Kemalismus, ihr Schwerpunkt liegt mit zahlreichen Korankursen, religiösen Schulen und Internaten auf der Bildung. Sie lehrt einen sehr konservativen Islam und ist antiwestlich orientiert. Das erste »Islamische Kulturzentrum« gründete sie 1972 in Münster, das zweite 1973 in Köln. 1975 kamen die Teilorganisationen zusammen und gründeten den »Verband der islamischen Kulturzentren« (VIKZ), erster Vorsitzender wurde der Araber Dr. Yusuf Zeynel Abidin, er war Europavertreter der in Kuwait niedergelassenen Weltorganisation der Muslimbrüder.[75] Man erhoffte sich dadurch, bessere Kontakte zu der einflussreichen arabischen Muslimbruderschaft herzustellen. Aus demselben Grund wirkte Abidin 1976 bei der Gründung der »Türkischen Union in Europa e.V.« im Auftrag Necmettin Erbakans mit und wurde zum Vorsitzenden. Diese Organisation, die der türkischen Millî Görüş nahestand, wechselte mehrmals den Namen, aber nicht den Inhalt, am Ende, 1994, hieß sie »Islamische Gemeinschaft Millî Görüş e.V.« (IGMG).

Eine Gruppe unter der Führung Cemaleddin Kaplans, bekannt

als Chomeini von Köln, radikalisierte sich und verfolgte die islamistische Linie der iranischen Revolution. 1984 spaltete sie sich von der IGMG ab, gründete ihre eigene Organisation, und 1994 erklärte sich Kaplan zum Kalifen. Ein Jahr später starb er. Sein Sohn und Nachfolger radikalisierte die Organisation noch stärker, er soll den Mord an seinem Gegner, der sich ebenfalls zum Kalifen ernannte, befohlen haben. Er landete hinter Gittern, seine Organisation wurde 2001 verboten.

### Der Terrorismus

Der Kalifatstaat von Kaplan war die einzige islamistische Radikalisierung unter den Türken, er verherrlichte die Gewalt und verurteilte den legalistischen Weg der anderen Islamisten, die ihre politischen Ziele auf friedlichem Weg erreichen wollen. Anders bei den Arabern: Seit ihrer Entstehung haben die Muslimbrüder zwei Organisationen, eine öffentliche, die im sozialen und politischen Bereich tätig ist, und eine geheime halbmilitärische Organisation, die für Attentate und Gewaltausübung zuständig ist. Mitte der Sechzigerjahre hatte die Geheimorganisation nach der Hinrichtung von Sayyid Qutb, dem Theoretiker des Dschihadismus, die Oberhand gewonnen und bescherte Ägypten ein paar Dekaden von Terrorismus, bevor sie sich unter der Regierung Mubarak angeblich für den legalistischen Weg entschied. Sie nahm an den Parlamentswahlen teil und wurde im Parlament vertreten. Im arabischen Frühling 2011 war die Muslimbruderschaft die einzige bedeutende organisierte Kraft, sie gewann die Wahlen.

Mit der Verdrängung des Militärs und der Demokratisierung standen sie vor dem Dilemma, sich in eine politische Partei umwandeln zu sollen, was die Auflösung der Geheimorganisation bedeutet hätte; diesen Schritt haben sie jedoch nicht gewagt. Kaum an der Macht, forcierten sie im Eiltempo die Islamisierung des Staates, nach einem Jahr gingen 23 Millionen Ägypter auf die Straße und verlangten ihren Rücktritt; das Militär vertrieb sie und kam 2013 erneut an die Macht. Seitdem führen die Muslimbrüder einen terroristischen Krieg gegen die Regierung, dessen Ende unabsehbar ist. Das Dschihad-Gebot, das durchgehend in ihrem Programm existiert, führt dazu, dass das Gesicht der Gewalt je nach Umständen immer wieder herausragt, immer wieder radikalisieren sich Mitglieder und greifen zu den Waffen. Fast alle Dschihadisten kommen aus den Reihen der Muslimbruderschaft, von Aiman az-Zawahiri, dem Führer von al-Qaida, bis zu Abu Bakr al-Baghdadi, dem Gründer des »Islamischen Staates« in Syrien und dem Irak.

Im Westen unterstützen viele, vor allem in der Politik, die Muslimbruderschaft als demokratische Bewegung, sie konnten oder wollen ihr Doppelgesicht nicht sehen. Die Muslimbrüder dominieren den gesamten Islam im Westen von Nordamerika bis Zentraleuropa. Sie haben inzwischen ihre Politik geändert, ihre Ideologie jedoch nicht. Am Anfang waren sie dagegen, dass die Muslime unter der Herrschaft der »Ungläubigen« im Westen blieben, sie sollen ihrer Ansicht nach lieber zum Gebiet des Islam zurückkehren. Mittlerweile haben sie sich der unaufhaltsamen Migrationswelle der Muslime in den Westen gebeugt und eine Rechtfertigung für ihre dortige Ansiedlung gefunden: Die *Daawa*-Pflicht – »Ungläubige« sollen missioniert und die Gesellschaft islamisiert werden, weshalb sie ständig versuchen, die islamische Lebensweise überall durchzusetzen.

Das Ergebnis dieser politischen Umorientierung ist die Entstehung der unsere Gesellschaft grundlegend ablehnenden Parallelgesellschaft. Es gibt bis heute keine Anzeichen dafür, dass sie sich unserer Gesellschaft annähert – im Gegenteil, es ist unsere Gesellschaft, die, in der Hoffnung, die Muslime würden friedlich bleiben, ständig Konzessionen macht. Diese Hoffnung basiert auf einem Trugschluss, denn mit der islamistischen Ausrichtung ihrer Religion gibt es keine Garantien für ihre Friedfertigkeit. Auf die Gefahr hin, mich zu wiederholen: Der Islam ist Religion und Politik, genauer, Herrschaftssystem: Friedfertigkeit kommt erst in Frage, wenn sie auf die Politik verzichten. In der Lehre aller islamischen Strömungen werden der bewaffnete Dschihad und das Märtyrertum als das höchste Ziel der Religion betrachtet. Nur die Islamreformer trennen Religion und Politik, sie haben aber nirgendwo Erfolg, auch in Deutschland redet die Regierung nur mit den islamischen Verbänden, die mit Ausnahme der Aleviten, islamistisch orientiert sind. Sehr lange haben die Verbände nicht auf den internationalen Terrorismus reagiert, sie wären nicht für die Untaten der Muslime in der Welt verantwortlich, hieß es bis zum 11. September. Die Anführer der Attentäter in den USA kamen jedoch alle aus Deutschland, sie wurden in den Moscheen radikalisiert. Dasselbe gilt für die meisten von Hunderten junger Menschen, die sich dem Dschihad unter der Fahne des IS-Führers Abu Bakr al-Baghdadis angeschlossen haben. Die Behauptung, die Salafisten trügen die Verwantwortung für ihre Rekrutierung, ist falsch. Die Verbände tragen Verantwortung, weil sie die Umtriebe in ihren Moscheen nicht kontrollieren können oder wollen. Die Salafisten zeigen eben das verborgene Gesicht der Islamisten nach außen. Mit der Flüchtlingswelle ist das islamistische Lager gewachsen; das hat nicht nur den Politologen Bassam Tibi so weit an seinem Euro-Islam zweifeln lassen, dass er schließlich den Sieg des »Kopftuchislam« postulierte. Es hat auch den Terrorismus gefördert und Attentate sowie ein Gefährder-Problem hervorgebracht – über hundertfünfzig Gefährder befinden sich in Haft.

Die religiös motivierte Kriminalität ist von der anderen Kriminalität in der Parallelgesellschaft nicht zu trennen, gemeinsam ist ihr die Verachtung unserer Rechtsstaatlichkeit. Manche wundern sich, dass die meisten Terroristen in die übliche Kriminalität wie Diebstahl und Drogen verwickelt sind, sie urteilen nach einem christlichen Verständnis des Märtyrertums. Aus der Sicht der Islamisten beziehungsweise der Terroristen besteht kein Widerspruch, da jede aggressive Tat, die den »Ungläubigen« schadet, gerechtfertigt ist. Die pure Anwesenheit einer islamischen Parallelgesellschaft ist eine ständige Bedrohung unserer Gesellschaft. Allerdings könnte man mit einer vernünftigen Integrationspolitik diese Gefahr möglicherweise abwenden. Wenn aber innerhalb der Parallelgesellschaft einzelne Gruppen Clanstrukturen entwickeln, wie es bei den Mhallami der Fall ist, dann ist deren Abdriften von unserer Gesellschaft unwiderruflich.

Kapitel 5

# Die Gesellschaft der Mhallami

Die Mhallami haben ihre eigene Gesellschaft in der Parallelgesellschaft, innerhalb deren Grenzen sie ein soziales Leben führen, und mit der sie dieselben Werte teilen. Sie haben jedoch, geprägt durch ihre Stammeskultur, eine eigene Art, diese Werte zu verstehen. Dazu folgendes Beispiel: Der Gründer und langjährige Vorsitzende der Islamischen Religionsgemeinschaft Hessen (IRH) Amir Zaidan hat in einer Fatwa zur Klassenfahrt-Teilnahme muslimischer Mädchen entschieden, dass muslimische Frauen sich nur um die Strecke von zu Hause entfernen dürften, die ein Kamel in einem Tag zurücklegen könne (81 Kilometer)[76] – das war die berühmte »Kamel-Fatwa«, die die Gemüter der Deutschen 2000 erheiterte. In Berlin hat ein Mhallami-Clan als Entschädigung für den Unfalltod eines Jugendlichen hundert Kamele von dem Täter verlangt, ihr Marktwert wurde auf 55 000 Euro geschätzt. In diesem Fall hatte man weniger zu lachen.

Zaidan verwendet eine religiöse Sprache, der Clan eine Stammessprache, beide aber liegen nah beieinander. In unserem Rechtssystem war der Autofahrer des oben erwähnten Beispiels unschuldig, weil das angefahrene Opfer bei Rot über die Ampel lief. Im islamischen sowie im Stammesrecht muss der Täter immer eine Entschädigung bezahlen, selbst wenn seine Unschuld bewiesen ist. Das erklärt teilweise das fehlende Unrechtsbewusstsein bei den Mhallami. Allerdings liefert ihnen eine denkwürdige

Sekte, die *al-Maschari'*, auf die ich noch ausführlich zu sprechen kommen werde, zusätzlich eine religiöse Rechtfertigung für ihre Untaten. Sie entlastet endgültig ihr Gewissen und lässt keine moralischen Skrupel aufkommen.

## Die Clanbildung

Wie andere Araber haben auch die Mhallami ihre Beziehung zur ethnischen Gruppe in der Heimat aufrechterhalten und intensiv Bräutigamimport betrieben, was ihrer Gemeinde neue Mitglieder brachte und sie vergrößerte sowie stabilisierte. Sie wurden allerdings, wie wir sehen werden, von der Entwicklung ihrer Gemeinschaft im Libanon deutlich stärker beeinflusst als andere arabische Migrantengruppen.

Die Konsolidierung der Gruppe erfolgte nicht nur durch Bräutigamimport, sondern auch durch Zeugung von Nachkommenschaft. Zur Verdeutlichung hier ein paar Zahlen: 1994 betrug die durchschnittliche Familiengröße der Libanon-Flüchtlinge in Berlin 7,76 Personen, im Libanon ging sie wegen der schwierigen ökonomischen Lage von durchschnittlich 5,2 Personen im Jahr 1970 auf 4,76 im Jahr 1997 zurück. Der Anteil der Familien mit acht Personen lag bei 11 Prozent, in Berlin war er dagegen die Regel. Bei den Palästinensern im Libanon etwa ging der Anteil der Menschen unter fünfzehn Jahren in demselben Zeitraum von 46,4 Prozent auf 39 Prozent zurück; in Berlin kletterte dieser Anteil bei den Libanon-Flüchtlingen schon 1995 auf 48,37 Prozent. Bei der Familiengröße lagen die Mhallami am weitesten vorn, bei ihnen umfasste sie durchschnittlich 8,07 Personen, bei den Palästinensern 5,92 Personen. Um die Großfamilie zu stärken, versuchen alle Gruppen, eine möglichst hohe Geburtenrate zu erreichen, die Mhallami, für die die Geburtenrate eine wichtige Komponente im Gesamtsystem darstellt, achten besonders intensiv darauf. Den Mhallami geht es um die *bewusste* Bildung des Clans.

In diesem System ist die Demografie ein wichtiges Element, man schätzt inzwischen die Zahl der Mhallami in Deutschland auf weit über hunderttausend Menschen, gemeinsam mit ihren Verwandten in den skandinavischen Ländern ist die in Europa lebende Gruppe größer als jene im Libanon. Zudem wird ihr Wachstum dadurch beschleunigt, dass dank des besseren Gesundheitswesens die Kindersterblichkeit sehr stark reduziert wurde. Im Verhältnis zur Gesamtzahl der deutschen Bevölkerung scheint die Gruppe irrelevant zu sein, aber ihre Konzentration auf bestimmte Städte wie Berlin, Bremen, Essen und Gegenden in Niedersachsen und Nordrhein-Westfalen steigert ihre Schlagkraft und erhöht die Gefährdung ihrer Umgebung extrem.

Um die Schlagkraft weiter zu optimieren, war es erforderlich, die Solidarität der Gruppe noch mehr zu stärken. Anders als bei anderen arabischen Gruppen hat die Familie bei den Mhallami nie eine Krise erlebt. Sie bedurfte keiner besonderen Anstrengung, um sich von der Umwelt abzuschotten – die ausgeprägten Clanstrukturen sorgten bereits ausreichend dafür. Deshalb fand auch kein Generationenkonflikt statt. Eltern und Kinder vertraten dieselben Ansichten, und Frauen stellten die Autorität des Mannes nicht ernsthaft in Frage. Sie zogen am selben Strang und hatten ein gemeinsames Ziel, nämlich ihre Umgebung auszuplündern. Die Aneignung fremden Eigentums war weitverbreitet, sozusagen ein Beruf, und es ging darum, die Voraussetzungen dafür zu optimieren.

Ein bewährtes Mittel für die Förderung der Gruppensolidarität ist die Endogamie. 1984 zeigte eine Studie im Libanon, dass ein Viertel der Ehen unter Verwandten, also unter Cousins und Angehörigen der Großfamilie, geschlossen wurde. Bei den Mhallami in Berlin gab es zehn Jahre später, 1994, zwei Drittel Eheschließungen innerhalb des Clans und ein Drittel mit Mitgliedern anderer Mhallami Clans; keine einzige Ehe wurde mit Menschen außerhalb der Mhallami-Gruppe geschlossen. Diese

Einschränkung gilt auch für die zweite Generation, die genau wie die Elterngeneration verfährt. Dieses Verhalten wird inzwischen durch die massive Einwanderung der Großfamilie begünstigt, die einen umfangreichen Heiratsmarkt geschaffen hat: Von den untersuchten Familien hatten achtzig Prozent Verwandte in Deutschland und in Nordeuropa, hauptsächlich in Schweden.

Trotzdem erweist sich die Reproduktion der Clanverhältnisse in einer offenen modernen Gesellschaft als schwierig. Vor allem Frauen lehnen sich gegen die Clanregel auf, speziell gegen die patriarchalischen Autoritätsstrukturen. Mit der Aufenthaltserlaubnis eröffnen sich für sie neue Perspektiven, und sie streben nach größeren persönlichen Freiheiten. Da dieser Trend jedoch im Gegensatz zu der allgemeinen Bestrebung der Gruppe steht, die Clansolidarität durch streng eingehaltene Endogamie zu verfestigen, sind die Familienkonflikte – hauptsächlich wegen häuslicher Gewalt – enorm gestiegen. Die Endogamie wird strikter praktiziert als im Libanon, das geht nicht ohne massive Gewaltanwendung. Außerdem scheinen die Zwangsehen unter den Migrantengruppen bei den Mhallami am meisten verbreitet zu sein. Das betrifft vor allem die minderjährigen Mädchen, die zwischen vierzehn und achtzehn Jahren verheiratet werden, die jungen Männer treten zwischen achtzehn und dreiundzwanzig in die Ehe ein. Sorgen um den Lebensunterhalt haben sie keine, der Staat ist der Versorger – selbst die vermögenden Kriminellen unter ihnen bleiben Hartz-IV-Empfänger. Auffallend bei den Mhallami ist die herrschende Monogamie. Wie wir gesehen haben, ist die Mehrehe im Islam erlaubt, aber die Mhallami praktizieren sie nicht; sie halten sich an eine Frau, was weniger mit Treue als mit der Erhaltung der Gruppe zu tun hat; Ähnliches finden wir beispielsweise bei der Minderheit der Drusen.

Neben Demografie und Endogamie – gekoppelt an die Zwangsehe – bildet der Schutz der Clanmitglieder vor der Außenwelt ein weiteres Element der Clanbildung. Es mag verwunderlich erscheinen, wenn Bürger in einem modernen Rechtsstaat ihren Schutz selbst organisieren. Man fragt sich, wo der Staat und seine Sicherheitsorgane geblieben sind. Was man bislang unterschätzt hat, ist die Tatsache, dass der Staat erst funktionieren kann, wenn seine Autorität anerkannt ist. Nur weil diese Voraussetzung erfüllt ist, werden beispielsweise radikale politische Gruppen sowie die organisierte Kriminalität beobachtet und verfolgt – der Erfolg hängt dann sehr stark vom Vorhandensein ausreichenden Personals und vor allem von dem politischen Willen und der Entschlossenheit ab. Die Mhallami und weite Teile der arabischen Gemeinschaft akzeptieren aus kulturellen und religiösen Gründen die Autorität des Staates nicht, sie wollen ihre eigenen Normen durchsetzen und treten deshalb in Konflikt mit den Staatsorganen.

Ihr Selbstschutz richtet sich an erster Stelle gegen andere arabische Gruppen, findet aber auch innerhalb der Mhallami-Gruppe statt, da die verschiedenen Clans wegen Ehescheidungen oft in Konflikt geraten. Diese Scheidungen finden außerhalb der deutschen Gerichtsbarkeit statt und beinhalten wegen der damit verbundenen Ehrverletzung und der Regelung der Vormundschaften immer einen finanziellen Aspekt, oft kommen noch illegale Geschäfte hinzu. Die Gruppe ist bemüht, diese Konflikte schnell unter sich zu regeln, manchmal jedoch münden sie in Massenschlägereien, die sich auflösen, sobald die Polizei kommt. Da die Einmischung des Staates unerwünscht ist, werden keine Anzeigen erstattet.

Genau wie in der Heimat enden diese Konflikte selten mit Totschlag, weil für diesen die Pflicht der Blutrache gilt. Die Blutrache stellt eine gravierende Eskalation dar und bringt für alle Beteiligten viel Leid mit sich. Diese Pflicht hat bei den Mhallami einen besonders hohen Stellenwert, aber auch bei manchen palästinensischen Großfamilien wird sie befolgt. Bei den Libanesen kommt die Blutrache kaum vor; wenn sie ausgeübt wird, ist es eine individuelle Handlung und keine Pflichterfüllung. Anders sieht es mit dem Ehrenmord aus, er ist in arabischen Gemeinden gleichbedeutend verpflichtend. Die Ehrverletzung wird allerdings selten mit dem Ehrenmord gesühnt, weil die Strafe für Mord in Deutschland viel höher ist als im Libanon. Arabische Gemeinschaften, auch die libanesische, sind, was Herkunftsort und Religion angeht, sehr heterogen, sie migrieren nicht als Großfamilie, so dass sie weniger Widerstand leisten können. Deshalb richtet sich die Aggression der Mhallami an erster Stelle gegen die arabische Gemeinde, ihre Kenntnis von Milieu und Kultur erlaubt ihnen, effektiv zu agieren.

Der Selbstschutz richtet sich auch gegen den Staat, was wegen der intensiven Kriminalität nicht verwunderlich ist. Dabei geht es im Wesentlichen darum, der Verfolgungsbehörde zu entkommen. Ein Hauptmittel dafür ist das Gesetz des Schweigens. Die Interna des Clans und der Gesamtgruppe der Mhallami dürfen nicht nach außen getragen werden. Im hessischen Frankfurt war ich zu einer Solidaritätsveranstaltung gegen die Abschiebung von Mhallami-Mitgliedern eingeladen. Ebenfalls im Saal anwesend waren viele Mhallami. Ich referierte über die Beziehung zwischen den Clans, etwas, was üblich ist, wenn man die Lage der Gruppe darstellen will. Plötzlich stand ein junger Mann auf und warf mir vor, Interna zu verraten. Seine Nachbarn beruhigten ihn, sie haben ihm vielleicht erzählt, dass ich die Informationen von seinem Clanoberhaupt erhalten hatte, jedenfalls wurde er still. Eine harmlose Beschreibung der inneren Verhältnisse wird schon als bedrohlich betrachtet, wer das Schweigen bricht, muss mit Repressalien rechnen. Im Vordergrund steht der Ausschluss aus dem Clan, der Boykott, der zu materiellen und sozialen Verlusten führt. Nicht selten sind die »Verräter« auch bloßer physischer Gewalt ausgesetzt. Es steht viel auf dem Spiel, welche Konsequenzen der Verrat hat, war 2016 in Berlin zu sehen.

Am 12. April führten insgesamt 220 Polizisten, darunter sechzig schwer bewaffnet, eine Razzia bei Großfamilie al-Z. durch. Sie durchsuchten sechzehn Wohnungen und Geschäftsadressen der Familie in Neukölln, Hermsdorf und Lankwitz. Eine Waffe mit Munition, große Mengen Bargeld, Schmuck und ein Porsche-Cabrio mit nordrhein-westfälischem Kennzeichen wurden beschlagnahmt, acht Männer verhaftet. Drei der Festgenommenen galten als Drahtzieher des spektakulären Überfalls am 20. Dezember 2014 auf das KaDeWe in Berlin, bei dem die Räuber innerhalb von 79 Sekunden die Vitrinen zerschlugen und Schmuck im Wert von 820 000 Euro stahlen. Zwei der Inhaftierten waren in einen Mordversuch verwickelt, und dem Rest wurden schwere Straftaten angelastet. Umfangreiche Zeugenaussagen hatten die Fahnder auf die Spur der acht Männer gebracht, der damalige Innensenator Frank Henkel erinnerte daran, dass Aussagen von Zeugen für dieses Milieu ungewöhnlich sind. Er ermutigte andere, ebenfalls über die Szene auszupacken.

Das wird wahrscheinlich nicht so schnell geschehen. Offensichtlich hatten die Kriminellen sich nicht an ihre eigenen Regeln gehalten, wie eine genaue Betrachtung des Falles zeigt: Ein Mann hatte einem der KaDeWe-Räuber die Frau ausgespannt, das ist ein Fall für den Ehrenmord. Anstatt den Mord selber zu begehen, heuerte der Clan einen Außenstehenden, einen Auftragsmörder, an. Dieser verletzte bei der Durchführung des Auftrages das Opfer zwar schwer, tötete es jedoch nicht – das Geld kassierte er trotzdem. Als der Clan ihn verprügelte und ihm drohte, er solle den Auftrag erfüllen, ging er zur Polizei und denunzierte sie. Bei der Planung des KaDeWe-Raubs hatten sie zudem einen Fahrer engagiert, der einem verfeindeten Clan angehört. Eine unerklärliche Tat, denn als dieser verdächtigt und verhört wurde, packte er natürlich aus. Das waren zwei Schwachpunkte im aufgebauten Clansystem mit gravierenden Konsequenzen, vermutlich werden sie künftig solche Fehler vermeiden.

Da die Clans ihre Angelegenheiten untereinander regeln, vermeiden sie es normalerweise, sich gegenseitig zu denunzieren, da sie sonst die Kohäsion der Gesamtgruppe gegenüber dem Staat sprengen und das Geschäft für alle verderben würden. Dennoch ist es schon einmal passiert, dass ein Clan den Staat für die eigenen Interessen einspannte. Der Clan al-Z. wollte die Kontrolle über eine Diskothek in Berlin-Rudow übernehmen, in der der Clan A. K. das Zepter in der Hand hatte. 2003 kam es zu einer Messerstecherei, bei der ein Mitglied der Familie al-Z. so verletzt wurde, dass es tagelang im Koma lag. Statt die Angelegenheit wie gewöhnlich nach dem Prinzip der Blutrache zu regeln, denunzierte der Clan den Täter und überließ der Polizei die Drecksarbeit. Beim Ansturm auf die Wohnung des Täters eröffnete dieser das Feuer, ein SEK-Beamter starb auf der Stelle, ein weiterer wurde verletzt. Der Täter erhielt später wegen Mord »lebenslänglich«. Abgesehen von diesen Sonderfällen gilt für alle Clanmitglieder eisernes Schweigen.

### Die organisierte Kriminalität

Ursprünglich dienten die Clanstrukturen in den Heimatländern dem Schutz der Gruppe. Konkret bedeutet das, dass sie sich vor anderen Clans und sozialen Gruppen schützt, aber auch vor dem Staat, der als parasitärer und bedrohlicher Ausbeuter auftritt, weil er alle möglichen Steuern und Abgaben erhebt, ohne Gegenleistungen wie medizinische und soziale Absicherung zu bieten. Die Aufgaben der Erhaltung übernimmt dann die Gruppe, deren Solidarität auch für die Steigerung der wirtschaftlichen und sozialen Macht genutzt wird. In einem Rechtsstaat übernimmt der Staat diese lebenswichtige Schutzfunktion und macht damit den Clan überflüssig. Die forcierte Aufrechterhaltung der Clanstrukturen in einem modernen Staat dient dann nicht mehr dem Schutz der Gruppe, sondern primär materiellen Interessen. In Deutschland ist die Hauptmotivation für die Verfestigung und den Ausbau der Clanstrukturen Profit. Es geht ganz einfach um Bereicherung durch Kriminalität. Damit verliert der Clan seinen defensiven Charakter, stattdessen nimmt er einen offensiven und aggressiven Charakter an, er wird zu einer kriminellen Organisation. Das bedeutet nicht, dass alle Clanmitglieder aktiv an Straftaten beteiligt sind, aber durch ihr Schweigen und wegen ihrer Mitwisserschaft sind sie Komplizen.

### Diebstahl, Erpressung und Gewaltdelikte

Die Clans hatten in den Siebziger- und Achtzigerjahren Erfahrungen gesammelt und in den Neunzigerjahren ihre Vorgehensweise weiterentwickelt. Am Anfang gingen sie in die Supermärkte und Geschäfte und holten sich, was sie wollten; wegen der fehlenden Kontrollen war es ein leichtes Spiel, an der Kasse vorbeizukommen. Erst mit der Verbreitung der Sicherheitsdienste entstand Organisationsbedarf.

Die Wohngegenden dagegen blieben ihnen ausgeliefert: Im Berliner Charlottenburg etwa wurden die Flüchtlinge in einem Obdachlosenheim neben einer Gartenkolonie untergebracht, alles, was nicht niet- und nagelfest war, wurde in der Kolonie geklaut, und die Bevölkerung war in Aufruhr. Hier konnte die Polizei nicht helfen, ein Sicherheitsdienst war unvorstellbar, die Menschen mussten wachsam bleiben und ihr Eigentum selbst sichern, vor allem die Fahrräder. Mit der Entspannung in der Gartenkolonie war es vorbei.

Zu Beginn arbeitete die Organisation in einer Dreiergruppe: Beobachter, Ablenker und Täter. Bald wurden daraus feste Banden, die kompliziertere Aktionen durchführten, ihr Interesse galt nun nicht mehr vordergründig den ausgestellten Waren in den Geschäftsräumen, sondern den gelagerten Waren in den Depots, wo ein Fernseher leichter zu holen ist als vor allen Augen im Verkaufsraum. Auch in einem anderen Bereich bewährte sich die

Teamarbeit: Hier traten wieder drei junge Männer, diesmal getrennt, in ein Lokal. Einer zettelte einen Streit an, die zwei anderen intervenierten und warfen den Unruhestifter, der den Ladenbesitzer kräftig beschimpfte und mit Drohungen überhäufte, aus dem Laden. Der beunruhigte Eigentümer bedankte sich bei den »Wohltätern«, die ihm gegen einen bestimmten Betrag ihren Schutz anboten, was er sehr gerne annahm. Mit der Vergrößerung des Geschäfts verschwand die Freiwilligkeit. Neue Lokalbesitzer in den Revieren der Banden wurden durch Androhung von Gewalt gezwungen, Schutzgeld zu bezahlen.

Einmal ging der Schuss jedoch nach hinten los. Als nach der Wende die ersten ethnischen Albaner aus dem Kosovo und Nordalbanien als Hütchenspieler in Berlin erschienen, witterten die Clans eine neue Einkommensquelle. Sie wollten aus den Albanern Schutzgeld erpressen, übersahen aber, dass auch diese ethnische Gruppe Clanstrukturen aufweist und bereit ist, sich zu verteidigen. Es kam zu Konfrontationen mit mehreren Verletzten und zur Eskalation durch den Einsatz von Schusswaffen. Politik und Öffentlichkeit waren alarmiert und um die öffentliche Sicherheit besorgt. Barbara John, die damalige Ausländerbeauftragte von Berlin, rief die Streitparteien an einen runden Tisch, eine Sitte, die sich nach der Wende als Mittel zur Konfliktlösung eingebürgert hatte. Sie bat auch mich, daran teilzunehmen.

Um den Tisch saßen zehn Personen aus den Clans, je zur Hälfte Albaner und Mhallami, von den Letzteren waren einige meine Klienten. Frau John redete auf sie ein, sie bemühte das ganze Repertoire von Recht und Moral, sozialer Verantwortung und friedlichem Zusammenleben. Die Herrschaften saßen ganz ruhig da und taten, als hätte man sie bei einem Streich erwischt. Sie waren Schwerkriminelle und scheuten die Gewalt nicht. Die Szene war surreal, ich kam mir vor wie in einem Film und sagte nichts. Das Treffen hat auch nichts gebracht, das war kein Integrationsproblem, das mit schönen Worten zu lösen gewesen wäre, das war ein Bandenkrieg, der zu den Bereichen Justiz und Polizei gehört. Die Lösung kam vom damaligen Innensenator Dieter Heckelmann, der in der öffentlichen Debatte von organisierter Kriminalität sprach. Am 1. Juli 1993 rief er eine »Operative Gruppe West« ins Leben. Sie kontrollierte die Brennpunkte Ku'damm, Breitscheidplatz und Hardenbergstraße, ahndete nach dem Berliner Straßengesetz Hunderte von Ordnungswidrigkeiten der Hütchenspieler und sprach Tausende von Platzverweisen aus. Eine Verfolgung wegen Betrugs war nicht möglich, da die Straftat nicht zu beweisen war. Als die Gruppe 2005 aufgelöst wurde, breiteten sich die Hütchenspieler in ganz Berlin aus und fielen mit ihrer Aggressivität gegen Touristen auf. Am 21. Mai 2013 wurde in Zusammenarbeit der Direktion 2 und der Direktion 3 des LKA eine »EG Hütchenspielbetrug« eingerichtet.

Bei diesem Geschäft gingen die Mhallami leer aus, dafür ließen sie die Albaner weder im Rauschgifthandel noch im Rotlichtmilieu Fuß fassen. Der Schwerpunkt der Albaner[77] war auch nicht Berlin. Nach der Wende brachten sie bereits 1994 das Drogengeschäft und teilweise das Rotlichtmilieu in Hamburg, Frankfurt am Main, Ludwigshafen, Mannheim und anderen Städten unter ihre Kontrolle. Unvergessen ist der albanische Osmani-Clan in Hamburg. Obwohl die Clanstrukturen der Albaner und Mhallami einander sehr ähnlich sind, unterscheiden sie sich in der Frage der Gewaltanwendung innerhalb der eigenen ethnischen Gruppe. Die Volksgruppe der Albaner zählt circa 6,6 Millionen Menschen, von denen etwa drei Millionen in Albanien und 1,8 Millionen im Kosovo ihre Heimat haben, der Rest lebt in den Ländern Mazedonien, Griechenland und Montenegro. Nach dem Zusammenbruch des Ostblocks emigrierten Hunderttausende nach West- und Nordeuropa, 1999 lebten bereits vierhunderttausend ethnische Albaner in Deutschland. Die in dieser Gruppe überproportionale Gewaltbereitschaft richtet sich nicht nur nach außen, sondern auch gegen andere albanische Clans. Blutrache wird bei

Morden als Konsequenz in Kauf genommen. Bei den Mhallami dagegen ist Mord eine Grenze, die man nicht überschreiten darf; wegen der kleinen Zahl der Gruppenmitglieder gefährdet eine blutige innere Fehde die Existenz der Gesamtgruppe. Ein weiterer Unterschied zwischen beiden ethnischen Gruppen ist die Clangröße, sie ist bei den Mhallami sehr viel umfassender als bei den Albanern: Eine typische Balkanfamilie hat etwa sechzig Mitglieder, dazu kommen circa hundertfünfzig Verwandte und Mitglieder verbündeter Familien. Bei den Mhallami ist der Clan größer, weil er auch die Verwandten erfasst; aufgrund der Inzucht sind die Beziehungen zwischen Großfamilie und Verwandten sehr eng, sie bilden alle zusammen einen einzigen Clan. Der Clan al-Zein etwa zählt in Deutschland circa fünftausend Mitglieder, der Clan Miri besteht in Bremen allein aus zweitausendsechshundert, bundesweit aus achttausend Mitgliedern, wobei dies Schätzungen sind, eine genaue Zahl hat man außerhalb Bremens nicht ermittelt. Außerdem haben die beiden Volksgruppen die Liebe zur Großfamilie gemeinsam, beide zeugen viele Kinder.

Der Konflikt mit den Albanern war ein Vorläufer späterer Entwicklungen; mit ihrem Aufstieg sollten die Mhallami auch mit anderen Gruppen in Konflikt geraten, wie etwa den Türken, die in den Medien oft mit der Richtigstellung »Kurden aus der Türkei« erwähnt werden. Sie kommen aus denselben Gebieten wie die Mhallami und haben dieselben Clanstrukturen. Die Mhallami haben den Konflikt mit den Albanern in Berlin in ihrem Kollektivgedächtnis als Sieg und Beginn ihrer Machtentfaltung mystifiziert. Das führte unter anderem dazu, dass Mahmoud Al-Zein, der seinen Clan anführt, sich später in *Spiegel TV* als Präsident bezeichnete und als König von Berlin betrachtete, während der Anführer eines anderen Clans, Ahmad Miri, sich »Patron« nannte.

Wer Schutzgeld sagt, sagt auch Erpressung. Der folgende Fall zeigt, wie willkürlich sie stattfindet: Ein libanesischer Juwelier erhält 1997 einen Anruf von einem Mhallami, nennen wir ihn

Abu Omar, der ihm erklärt, dass er ihm Schmuck schulde, seine Cousine hätte den Schmuck zur Reparatur gebracht. Daraufhin fragt der Juwelier, wann der Schmuck bei ihm abgegeben worden sei, und Abu Omar antwortet, vor ungefähr einem Jahr. Der Juwelier erwidert, dass dies nicht sein könne, weil sein Laden schon seit vier Jahren geschlossen sei. Abu Omar verdeckt die Sprechmuschel des Telefons und meldet sich nach kurzer Zeit wieder, er erklärt dem Juwelier, dass seine Cousine sich soeben erinnert habe, dass der Schmuck vor vier Jahren abgegeben worden sei. Die Frage, ob die Cousine einen Einlieferungsbeleg habe, wird verneint, sie habe den Zettel verloren. Der Juwelier sagt ihm, er solle sich an seinen Nachfolger wenden, dieser habe das ganze Gold übernommen. Daraufhin erwidert Abu Omar: »Meine Cousine hat dir den Schmuck gegeben und nicht deinem Nachfolger«, und verlangt 10 000 DM. Der Juwelier legte daraufhin den Telefonhörer auf.

Als der Juwelier zwei Monate später in einem libanesischen Imbiss saß, tauchte Abu Omar in Begleitung von drei Männern auf und verlangte sein Geld. Sie schleppten ihn aus dem Laden, schlugen und beschimpften ihn. Dann sagte Abu Omar: »Gib mir jetzt 1000 DM, oder willst du ein Messer in deinem Bauch?« Der Juwelier antwortete: »Ich habe wirklich kein Geld, nur 20 DM. Morgen gebe ich dir die 1000, aber warum hast du auf 9000 verzichtet?« – Der Juwelier wurde wieder geschlagen, er erstattete Strafanzeige gegen Abu Omar, wurde weiter von ihm bedroht, verließ Berlin und tauchte in Westdeutschland unter.

Die Erpressung begann im eigenen kulturellen Milieu, trotzdem war, wie das Beispiel zeigt, der Kenntnisstand offenbar nicht sehr gut, bei dem Opfer war ja offensichtlich nicht viel zu holen. Inzwischen kennen die Clans nicht nur das arabische Milieu, sondern auch die deutsche Gesellschaft sehr gut, und sie haben ihre Erpressungsstrategien perfektioniert. Heute sind sie so weit, dass sie deutsche Bürger erfolgreich telefonisch aus dem Libanon erpressen. Nach einem Bericht von *Frontal 21* vom 12. Juli 2016 hat eine Erpresserbande im Libanon seit 2008 mehr als zehntausend Menschen erpresst, der Schaden geht in die Hunderttausende, weil viele Opfer aus Angst zahlen. Betroffen sind Fahrzeugbesitzer, die ihre Autos, Motorräder oder Wohnmobile im Internet, etwa bei ebay, zum Verkauf anbieten und dabei ihre Telefonnummern angeben. Nach dem Verkauf rufen die Erpresser an, behaupten fälschlicherweise, das gekaufte Fahrzeug habe einen Motorschaden und verlangen Schadensersatz. Verkäufer, die auf die Forderungen nicht eingehen, werden bedroht, sogar mit dem Tod. Der Bruder, wird ihnen gesagt, würde vorbeikommen und sie einen Kopf kürzer machen, oder es heißt, selbiger Bruder sei bei den Hells Angels, würde sie aufsuchen und das Haus niederbrennen. Mit solchen und ähnlichen Drohungen werden die Opfer eingeschüchtert, viele überweisen das geforderte Geld in den Libanon, angesichts des weltweiten Geldtransfers eine Sache von wenigen Minuten. Keiner dieser Fälle, die in allen Bundesländern stattgefunden haben, wird verfolgt, die Täter sind bekannt, die libanesischen Behörden sind aber nicht besonders kooperativ. Außerdem hat eine Änderung der Richtlinie für den Verkehr mit dem Ausland in strafrechtlichen Angelegenheiten (RiVASt) vom ehemaligen Bundesjustizminister Heiko Maas (SPD) am 5. Dezember 2012 die Zusammenarbeit mit Ländern, in denen die Todesstrafe gilt – dazu gehört der Libanon – verboten. Die bekannten Hauptverdächtigen haben deshalb eine Verfolgung durch die deutsche Polizei und Justiz nicht zu befürchten.

Ein weiteres Feld bilden die Raubüberfälle: Menschen werden mit der Anwendung bloßer Gewalt gezwungen, Geld, Handy, Kreditkarten und andere Wertsachen abzugeben. Nach Schätzung der Polizei sind in Problemgebieten wie Neukölln etwa 80 Prozent der deutschen Jugendlichen zwischen zwölf und achtzehn schon einmal Opfer einer Gewalttat geworden.[78] In manchen Gegenden sind die Familien so bekannt, dass allein die

Erwähnung des Namens ausreicht, damit die Opfer ihren Besitz freiwillig abgeben. Diese Kriminalität wird sehr früh gepflegt, schon im Kinder- und Jugendalter wird die Abzocke geübt. Ich hatte den Fall eines palästinensischen Jugendlichen, der glaubte, er würde von seinen Mitschülern geschätzt und geliebt, weil er von ihnen ihr Pausenbrot, ihr Taschengeld und andere Gefälligkeiten bekam, bis er einen Verweis von seiner Schule erhielt. Mehrere Eltern hatten sich bei der Schulleitung beklagt, dass er ihre Kinder bedrohe und abzocke, sie hätten Angst vor ihm. Vom letzten Punkt war der Junge sichtlich betroffen. Was er für Liebe gehalten hatte, war bloße Angst, es war auch klar, dass er keine materiellen Interessen verfolgte, sondern Zuwendung suchte. Ich erklärte ihm in langen Gesprächen, dass Schätzung und Liebe durch gute Taten zu erreichen sind, nicht durch Gewalt, was ihm einleuchtete. Ich half ihm beim Schulwechsel, danach machte er eine Ausbildung; später wurde er ein aktives Mitglied der SPD und engagiert sich für die Integration seiner Gemeinde.

Diese positiven Fälle sind mir bei den Mhallami nicht bekannt. Ich erinnere mich an eine Sondereinrichtung, in der die Kinder, sie waren alle Mhallami, nicht im Kindergarten erschienen, nicht ein- oder zweimal, sondern regelmäßig. Ich musste sie wortwörtlich aus dem Bett holen, sie wohnten im Haus nebenan. Eines der Kinder war ziemlich unwillig und unkooperativ. Jahre später ging ich im Volkspark spazieren und kam an einer Gruppe Jugendlicher vorbei, die dem Aussehen nach Deutsche waren, einer von ihnen kam auf mich zu, grüßte und sagte seinen Namen; er würde eine Ausbildung machen und die Jungs seien seine Kumpel. Das war das Problemkind, ich fühlte mich wie ein Lottogewinner, endlich ein Erfolg! Jahre vergingen, und ich traf den Vater des jungen Mannes zufällig auf der Straße. Sein Sohn, sagte er, sei im Knast. Ich konnte meine Enttäuschung kaum verbergen, die gesamte Clankultur scheint offensichtlich stärker als die Sozialarbeit zu sein.

Von Kindesbeinen an werden die Kinder gedrillt, das Fremde als solches zu betrachten und fremdes Eigentum zu entwenden. Begriffe wie Zuwendung und Freundschaft existieren in ihrer Welt nicht. In einem Fernsehbericht sitzt Ahmad Miri, der »Patron«, neben seinem angeblich deutschen Freund, den er als Rapper aufzubauen versucht, und spricht von Schutz und Loyalität; er verwendet die Begrifflichkeit des Clans und nicht der affektiven menschlichen Kommunikation. In meiner Untersuchung Mitte der Neunzigerjahre stelle ich meinen Gesprächspartnern die Frage nach der Freundschaft, ob sie Freunde außerhalb der Gruppe hätten und wie viele – keiner hatte solche Freunde, die meisten waren über die Frage verwundert und fanden sie überflüssig. Sie hätten schließlich ihre Geschwister und Cousins, einige betrachteten diese Form der Beziehungen sogar als Verrat am Clan. Das erklärt die Häufigkeit und die Brutalität der Übergriffe.

### Prostitution und Rauschgifthandel

Nach der Wende ging ich in einen arabischen Imbiss am Stuttgarter Platz in Berlin-Charlottenburg. Hinter der Theke standen zwei Mhallami, sie waren meine Klienten. Sie behaupteten, der Laden gehöre nicht ihnen, sie würden dort nur arbeiten. Gegenüber an einem schmalen Bord saßen zwei Prostituierte auf Barstühlen und unterhielten sich in einer Fremdsprache, ich denke, es war Polnisch. Ich bestellte, kurz darauf kam ein Mann aus einem hinteren Zimmer und sprach mit den »Angestellten«. Ich kannte ihn nicht, anhand seiner Sprache verstand ich, dass er Mhallami und Besitzer des Ladens war. Ich hatte schon lange vermutet, dass sie sich das Prostitutionsgeschäft nicht entgehen lassen würden – nach dem Fall der Mauer war Berlin von Prostituierten aus dem Ostblock überflutet worden. Die Mhallami, aber auch andere Migrantengruppen, sind in das Geschäft eingestiegen und haben die alten etablierten deutschen Zuhälter verdrängt. 2007, nach dem Beitritt Rumäniens und Bulgariens in die EU, gab es eine erneute große Welle von Prostitution.

In Berlin werden jährlich dreihundert Millionen Euro mit Prostitution umgesetzt, erwirtschaftet werden sie schätzungsweise von achttausend Prostituierten, die an diversen Straßenstrichen und in mehr als sechshundert Bordellen ihrem Gewerbe nachgehen.[79] Das ist nicht zuletzt das Ergebnis des rot-grünen Prostitutionsgesetzes von 2001, das Sexarbeit komplett legalisierte beziehungsweise weitgehend entkriminalisierte. Dazu kommt die liberale Politik in der Stadt. Ein Kriminalbeamter meinte, Berlin sei der größte Puff Deutschlands, weil aufgrund des politischen Nichthandelns die »Prostitution ungehemmt Auswüchse annehmen kann wie in keiner anderen Stadt«. Die meisten Prostituierten kommen aus osteuropäischen Ländern und werden von osteuropäischen Banden eingeschleust und kontrolliert. Sie werden in der Regel mit falschen Versprechungen hergelockt und, einmal in Deutschland angekommen, zur Prostitution gezwungen. Dies erfüllt den Tatbestand des Menschenhandels.

Die Zuhälter sind Osteuropäer, sie führen Bordelle in eigener Regie, vermitteln aber auch Frauen an andere Zuhälter aus anderen Migrantengruppen und an deutsche Rockergruppen. Die Mhallami und einige arabische Familien legen nicht viel Wert auf den eigenen Besitz von Bordellen, sondern sie erheben bei Einrichtungen, die anderen gehören, Schutzgelder und besteuern sogar die Frauen auf dem Straßenstrich. Michael Kuhr, der Chef einer Berliner Sicherheitsfirma, sagte: »Die jungen rumänischen Prostituierten müssen an die Araber ein regelrechtes Standgeld entrichten. Ansonsten gibt es Prügel. Deutsche Zuhälter haben sich damit längst arrangiert und geben zum Teil fünfzig Prozent ihrer Einkünfte ab. Dafür wird ihnen Schutz versprochen.«[80] Damit landen wir wieder im Bereich der Gewaltkriminalität.

Die meisten Einkünfte jedoch erwirtschaften die Clans im Drogenhandel. Bereits in den Achtzigerjahren hatten sie sich als

Kuriere mit der Drogenszene vertraut gemacht, und es war nur eine Frage der Zeit, bis sie das Geschäft übernehmen würden. Der Markt in Deutschland ist riesig und bietet vielen, nicht zuletzt den Albanern, ein Betätigungsfeld; in den Gebieten mit hoher Mhallami-Konzentration wie Berlin haben diese sich allerdings eine hervorragende Position erarbeitet. Sie sind inzwischen diejenigen, die andere für sich arbeiten lassen. Die Jugendrichterin Kirsten Heisig schreibt in ihrem 2010 erschienenen Buch: »Nach meiner Einschätzung wird momentan zugesehen, wie die ›arabische‹ Drogenmafia, die den Erkenntnissen der Polizei und der Staatsanwaltschaft zufolge speziell den Handel mit harten Drogen (wie z. B. Heroin) fest in der Hand hat, aus palästinensischen Flüchtlingslagern Kinder und Jugendliche nach Deutschland schleust. Die manchmal sicher völlig Ahnungslosen sollen dann den Straßenverkauf der Drogen übernehmen.«[81] Mit der Flüchtlingswelle seit 2014 können sich die Clans vor Ort bedienen, eine Million arabischer Flüchtlinge, hauptsächlich Syrer, sind inzwischen nach Deutschland gekommen, darunter Zehntausende unbegleiteter Jugendlicher.

Inzwischen scheinen sie ihre Geschäfte bundesweit ausgedehnt zu haben. Ich war Ende Januar 2018 in Süddeutschland. Sozialarbeiter, die dort seit den Siebzigerjahren mit arabischen Flüchtlingen arbeiten, erzählten, dass die Libanon-Flüchtlinge damals lange gebraucht hätten, um ins Drogengeschäft einzusteigen; bei den syrischen Flüchtlingen heute dauere es weniger als zwei Wochen. Sie führen nach Berlin in die Sonnenallee zu den Arabern und nach Holland auf der deutschen Seite der Grenze zu den Russen und holten die Drogen. Die meisten vor den Gerichten verhandelten Fälle sind Drogendelikte, gefolgt von Körperverletzungen. Offensichtlich existiert schon ein ausgebautes informelles Netzwerk, das den Clans erlaubt, als Großhändler aufzutreten und sich weniger im Straßenverkauf zu exponieren. Das ist aber auch ein Zeichen dafür, dass sie den Anschluss an die internationale organisierte Kriminalität gefunden haben. Zusätzlich zu den internationalen Netzwerken, auf die ich noch zurückkommen werde, ist das Abstammungsgebiet der Mhallami in der Türkei eine Drehscheibe für den Drogenhandel im ganzen Nahen Osten. Laut Angaben des Bundeskriminalamtes wurden beispielsweise 1999 rund 75 Prozent der sichergestellten Heroinmengen mit bekannter Herkunft aus der Türkei nach Deutschland eingeschmuggelt.[82] Mit dem Erhalt der Aufenthaltserlaubnis und der deutschen Staatsangehörigkeit können die Mhallami zu den Dörfern ihrer Eltern fahren. Dort kaufen sie Ländereien, weil sie Präsenz zeigen wollen. Profitable Investitionen sind wegen der wirtschaftlichen Rückständigkeit der Region allerdings nicht möglich, das meiste Geld wird nach wie vor im Libanon investiert, wo die Preise der Immobilien astronomisch sind. Lukrativ ist in der Türkei der Drogenhandel, es ist sehr wahrscheinlich, dass die Mhallami an den internationalen Netzwerken beteiligt sind.

**Geldwäsche**

Die Clans haben im Laufe der Zeit ungeheure Reichtümer angehäuft, und es stellt sich die Frage: Wohin mit dem Geld? Anfang der Neunzigerjahre hatte ich den Fall einer Familie, deren Sozialhilfe eingestellt wurde. Bei einer Hausdurchsuchung im Rahmen polizeilicher Ermittlungen wurde ein Heft beschlagnahmt, in dem Einnahmen von über 200 000 DM standen. Das Geld wurde nicht gefunden, das Sozialamt verweigerte seine Leistungen, und ich sollte diesbezüglich Hilfe leisten. Der Mann sagte, er habe der Polizei erzählt, das Geld gehöre ihm nicht, es sei bei ihm als Vertrauensperson deponiert und wieder abgeholt worden; dann fügte er grinsend hinzu, er habe seine Aussage geändert und von Eintragungen während eines Monopoly-Spiels gesprochen. Offensichtlich hatte ihm sein Anwalt geraten, dieses

Märchen zu erzählen, solange kein Geld gefunden würde. Der Bezug von Sozialhilfe wird von den Kriminellen auch als Tarnung verstanden.

Unter den Bedingungen des Asylrechtes war es tatsächlich schwierig, die Beute zu verwerten; sie investierten deshalb hauptsächlich in Schmuck, das war die traditionelle Art im Orient, das Vermögen zu bewahren. Ich musste manchen Klienten immer wieder erklären, nicht voll beladen mit Gold an Hals und Arm zum Sozialamt zu gehen, die Sozialhilfe ist eine vorübergehende Hilfe in der Not und kein Gehalt. Mit der Verbesserung des Aufenthaltsstatus verbesserte sich auch ihre Situation, sie erlangten die Geschäftsfähigkeit und die Freizügigkeit. Fast alle Libanon-Flüchtlinge haben mindestens einmal den Libanon besucht, vonseiten der Sozialämter und der Ausländerbehörde gab es keine Einwände. Wenn ein Flüchtling in das Land einreist, aus dem er angeblich wegen Verfolgung und Gefährdung geflüchtet ist, verliert er normalerweise seine Flüchtlingseigenschaft und soll in seine Heimat zurückgeführt werden. Nichts dergleichen ist geschehen. Stattdessen wurden die Flüchtlinge mutiger, manche besaßen die Frechheit, die Erstattung der Flugkosten durch das Sozialamt für ihren Urlaub im Libanon beantragen zu wollen. Auf jeden Fall waren sie sicher, dass es im Libanon keine effektiven Kontrollen für den Geldverkehr gab, im Notfall konnte man mit Bestechung weiterkommen. Auf diese Weise wanderte das Geld in das Land und wurde hauptsächlich in Immobilien investiert, aber auch in Autohandel, Ersatzteil-Handel sowie Secondhandwaren aller Art. Nach dem offiziellen Ende des Bürgerkriegs 1992 brauchte das Land lange, um sich wirtschaftlich einigermaßen zu erholen, und die Kaufkraft blieb bescheiden.

In den letzten fünfzehn Jahren versuchen die Mhallami, ihre Beute in Deutschland zu investieren, für manche ist das ein Zeichen der Integration, worauf, meinen andere, gerne verzichtet werden kann, weil es die dauerhafte Integration von kriminellen Strukturen in unserer Gesellschaft bedeutet. Sie investieren hauptsächlich in Immobilien, in Restaurants, Shisha-Bars und Cafés, Diskotheken und Bordelle. Das meiste fließt allerdings in den Drogenhandel. Die Beschaffung des Stoffes, die Finanzierung des umfangreichen Personals für Kontrolle und Verteilung, die Bezahlung teurer Anwälte und Steuerberater verschlingen große Summen. Alle diese Bereiche zusammen schaffen einen kriminellen Arbeitsmarkt, der auch dazu beiträgt, die Solidarität des Clans zu stärken, indem er vielen schwachen und untüchtigen Clanmitgliedern eine Beschäftigung bietet.

**Die Maschari'**

Da es den Mhallami an klarer Identität mangelt, ist der Islam gleich nach dem Clan ihre zweitwichtigste Referenz, auch wenn sie nicht religiös sind. Trotzdem haben sie sich mehrheitlich dem »Islamischen Verein für wohltätige Projekte al-Maschari'« im Libanon angeschlossen, der für sie eine wichtige Funktion erfüllt: Er dient nämlich ihrer Integration in die libanesische Gesellschaft, zu der sie sich, trotz der langjährigen Emigration in den Westen, immer noch zugehörig fühlen; dort wurde ja auch das erbeutete Geld investiert.

Wie im zweiten Kapitel erklärt, findet die Integration im Libanon in eine Konfession statt und nicht etwa in eine offene homogene Gesellschaft, die dort nicht existiert. Stattdessen handelt es sich um eine kommunitaristische multikulturelle Gesellschaft, in der die Kultur auf eines ihrer Bestandteile, nämlich die Religion, reduziert wird, weshalb man von einem konfessionellen politischen System spricht. In ihrer sunnitischen Konfession waren die Mhallami ausgeschlossen, dann jedoch in die unteren sozialen Schichten aufgenommen und toleriert – eine Ausnahme bildete jene erwähnte Gruppe in Tripoli, die in die sunnitische Konfession einging. Die Tolerierung bedeutete, dass sie weder Macht noch Mitspracherecht hatten, erst nach ihrer Einbürgerung 1994 gewannen sie den Status der übrigen sunnitischen Unterschichten und standen in der Gefolgschaft einer traditionsreichen Elite, die die Konfession politisch vertrat und den Zugang zu den Ressourcen regelte. In den Siebzigerjahren regte sich jedoch unter der aufsteigenden gebildeten Mittelschicht Widerstand, sie wollte an der Führung der Konfession beteiligt sein und sogar die Ablösung der alten Eliten durchsetzen.

Die Machtbasis der Eliten bilden zwei von ihnen kontrollierte Institutionen: Die erste ist *Dar al-Fatwa*, der Sitz des Mufti der Republik, er erstellt die Fatwas und verwaltet die Moscheen sowie die religiösen Stiftungen. Die zweite ist die Gesellschaft *al-Maqasid*, der Caritas und dem Diakonischen Werk in Deutschland vergleichbar. Sie verwaltet die Krankenhäuser, Altersheime, Kindergärten, Schulen und die neulich gegründete Islamische Universität. Teile der Mittelschicht versuchen, in den Wahlgremien von Dar al-Fatwa an Gewicht zu gewinnen, bislang mit bescheidenem Erfolg. Das Eindringen in den Vorstand von *al-Maqasid* ist dagegen ganz ausgeschlossen. Deshalb haben sie Anfang der Achtzigerjahre die eigene Wohlfahrtsgesellschaft *al-Maschari'* gegründet, sie versteht sich im Wohlfahrtsbereich als Gegenspielerin der al-Maqasid; was die Moscheen betrifft, haben sie ein halbes Duzend der offiziellen sunnitischen Moscheen erobert, teilweise mit Gewalt.

Der Begründer von al-Maschari' ist der Scheich Abdullah al-Habaschi (1920–2008), seine Anhänger nennt man die Ahbasch. Al-Habaschi war ein islamischer Gelehrter aus Äthiopien, nach Aufenthalten in Mekka, Jerusalem und Damaskus ließ er sich 1960 in Beirut nieder. Das war die glorreiche Zeit des arabischen Nationalismus, die Sunniten folgten dem Präsidenten Ägyptens, Gamal Abdel Nasser, nach seiner Niederlage im Junikrieg 1967 gegenüber Israel verschrieben sich die Massen der palästinensischen Revolution. Sie waren eher oberflächlich religiös, und die islamischen Gelehrten der Sunniten, wie Scheich Subhi al Saleh, beschäftigten sich mehr mit religiösen Wissenschaften als mit der Bevölkerung. Es gab jedoch viele Menschen, die daran interessiert waren, ihre Religiosität mit ihrem Alltag zu verbinden. Als Scheich al-Habaschi, der in verschiedenen Moscheen predigte, sich 1969 in der Moschee Bourj Abu Haidar etablierte, die zum Hauptsitz seiner Bewegung werden sollte, kamen die Menschen mit ihren Fragen zu ihm. Sehr schnell bildete sich ein Zirkel von Anhängern um ihn, dem es später gelingen sollte, den sozialen Aufstieg in ihrer Konfession zu leiten und sich gegen das Establishment zu positionieren. Dieser Zirkel ähnelte einer *Sufi-Tariqa*, einem Orden: Die Mitglieder waren ihrem Scheich völlig ergeben und rekrutierten weitere Anhänger in seinem Auftrag, das war der Kern der neuen Organisation. Einer seiner Anhänger, Scheich Muhiddin al-Ajuz, verfügte durch seinen Vater über die Lizenz eines 1930 gegründeten, lange schon inaktiven Vereins, den er zur Verfügung stellte. Der Verein hieß al-Maschari'. Scheich al-Ajuz blieb der Vereinsvorsitzende, Scheich al-Habaschi, der bis zu seinem Tod nie einen Posten in seiner Organisation einnahm, wurde zum geistigen Führer. 1983 übernahm Scheich Nizar al-Halabi den Vorsitz des Vereins, mit ihm begann die Expansion und Erstarkung der Bewegung. Durch die uneingeschränkte Gefolgschaft des Scheichs al-Habaschi gewann sie Sektencharakter, ihre Aktivität war vor allem durch die vielen sozialen Projekte im Bildungsbereich geprägt, was maßgeblich ihre Anhängerschaft und den politischen Einfluss erweiterte. Viel wichtiger war aber die politische Auseinandersetzung innerhalb der sunnitischen Konfession.

Die herrschende sunnitische Elite hatte nun zwei Widersacher: einerseits die radikalen Salafisten und andererseits die neue Sekte der Ahbasch. Bei den Parlamentswahlen 1992 stellten beide Gruppen Kandidaten auf, gewonnen hat ein Vorstandsmitglied von al-Maschari', Adnan Trabulsi. Die neue Macht der Bewegung war offensichtlich, ihre Ansprüche gegenüber Dar al-Fatwa wurden immer größer. 1993 brach die sogenannte »Schlacht der Moscheen« aus, dabei ging es nicht nur um die Moscheen, sondern auch um die Kontrolle der Viertel, in denen sie stehen. Der damalige Vorsitzende von al-Maschari', Scheich Nizar al-Halabi, bekräftigte immer lauter seinen Anspruch auf den Posten des Muftis, die Auseinandersetzung spitzte sich zu, am 31. August 1995 wurde er von den Salafisten in seiner Wohnung umgebracht. Die Täter wurden verhaftet, verurteilt und hingerichtet. Die Konfession war erschüttert. Trabulsi fiel bei den folgenden Parlamentswahlen 1996 durch, worauf eine Versöhnung mit Dar al-Fatwa zwecks Beruhigung der Lage folgte. Die Maschari' waren nun als soziale und politische Macht neben den Traditionellen und den Salafisten anerkannt, sie hatten damit ihr Ziel weitgehend erreicht und verschoben ihr Bestreben, die ganze Konfession zu kontrollieren, auf bessere Zeiten.

Die Mhallami schlossen sich al-Maschari' massenweise an und realisierten mit der Bewegung ihren sozialen Aufstieg innerhalb der Konfession. Heute haben sie es so weit nach oben geschafft, dass bei den Parlamentswahlen 2018 der Gegner des sunnitischen Premierministers Saad al-Hariri erwog, einen Mhallami aus dem Clan Omeirat oder dem Clan Al-Zein auf seine Kandidatenliste für Beirut zu setzen.[83]

1992 hatte schon ein Mhallami, Wahhaj al-Shaikh Moussa, allein ohne weitere Unterstützung kandidiert – er verlor. Diesmal, auf einer Liste, hatte der Kandidat zumindest mehr Chancen. Nach dem Einbürgerungsdekret von 1994 gründeten die Mhallami unverzüglich den »Oberrat der kurdischen Notabeln im Libanon« für die Vertretung ihrer Interessen; der Rat löste die alte, in den Fünfzigerjahren gegründete und praktisch nicht mehr tätige »Versammlung der kurdischen Stämme« ab. Die Mhallami profitierten vom Zuwachs des Einflusses von al-Maschari', die Organisation stellte sich in den Dienst der Besatzungsmacht

Syrien und unterhielt gute Beziehungen zu ihren libanesischen Vasallen, die die Republik regierten. Wie stark die Ahbaschs geworden sind, zeigte die bewaffnete Auseinandersetzung, die im August 2010 zwischen ihnen und der Hisbollah stattfand: Aus bis heute ungeklärten Gründen töteten die Ahbaschs in der Nähe ihres Hauptsitzes in Bourj Abu Haidar ein wichtiges Mitglied der Hisbollah, den Sicherheitsbeauftragten der Hauptstadt Beirut, und zwei seiner Begleiter. Eine Konfrontation mit Maschinengewehren und tragbaren Raketen brach im Viertel aus, bis die Armee intervenierte und die Streitparteien trennte. Es gab viele Verletzte und ein Todesopfer, das war der Mhallami Ahmad Jamal Omeirat.

Beide Parteien waren Verbündete der Syrer, der Streit wurde beigelegt und nicht aufgeklärt; manche vermuten, dass er mit der Ermordung des ehemaligen Premierministers und Vaters von Saad al-Hariri, Rafiq al-Hariri, zusammenhängt. Das internationale Tribunal, das den Fall untersucht, verdächtigt sowohl die Hisbollah als auch zwei Mitglieder der al-Maschari': ihren Sicherheitschef Mahmoud Abdel-'Al und seinen Bruder. Inzwischen sind mehrere Zeugen aus ungeklärten Gründen verstorben. Andere vermuten dagegen, dass das Ganze eine Inszenierung war: Man munkelt, die Hisbollah wollte den eigenen Sicherheitschef aus irgendeinem Grund erledigen. Als Beweis wird angeführt, dass sie auf diesen offensichtlich großen Verlust milde reagiert und den Fall schnell abgeschlossen hat. Was diese letzte Vermutung erhärtet, ist das Bündnis zwischen al-Maschari' und Hisbollah für die Wahlen am 6. Mai 2018; der oben erwähnte Adan Trabulsi wurde wiedergewählt. Trotz der tiefen ideologischen Differenzen sind sie beide als enge Verbündete des syrischen Regimes aufeinander angewiesen.

Der Name des Opfers von al-Maschari', Omeirat, weist auf die Verquickung der Organisation mit den Mhallami hin. Bourj Abu Haidar steht unter der Kontrolle des Clans Omeirat. Hinter dem Hauptsitz der Organisation besitzen sie ein Haus, in dessen Erdgeschoss der Sarg des 2008 verstorbenen geistigen Führers Scheich al-Habaschi bewahrt ist. Der Hausbesitzer Muhammad Omeirat ist gleichzeitig der Vorsitzende des Oberrates der kurdischen Notabeln im Libanon; nachdem er die Bedeutung seines Clans, der zweitausendfünfhundert Wählerstimmen zählt, unterstrichen hatte, erklärte er, dass die Bewahrung des Sarges in seinem Haus sicherer sei als auf dem Friedhof, wo die Gefahr bestünde, dass seine Grabstätte durch Feinde geschändet werde. Zudem kommen jederzeit Pilger aus aller Welt, und im Monat Ramadan kann man die Nachtgebete um seinen Sarg ausrichten. Das bedeutet eine Art Verschmelzung der Organisation mit den Clans und einen ungeheuren Machtgewinn.

Die Maschari' ist die Organisation der Unterschichten der Sunniten, der auch die Mhallami angehörten. Indem es ihnen gelungen ist, eines ihrer Privathäuser in eine internationale Pilgerstätte mit dem Leichnam des Scheichs al-Habaschi umzuwandeln, haben sie an Prestige gewonnen: Neben dem politischen und materiellen kommt nun der ideell-religiöse Aufstieg. Die Mhallami haben einen weiten Weg zurückgelegt, von einer ausgegrenzten, ungebildeten und armen Gruppe in den Sechzigerjahren haben sie sich zu einem angesehenen und einflussreichen Akteur entwickelt, deshalb dient ihnen der Libanon als operative Basis für die Expansion in die Welt.

Im Laufe des langen Bürgerkriegs (1975–1992) flüchteten die Mhallami über Deutschland nach Westeuropa, sie emigrierten auch nach Australien und Nordamerika. Überall, wo sie hingingen, begleitete sie die Organisation al-Maschari'. In Deutschland haben ihre Anhänger die Omar-Moschee in Berlin unterwandert und übernommen. Die Moschee war 1979 von einer Gruppe arabischer Studenten unter dem Namen »Bund der Muslime« gegründet worden, nachdem sie zuvor ihren Gebetsraum im Hauptgebäude der Technischen Universität errichtet hatten. Als die Salafisten 1994 die Al-Nur-Moschee in Neukölln gründeten, zogen viele Araber zu ihnen, andere gingen weg und gründeten die Al-Quds-Moschee in Kreuzberg, wieder andere das »Haus der Weisheit« im Wedding. In der Omar-Moschee blieben die Ahbasch übrig, sie gründeten 1995 die Berliner Filiale des »Islamischen Verein für wohltätige Projekte al-Maschari'«, die Moschee – damals noch in einem Hinterhof auf der Skalitzer Straße untergebracht – wurde zugleich ihr Sitz. Im selben Jahr organisierte der Verein in Berlin anlässlich der Geburt des Propheten die erste öffentliche islamische religiöse Prozession in Europa überhaupt, dreitausend Menschen nahmen daran teil. Unter Anspielung auf Sigrid Hunkes Buch »Allahs Sonne über dem Abendland« – das Buch stellt in übertriebener Weise den Westen in die Schuld der islamischen Kultur und ist bei den Muslimen sehr beliebt – titelt die Zeitschrift von al-Maschari', *Manar al-Huda*, ihren Bericht mit »Al-Maschari'. Sonne über Deutschland«.[84] Ein Deutscher, der die Prozession beobachtete, sei zum Islam übergetreten und habe sich unter die Prozessionsteilnehmer gereiht, eine andere deutsche Familie sei ebenfalls dem Islam beigetreten, behauptete der Autor des Berichtes, um dem Titel mehr Nachdruck zu verleihen. Der Vorsitzende der Organisation in Deutschland war Rajab Fakhro, er wurde ein paar Jahre später von seinem Verwandten Hussein Fakhro ausgebootet, der den Verein bis heute leitet.

Inzwischen hat al-Maschari' viele Moscheen: die Al-Hidaia-Moschee in Peine, die Al-Fadilah-Moschee in Bremen, die Salahuddin-Moschee in Essen; in Schweden ist sie mit der Al-Salam-Moschee in Göteborg und der Al-Huda-Moschee in Malmö sehr präsent, sie beherrscht den islamischen Fatwa-Rat Schwedens genau wie den Australiens, dessen Vorsitzender wie in Deutschland ebenfalls ein Mhallami ist. Weltweit hat al-Maschari' Sektionen in den USA, Kanada, Frankreich, der Schweiz, Dänemark, Großbritannien und der Ukraine, zusätzlich zu den erwähnten

Zweigstellen in Deutschland, Schweden und Australien. Interessanterweise ist die Organisation in den arabischen Ländern nur in Jordanien vertreten, dort hofft der König auf ihre Unterstützung gegen die Islamisten in seinem Königreich. Ansonsten wird sie wegen ihrer islamischen Lehre abgelehnt.

Scheich al-Habaschi verstand sich als traditioneller Muslim, in der Glaubenslehre war er Asch'arit, befolgte die schafiitische Rechtsschule und betrachtete sich als Sufi nach der Tariqa Rafiiya, er lehrt auch die Tariqa Naqschbandiya. Er bestritt, eine neue Lehre predigen zu wollen, und hielt sich für einen orthodoxen Muslim, dennoch hatte er in vielen Punkten eine eigene, abweichende Auffassung.

Um seine abweichende Auffassung in der ascharitischen Glaubenslehre zu illustrieren, nehmen wir das Beispiel der Eigenschaften Gottes. Die Theologen unterscheiden zwischen den Namen Gottes – es sind 99, wie etwa der Barmherzige, der Mächtige, der Erhabene, der Wissende – und den Eigenschaften wie zum Beispiel sehen, sprechen, sitzen, hassen, kämpfen; ihre Zahl ist umfangreich, sie beschreiben Gott als menschlich handelndes Wesen, was zu unendlichen theologischen Debatten über den Anthropomorphismus geführt hat. Die traditionelle orthodoxe Haltung gibt der Theologe Al-Aschari wieder. Er schreibt: »Sie (d.h. die Gelehrten) stimmten darüber ein, Gott mit den Eigenschaften zu beschreiben, die er selbst (d.h. im Koran) und sein Prophet (d.h. in der Sunna) angewandt haben, ohne zu widersprechen und nach den Gründen zu suchen; sondern sie verpflichten sich nur, daran zu glauben ohne Begründung.«[85] Al-Habaschi dagegen macht eine rationale Auswahl und entscheidet sich für nur dreizehn Eigenschaften aus dem Koran.[86]

Al-Habaschi ist auch bekannt für seine exzentrischen Fatwas. Er war ein Kenner der Sunna (*Muhaddith*) und nicht des islamischen Rechtes (*Faqih*), deshalb achtete er die Scharia-Regel nicht besonders. Nach einer Überlieferung (*hadith*) von ibn Abbas, einem der ältesten Exegeten des Koran, soll der Prophet den Frauen gesagt haben: »Vermeidet es, mit den Männern allein zu sein.« Al-Habaschi erklärt auf formalistische Weise, dass damit nur eine Frau mit einem Mann gemeint sei, mehrere Frauen könnten sich mit einem Mann treffen sowie mehrere Männer mit einer Frau. Zur Begründung führt er einen anderen *hadith* an, wonach der Prophet gesagt hat: »Eine Frau kann sich nicht mit einem Mann allein treffen, ohne dass der Teufel der Dritte wäre.«[87] Bei allen anderen Muslimen, Sunniten wie Schiiten, haben die Rechtsgelehrten, ausgehend vom selben *hadith*, die Regel der präventiven Prohibition (*sad al-dhara'eh*) entwickelt, um vorsorglich die allgemeine Geschlechtertrennung durchzusetzen.

Viel wichtiger für unser Thema sind jedoch die sozialen und politischen Komponenten seiner Lehre. Seine Glaubenslehre, die sich nach wie vor auf orthodoxe Grundlagen stützt, aber von den Orthodoxen abgelehnt wird, mag in vielen Aspekten bizarr erscheinen. Dennoch werden die Ahbasch als Muslime nicht ausgestoßen, man betrachtet sie, wie schon gesagt, ja eher als Sekte. Anders sieht es mit der Politik aus, in ihrer Satzung steht, dass sie keine Parteipolitik betreiben, und in der Tat haben sie kein politisches Programm, sie haben aber politische Vorstellungen. Sie akzeptieren jede Form von Herrschaft, auch eine säkulare Form und opponieren öffentlich nicht gegen sie. Sie vermeiden jeden Konflikt, der ihnen Nachteile bringt, sind offensiv und gewaltbereit, wenn ihre Gewinnchancen gut stehen. Deshalb versuchen sie, gute Beziehungen zur politischen Macht zu unterhalten. Ihre politische Einstellung ist nicht in einem politischen Programm zu suchen, sondern in ihrer Lehre.

Der traditionelle Islam teilt die Welt wie folgt: Es gibt ein Gebiet des Islam, wo die Scharia herrscht, und ein Gebiet des Krieges, wo die »Ungläubigen« ohne Scharia leben. Dazu kommt ein drittes Gebiet, als Gebiet des Vertrages gekennzeichnet, in dem es keine Scharia gibt, in dem die Muslime aber ihre Religion friedlich praktizieren dürfen: Das ist der Westen, wo sich die muslimischen Migranten niedergelassen haben. Die Islamisten betrachten die ganze Welt nach der Abschaffung des Kalifats 1924 als Gebiet des Krieges, in dem keine Scharia herrscht. Sie kämpfen um die Islamisierung zuerst der islamischen Länder, bislang mit großem Erfolg, indem sie die Einführung der Scharia erzwingen. Im Westen nutzen sie die Religionsfreiheit und den Rechtsstaat für die Islamisierung der sozialen Verhältnisse aus, in der Hoffnung, eines Tages werde die Scharia als Verfassung gelten. Die Ahbasch meinen wie die Islamisten, dass heutzutage und seit 1924 nur das Gebiet des Krieges existiert; das führt aber zu keinem politischen Islamisierungsprogramm, sondern beeinflusst maßgeblich ihr Verhältnis zu den Nichtmuslimen. Dies spiegelt sich in den Fatwas von al-Habaschi wider: Da der Status der Schutzbefohlenen nicht mehr existiert, ist es den Muslimen erlaubt, alle Nichtmuslime zu bestehlen, ihre Frauen zu erbeuten, Zinsen aus ihren Banken zu kassieren und Hehlerei zu betreiben. Das gilt auch für die Christen im Libanon. Diese religiöse Sicht rechtfertigt die Untaten und Verbrechen der Clans, sie können Kriminelle mit gutem Gewissen sein.[88]

Strategisch ist es für die Ahbasch wichtig, Konflikte zu vermeiden und möglichst zu vertagen, eine freundliche Beziehung – das ist, was sie unter dem Begriff *muwada'a* verstehen – muss aufrechterhalten werden. Diese Freundschaft ist keine echte, aber sie ist für sie notwendig, besonders in ihrer Auseinandersetzung mit den Salafisten. Bekanntlich sind die Salafisten gegen die Sufis und umgekehrt. Die Ahbasch greifen die Salafisten überall an, wo sie können. Sie benutzen dabei dieselben Methoden, nämlich die Waffe der Apostasie, der *takfir*, und die daraus resultierenden Strafen, die von Ausgrenzung bis zur Todesstrafe reichen können. Die Salafisten haben mit Muhammad ben Abdel Wahab (1702–1792) den alten Streit um die wahre Religion, der seit Jahrhunderten beigelegt war, wiederbelebt. Eine Überlieferung des Propheten (*hadith*) besagt, dass die Muslime sich in dreiundsiebzig Sekten aufspalten werden, und nur eine von ihnen ihr Heil im Paradies (*al-firqa al-nadjiah*) finden werde. Die Gelehrten haben den *hadith* so weit interpretiert, dass er praktisch alle Muslime umfasst; damit herrschte Frieden. Die Wahhabiten haben dies bestritten, und alle, die ihre religiöse Auffassung nicht teilten, als Apostaten verurteilt. Die Ahbasch tun dasselbe: Alle Sekten und Gelehrten, die die Auffassung von al-Habaschi nicht teilen, werden als Apostaten verurteilt.

Die antisalafistische Haltung der al-Maschari' ist für manche, die die Angelegenheit oberflächlich betrachten, verwirrend. In Berlin wurde der Antrag auf den Bau der Omar-Moschee von einer angeblichen Expertin begutachtet, sie entschied, dass die Organisation liberal sei, und der Bau wurde genehmigt. Die Maschari' hat seitdem eine große, schöne, repräsentative Moschee in der Stadt, die mit der schönen Sehitlik-Moschee der DITIB konkurriert. In den letzten Jahren hat sich die DITIB jedoch als Handlanger des türkischen Staates Erdogans kompromittiert und fungiert nicht mehr als Anlaufstelle und Ansprechpartner für die deutschen Institutionen, die ihre Besucher lange dort hingeschickt haben. An ihre Stelle tritt allmählich die Omar-Moschee, die Polizei hat sie bereits als Besuchsstätte für ihre Rekruten auserwählt. Im Vergleich zum Aufstieg der Mhallami in Beirut, der öffentlich ist, findet ihr Aufstieg in Berlin im Verborgenen, im Schatten der al-Maschari' statt, wie übrigens bei vielen islamischen Institutionen, deren Hintermänner unbekannt sind. Das macht die Beschäftigung von vielen Experten notwendig, die manchmal, wie im Fall der Omar-Moschee, danebenliegen. Die Brisanz des Falls liegt darin, dass hinter der Moschee die schwere Clankriminalität steckt.

Kapitel 6

# Die Clans und der Rechtsstaat

Als Sozialdemokrat schreibt Heinz Buschkowsky in seinem Buch »Neukölln ist überall«: »Zusammenfassen kann man die Risikofaktoren für Kriminalitätserscheinungen in den Einwanderungscommunitys wie folgt: mangelnde Bildung, eigene Gewalterfahrung, Erziehungsstil der Machokultur, ständiger Geldmangel gepaart mit religiöser Selbsterhöhung. Kommen all diese Faktoren zusammen und hat das Wertegefüge unserer Gesellschaft – umschrieben mit Begriffen wie Disziplin, Fleiß, Ordnung, Rücksichtnahme, Toleranz und Respekt vor anderen – keinen Eingang in der Persönlichkeitsentwicklung des jungen Menschen gefunden, dann ist eine randständige Karriere recht wahrscheinlich.«[89] Es handelt sich hier um Faktoren, die auf die Person einwirken, ohne dass diese es will: Sie ist sozusagen ein Opfer der ungünstigen Umstände, die sie zwangsweise zur Kriminalität führen. Man kann als negativen Faktor noch das Asylrecht hinzufügen, wie Christian Stahl in seinem Buch über den palästinensischen Intensivtäter Yehya E. gezeigt hat.[90] Da Buschkowsky aber lange politisch verantwortlich war und die Realität aus der Nähe kennt, schreibt er Sätze wie diese: »Die Segregation der Stadtquartiere ist aus meiner Sicht irreversibel.«[91] Weiter schreibt er: »Leider haben wir auch den Eindruck, dass in verschiedenen Familien Kinder planmäßig zur Kriminalität erzogen und ausgebildet werden.«[92] Auch der Berliner Oberstaatsanwalt Roman Reusch ging schon 2007 davon aus, dass in den Großfamilien »eine konsequente Erziehung zur professionellen Kriminalitätsausübung stattfindet«.[93]

Das bedeutet, dass manche Kriminelle offensichtlich nicht Opfer der ungünstigen Verhältnisse sind, sie sind bewusste Täter; das gilt vor allem für diejenigen, die in der Gesellschaft der Mhallami aufgewachsen sind, sowie für manche arabische Clans.

## Stämme im Rechtsstaat

Clans verhalten sich in ihrer deutschen Umgebung wie die Stämme in der Wüste: Alles, was außerhalb des Clans liegt, ist Feindesland und frei zu erobern. Die Umgebung, die wir öffentlicher Raum nennen, ist für die Clans kein Lebensraum, in dem sie arbeiten und ihre materiellen sowie kulturellen Bedürfnisse befriedigen. Die Clans sind auch nicht sozial und institutionell an diesen Raum gebunden; sie sind nicht in Parteien, lokalen Aktivitäten, Vereinen, Projekten und Bürgerinitiativen, was eben in einem Kiez üblich ist und eine Zivilgesellschaft ausmacht, engagiert. Daher ist für sie der öffentliche Raum kein Lebensraum, der zu verteidigen wäre.

Vielmehr sehen Clans im öffentlichen Raum ein Gebiet für ihre Raubzüge. Zuerst kommt die im Prinzip legale Variante davon: Die Arbeitslosenquote liegt bei ihnen zwischen 80 und 90 Prozent, hauptsächlich, da sie sich weigern, einer versicherungspflichtigen Tätigkeit nachzugehen. Sie erhalten eine staatliche Unterstützung für den Unterhalt, die Miete und die Krankenkasse, die sie wie erwähnt als dauerhaftes Grundgehalt betrachten und nicht wie im Sozialhilfegesetz intendiert als vorübergehende Lebenshilfe zur Wiedereingliederung in den Arbeitsmarkt; das ist ein klarer Missbrauch des Anspruchs auf staatliche Hilfe und ist daher als legaler Raubzug zu betrachten. Dazu kommen die illegalen Raubzüge in Form von Schwarzarbeit, aber vor allem in Form der bereits dargestellten Kriminalität: Diebstahl, Raub, Erpressung, Drogenhandel und Zuhälterei, die ihre Einkünfte vermehren. *Bild* berichtet 2010,[94] dass nach Einschätzungen der Polizei in Bremen der jährliche Umsatz des Miri-Clans mit Drogen fünfzig Millionen Euro beträgt, dazu kommen Transferleistungen vom Staat in Höhe von 6,9 Millionen Euro. Nicht mitgerechnet sind Wohngeld, Heizungszuschuss, Bekleidungszuschuss, Kosten für Anwälte, Dolmetscher, Kosten für regelmäßige Aufenthalte im Gefängnis. Aus dieser Perspektive ist der öffentliche Raum kein Lebensraum, den man für das eigene Wohl schützen wird, sondern Feindesland, das für die Sicherung der Beute kontrolliert werden muss; er ist ein Revier, das gegen das Eindringen konkurrierender Krimineller zu verteidigen ist, aber vor allem der Kontrolle des Staates entzogen werden soll. Deutschland wird als Beutegesellschaft betrachtet.

Im Libanon hielt sich die Kriminalität der Mhallami nicht zuletzt deshalb in Grenzen, weil die Reaktion der Bevölkerung heftig ausfallen kann, insbesondere wegen des gemeinsamen kulturellen Hintergrunds, der das Fortbestehen der Großfamilien begünstigt. Die Gesellschaft im Westen besteht nicht aus Sippen, Konfessionen und Ethnien, sondern aus Individuen. Es mag sein, dass manche Völkerschaften, wie Katalanen, Korsen oder Schotten, ihr Glück in einem ethnischen statt einem größeren Nationalstaat zu finden glauben, das sind zur Zeit der internationalen Migration Anachronismen, die am Lauf der Dinge nichts ändern werden.

Westliche Demokratien beruhen auf den Menschenrechten, und diese sind individuelle Rechte. Das gesamte Rechtssystem geht vom Individuum aus. Der Rechtsstaat übernimmt Aufgaben, die der Einzelne nicht erfüllen kann, vor allem im Bereich der Sicherheit; der Staat hat ein Gewaltmonopol und sorgt für die Sicherheit seiner Bürger und die Einhaltung der öffentlichen Ordnung. Diese Schutzfunktion des Staates ist allerdings mit dem Gewaltmonopol allein nicht zu realisieren. Wenn beispielsweise Millionen von Menschen an der roten Ampel nicht mehr anhalten, dann entsteht Chaos, und der Staat ist hilflos. Damit das System funktionieren kann, muss ein entsprechender Bürgersinn vorhanden sein. Die Bürger müssen die Gesetze freiwillig akzeptieren und sich daran halten. Das ist eine Frage der Erziehung, unser gesamtes Bildungssystem ist darauf ausgerichtet, mündige autonome Bürger zu erziehen, die aktiv im Gemeinwesen mitwirken und es aufrechterhalten; das nennt man Ordnung und Disziplin. Dies erlaubt dem Staat mit relativ wenig Aufwand, die öffentliche Ordnung zu bewahren, er braucht nicht neben jedem Bürger einen Polizisten für dessen Schutz zu postieren.

Dieser Bürgersinn fehlt bei den Clans vollständig; wenn sie in die Landschaft blicken, sehen sie Reichtümer, die mehr oder weniger ungesichert herumliegen, und vereinzelte Personen, deren Schutz durch die Staatsgewalt lückenhaft ist. Unter diesen Umständen ist es leicht, an Beute zu gelangen. Stehlen wird vielen zu einem Beruf, und die Enteignung der Einzelpersonen wird zu einem Spiel. Ihre Waffe ist der Gruppenauftritt, auch Rudelbildung genannt. Wenn man sich mit einem von ihnen anlegt, dann bekommt man es mit der ganzen Sippe zu tun; das gilt für Erwachsene genau wie für Kinder. Einmal wurde in unserem Viertel eine vorübergehende Unterkunft für Flüchtlinge eröffnet, den in der Nähe gelegenen Spielplatz wollten die Anwohner bald nicht mehr benutzen: Die Eltern trauten sich nicht mehr, ihre Kinder dorthin zu schicken, da diese – üblicherweise meist Einzelkinder – keine Chance gegen Kinder mit zehn oder zwölf Geschwistern hatten. Ähnlich auch auf der Straße; wenn jemand von einer Gruppe überfallen wird, ist er gut beraten nachzugeben. Das gilt auch für Geschäftsleute, die sich erpressen lassen, ihre einzige Hoffnung bleibt die Polizei. Die Clans haben sich aber diesbezüglich auch Gedanken gemacht und Handlungsstrategien entwickelt, um die Polizei auszuschalten oder zumindest zu neutralisieren.

## Die Polizei

Ein Routineeinsatz in Duisburg-Marxloh führte im Juni 2015 zu einem Großeinsatz mit elf Streifenwagen-Besatzungen: Die Polizisten kontrollierten vier Männer, über die sich Anwohner beschwert hatten. Die vier Männer waren allerdings Mitglieder einer libanesischen Großfamilie und riefen per Handy Unterstützer herbei. In kurzer Zeit waren etwa hundert Clanmitglieder zur Stelle. Ungefähr zwanzig von ihnen kreisten die Polizeibeamten ein, die vier Unruhestifter verweigerten die Aufnahme der Personalien, drohten, schimpften und schlugen eine Polizistin nieder. Ihr Kollege wusste sich nur durch die gezückte Pistole zu schützen, bis die erforderliche Verstärkung von zehn Polizeiwagen eintraf.[95] Seitdem fährt die Polizei aus Sicherheitsgründen nur noch mit mindestens zwei Streifenwagen zu Einsätzen in diesen Bezirk.

Ein anderes Beispiel: Berlin-Neukölln, zwei Brüder in einem BMW, vor ihnen ein Streifenwagen. Den sechsundzwanzig und neunzehn Jahre alten Brüdern war der zu langsam, sie überholten, bremsten den Streifenwagen aus, brüllten die Beamtin, die hinter dem Steuer hervorkam, an, einer schlug ihr ins Gesicht. Im anschließenden Handgemenge wurde die Frau erneut vor gut fünfzig Schaulustigen geschlagen. Einige feuerten die Brüder an, riefen: »Scheißfotze! Scheißschlampe!« Da die Polizei mit einer plötzlichen Versammlung des Mobs rechnet, kommt immer eine zweite Streifenwagenbesatzung hinterher, die Kollegen nehmen die Brüder fest.[96]

In Duisburg forderte ein Polizeibeamter einen Mann dazu auf, ein falsch geparktes Fahrzeug zu entfernen. Der Mann weigert sich und beginnt, auf den Polizisten einzuschreien. Binnen Minuten tauchen 250 Personen auf und fangen an, die Polizisten zu bedrängen, die Verstärkung rufen müssen. Mehr als 50 Polizisten und 18 Einsatzfahrzeuge sind nötig, um aufzulösen, was als routinemäßiger Vorgang im Straßenverkehr begonnen hatte.[97]

In Mülheim liefern sich rund 80 Mitglieder zweier rivalisierender Clans eine Massenschlägerei; ein Streit zwischen zwei Teenagern war vorausgegangen. Als die Polizei eintrifft, wird sie mit Gegenständen beworfen. Mehr als hundert Polizisten werden, unterstützt von Hubschraubern, eingesetzt, um die Ordnung wiederherzustellen. Fünf Personen werden in Gewahrsam genommen, dann wieder auf freien Fuß gesetzt.[98]

Im Bremener Stadtteil Huchting wird ein 25-Jähriger von einer Gruppe Migranten niedergestochen. Als die Polizeibeamten eintreffen, werden sie von einem Mob von 30 bis 40 Männern umzingelt, beleidigt und bedrängt. Die Polizei setzt Tränengas und Hunde ein, um die Ordnung wiederherzustellen.[99]

In Naumburg setzte sich ein 21-jähriger Syrer nach dem Entzug seines Führerscheines gewaltsam gegen die Polizei zur Wehr. Er wurde sofort von seiner Familie und seinem Freundenkreis unterstützt. Die Polizei zog sich zurück, sie wurde von dem Clan verfolgt, der im Revierkommissariat weiter randalierte und die Beamten bedrohte. »Nach einiger Zeit verließ man das Polizeigebäude«, wie es offiziell heißt.[100]

Die Clans setzen die Rudelbildung auch gegen die Polizei ein, nicht nur, um ihre Arbeit zu behindern, sie wollen die Staatsgewalt regelrecht aus ihren Revieren vertreiben. »Es gibt Straßen, da kommen sie mit zwei Polizisten und einem Streifenwagen nicht durch«, erzählt Michael Böhl vom Bund deutscher Kriminalbeamter. »Es werden mehrere Streifenwagen zur Verfügung gehalten. Oft rücken zwei Gruppeneinsatzwagen mit sechzehn Beamten an. Die Kollegen überlegen sich zweimal, ob sie dort jemanden wegen einer Ordnungswidrigkeit überprüfen. Sie wissen: Die Lage könnte schnell eskalieren.«[101] So entstehen die sogenannten *no-go-areas*. Um die Polizisten weiter lahmzulegen, schrecken die Clans nicht davor zurück, die Polizeibeamten einzuschüchtern und zu bedrohen. Thomas Böttcher, Leiter des Polizeiabschnitts 55 in Nordneukölln, erzählt, wie die Clans auf die Polizei reagieren, wenn sie sich von einem Einsatzleiter bedrängt fühlen: Sie warten – was andere Kriminelle nicht tun würden – vor der Wache, bis die Schicht jenes Einsatzleiters endet. Dann fahren sie ihm nach und sprechen ihn an; das ist eine latente Drohung, aber immer nur an der Schwelle zur Strafbarkeit.[102] Ähnlich wird mit Beamten umgegangen, die in ihrem Revier wohnen. Sie lassen ihnen die Nachricht zukommen, dass sie wissen, wo sie wohnen und welche Schulen ihre Kinder besuchen. Die Beamten fühlen sich ausgeliefert und können vom eigenen Staat nicht beschützt werden. Das stellt einen klaren Sieg über die Staatsgewalt dar und ermuntert die Clans, ihre kriminellen Geschäfte noch rücksichtsloser zu betreiben.

Außerdem wird die Handlungsfähigkeit der Polizei bezüglich der Konflikte zwischen den Clans eingeschränkt. Wenn beispielsweise ein Mitglied einer konkurrierenden Familie niedergeschlagen oder mit einem Messer schwer verletzt wird, haben die Polizeibeamten nur ganz wenige Stunden Zeit, die Aussagen der Zeugen zu sichern und daraus eine operative Ermittlung zu machen. Denn sehr schnell schalten sich die Familien ein und manipulieren die Zeugen. Entweder sie werden gekauft oder bedroht. Danach erfahren die Beamten nichts mehr.[103] Es gilt, was ein Clanmitglied sagte: »Die Polizei? Kann kommen, kann gehen, keiner hat was gesehen.«[104]

Inzwischen sind die Clans der Meinung, die Polizei könne sie nicht mehr besiegen, weil sie zu viele geworden seien; Demografie als Waffe scheint zu funktionieren.

Nach etlichen Gewaltexzessen der libanesischen Clans in Duisburg organisiert die Polizeiwache Süd am 28. Juli 2015 ein Geheimtreffen mit drei führenden Mitgliedern der »Familien-Union«, eines Vereins, der die Mhallami-Clans vertritt. Sie informieren den Leiter der Polizeiwache, dass die Polizei einen Krieg mit ihnen nicht gewinnen wird, weil sie zu viele sind. »Das würde auch für Gelsenkirchen gelten, wenn wir wollen.« Im vertraulichen polizeilichen Lagebericht wird diese Drohung ernst genommen. Auf die Ankündigung des Wachleiters, die Polizei werde mit mehr Kräften aufwarten, erwiderte der Pressesprecher der Familien-Union: Das Land habe eh kein Geld, so viele Polizisten einzusetzen, die Polizei würde unterliegen.[105]

Aus diesem Grund werden sie immer aggressiver. Ein bundesweit bekannt gewordener Fall mag das illustrieren: In Aerzen überfiel ein Mann mit einem Komplizen eine Tankstelle,[106] sie flüchteten mit der Beute, ein Zeuge notierte sich das Kennzeichen des Fluchtautos, wodurch die Polizei auf die Spur der beiden Männer kam und noch am selben Tag Mohammad S. (26) festnehmen konnte. Als der Streifenwagen mit dem Verdächtigen an der Wache ankam, wartete dort bereits sein Bruder Ibrahim (27) auf ihn, riss die Hintertür des Wagens auf und versuchte erfolglos, ihn herauszuziehen. Auch er wurde festgenommen. Als Mohammad am nächsten Tag der Haftrichterin im Amtsgericht Hameln vorgeführt wird, erfährt er, dass er gegen seine Erwartungen wegen Raubverdachts in Untersuchungshaft genommen werden soll, da er mit sechs Raubüberfällen ein Wiederholungstäter war. Er hatte gehofft, wie so oft auch diesmal gegen Kaution freigelassen zu werden. Zurück auf dem Gerichtsflur bittet er darum, mit seinem Anwalt unter vier Augen sprechen zu dürfen, die Polizisten halten Abstand. Plötzlich öffnet Mohammad das Fenster im siebten Stock, klettert hinaus und versucht, sich einen ein Meter breiten Schacht hinunterzuhangeln. Dabei stürzt er ab und wird lebensgefährlich verletzt.

All dies geschah vor den Augen der zum Teil aus anderen Bundesländern herbeigeeilten Angehörigen, es kam zu ersten Ausschreitungen. Der Mob attackierte die Polizei und die herbeieilenden Rettungskräfte, er folgte dem Krankentransporter bis zur Hamelner Klinik und randalierte weiter. Als Mohammad S. dort seinen Verletzungen erlag, arteten die Krawalle in Gewalt aus, vor allem gegen die Sicherheitskräfte. Die circa dreißig Clanmitglieder griffen die Polizei an, sie wollten die Klinik stürmen, um den Leichnam zu holen; vierundzwanzig Polizisten und sechs Unbeteiligte wurden durch Schläge, Tritte, Pfefferspray und Pflastersteine unterschiedlich schwer verletzt. Nach der ersten Auseinandersetzung versuchten kleinere Gruppen, durch Nebeneingänge doch noch in das Gebäude einzudringen. Die Polizei zog mehr als hundert Einsatzkräfte zusammen, um der Lage Herr zu werden. Die Mutter des Verstorbenen trieb mit aggressiven Schreien wie »Ich schlachte dich«, »Du bist tot« und »Hameln soll brennen« die Gruppe an, sie verbreitete außerdem die Behauptung, ihr Sohn sei von Beamten aus dem Fenster des Gerichts gestoßen worden.

Der Gewaltexzess in Hameln hatte bundesweit Entsetzen hervorgerufen. Hamelns Stadtrat sprach von hemmungsloser Gewalt gegen Polizei und Sanitäter. Der frühere Justizminister Hannovers, Christian Pfeiffer, oft und gern in den Medien vertreten, wiederholte, was er in dieser Angelegenheit bereits mehrfach gesagt hatte: »Die M(hallamiye)-Kurden akzeptieren unseren Rechtsstaat nicht, sondern leben nach den Gesetzen ihrer eigenen Paralleljustiz mit selbst ernannten Richtern. Sie stehen unserer Gesellschaft mit Ablehnung und großem Misstrauen gegenüber. Das muss uns schon Sorgen machen.«[107] Das Ausmaß der Ablehnung und der Verachtung der Staatsgewalt konnte nicht besser zur Schau gestellt werden als bei dieser Schlacht. Das war jedoch noch nicht alles, das Ende der Demütigung war erst zwei Jahre später im Gericht erreicht, vor dem die Mutter und fünf männliche Clanmitglieder wegen Beleidigung, Bedrohung, Körperverletzung, Landfriedensbruch und anderem angeklagt waren.

Als der Prozess im April 2017 in Hannover aufgenommen

wurde, stellte ein Kommentator die Kernfrage, die der Prozess zu klären hatte: Handelt es sich um einen entfesselten Mob, der von Rachsucht angetrieben ist und, weil jeglicher Respekt vor der Staatsgewalt fehlt, brandgefährlich ist? Oder geht es um eine Familie, die in ihrem bodenlosen Kummer nicht zurechnungsfähig gehandelt hat? Der Richter wollte, vermuten manche Kommentatoren, keine Vorurteile gegen ausländische Gruppen schüren. Er zeigte Verständnis für die Situation der Familie: Was der Bruder und die Mutter hätten erleben müssen, sei eine extreme Belastung gewesen, erklärte er, und setzte schon früh den Ton für den Ausgang des Prozesses. Der Verteidiger der Familie meinte, es werde auf eine Verständigung hinauslaufen. Wenn die Angeklagten geständig sind, müssen sie mit Haftstrafen von sechs bis zwölf Monaten rechnen – auf Bewährung. So kam es auch.

Ein Gutachter erklärte die Mutter angesichts des tragischen Ablebens ihres Sohnes nur für begrenzt verhandlungsfähig; auch beim Sohn Ibrahim stellte der Gutachter eine Ausnahmesituation und verminderte Schuldfähigkeit durch extreme emotionale Belastung fest. Der Prozess war schnell beendet. Im Vorfeld war ein Deal zwischen der Justiz und den Vertretern der Angeklagten ausgehandelt worden. Trotz der brutalen Eskalation kam ein Urteil auf Bewährung heraus, ohne die betroffenen Beamten zu Wort kommen zu lassen. Offensichtlich wollten die Beteiligten ein langwieriges Verfahren vermeiden; der Richter wies diesbezüglich auf den psychischen Zustand der Mutter hin: Für sie sei der Prozess eine besondere Belastung, zumal die Todesumstände ihres Sohnes sehr tragisch seien.

Bei der Polizei kam das Urteil nicht gut an. Der niedersächsische Landes- und stellvertretende Bundesvorsitzende der Gewerkschaft der Polizei (GdP) Dietmar Schilff sagte gegenüber *Focus Online*, dass vor allem die in Hameln eingesetzten Beamten »sehr überrascht und verärgert« seien. Sie seien nicht einmal für Aussagen vor Gericht geladen worden. Das gelte auch für den

Rest der Polizei: »Es erzeugt ein unwohles Bauchgrimmen und großes Kopfschütteln, denn alle Kräfte im Einsatz erwarten vom Staat Schutz und Unterstützung«, erklärte er. »Wenn wir diejenigen schützen wollen, die für unsere Sicherheit sorgen, muss klar sein: Wer Polizeibeamte angreift, greift den Staat an – und muss entsprechende Konsequenzen fürchten. Dabei ist es vollkommen egal, aus welchem Milieu die Täter stammen.« Ironischerweise hatte der Bundestag einen Monat vor dem Urteil einen Strafrechtsparagrafen zum verbesserten Schutz der Einsatzkräfte beschlossen: Schutz während jeder Diensthandlung und nicht wie früher nur während Vollstreckungshandlungen wie etwa Festnahmen. Schilff kommentierte: »Die Einführung des Paragraphen ist ein wichtiger Schritt in die richtige Richtung. Das funktioniert aber nur, wenn Gerichte das neue Recht auch anwenden. Sonst ist es ein Rohrkrepierer, und Gewalttäter nehmen es nicht ernst.«[108]

Der ausführlich dargestellte Fall zeigt exemplarisch das gestörte Verhältnis zwischen Polizei und Justiz. Die zwei wichtigsten Institutionen, die für ein friedliches und gerechtes Funktionieren unserer Gesellschaft verantwortlich sind, schaffen keine reibungslose Kooperation. Die Haftrichterin hatte richtig gehandelt und damit den Zorn des Clans ausgelöst, der Richter später hingegen fügte sich dem Zorn des Clans, er hat die Polizei gedemütigt und ihre Arbeit ignoriert; er machte sie lächerlich. Am schlimmsten aber ist seine Nichtbeachtung der Gesetze. Wenn ein Richter sich nicht nach dem Gesetz richtet, sondern seinem Gutmenschentum folgt, dann übt er den falschen Job aus und wäre als Pfarrer besser aufgehoben. Gerade solche Menschen, die vom Multikulti-Geist getrieben sind, vermitteln den Clans das Gefühl, sie könnten den Staat besiegen. Der Vorsitzende der Deutschen Polizeigewerkschaft Rainer Wendt beklagte 2016 die Auswirkungen dieser Haltung: »Wenn keine Untersuchungshaft angeordnet wird, keine Haftstrafen verhängt werden und keinerlei Abschiebungen erfolgen, kann die Polizei so viele Festnahmen durchführen, wie sie will, die Täter bleiben unbehelligt. Sie verachten unser Land und lachen über unsere Justiz.«[109]

Was die Arbeit der Polizei zusätzlich erschwert, ist der Stellenabbau. Zwischen 1998 und 2010 wurden über zehntausend Stellen gestrichen, die Hälfte in den rot-grün regierten Bundesländern Berlin (2905) und Nordrhein-Westfalen (3252).[110] Diese dramatische Aushöhlung unseres Rechtsstaates führt zu bizarren Vorkommnissen, wie Stephan Hegger, Sprecher der Gewerkschaft der Polizei, berichtete: Ein Clan-Oberhaupt unterbreitete angesichts der chronischen Unterbesetzung der Polizei ein zweifelhaftes Angebot – da die Polizei nicht genügend Personal habe, könne doch der Clan für Sicherheit auf den Straßen sorgen. Vorausgesetzt, die Polizei würde die Mitglieder ab sofort in Ruhe lassen.[111]

### Die Justiz

Die Ziele des Strafrechtes sind nicht nur Bestrafung, sondern auch Resozialisierung. Fast alle Gefangenen werden irgendwann entlassen und sollen im Zivilleben einen rechtschaffenen Lebenswandel führen können. Zusätzlich dazu sieht das Jugendgerichtsgesetz vor der Sanktionierung mit der Jugendstrafe eine ganze Reihe von pädagogischen Maßnahmen wie Erziehungsmaßregeln und »Zuchtmittel« (nach den Paragrafen 9 und 13 Jugendgerichtsgesetz) vor, die beabsichtigen, den auf den schiefen Weg geratenen Jugendlichen wieder in eine positive Persönlichkeitsentwicklung zu lenken. In den Vorstellungen der Clans findet dieser humane Ansatz des Rechtssystems keinen Platz. Manche Experten behaupten fälschlicherweise, die Clans würden das Rechtssystem nicht verstehen – das mag für die Frauen gelten, die von den Männern von Bildung und Freizügigkeit ferngehalten werden. Ich behaupte, sie haben vielmehr kein Verständnis für unser Rechtssystem. Recht bedeutet für sie Strafe und Ausgleich. Alles, was darüber hinaus als Lockerungsmaßnahmen gilt, betrachten sie als Straferlass und, noch schlimmer, als Zeichen der Schwäche: Der lächerliche Staat ist unfähig, hart durchzugreifen beziehungsweise Recht zu sprechen.

Die Strafmündigkeit im Libanon liegt bei zwölf Jahren, in Deutschland bei vierzehn. Die Clans setzen hierzulande strafunmündige Kinder zwischen acht und vierzehn Jahren ein, um die Justiz zu umgehen. Wenn Kinder verhaftet werden, holen sie einen Zettel mit einer Telefonnummer aus der Tasche, die angerufenen Eltern kommen und holen das Kind ab. Inzwischen haben wir unter den Kindern Intensivtäter – so wird eine Person bezeichnet, wenn sie mindestens zehn Straftaten jährlich begeht. »In Berlin zählen wir pro Jahr etwa 5100 Kinder zwischen zwölf und vierzehn Jahren, die Straftaten begehen. Schon unter den Acht- bis unter Zwölfjährigen sind es mehr als zweitausend. Knapp fünfzig Kinder gelten in Berlin bereits als Intensivtäter.«[112] In Bremen, wo Ende 2014 circa 3419 Mhallami lebten, zählte die Polizei dreiundvierzig tatverdächtige Kinder zwischen sieben und zwölf Jahren, 172 Jugendliche (14–18 Jahre), 113 Heranwachsende (18–21 Jahre), 208 junge Erwachsene (21–24 Jahre) und 434 Erwachsene über vierundzwanzig Jahre. Der Polizeibericht stellt fest: »Andererseits steigern sich jedoch die kriminellen Aktivitäten der Kinder und Jugendlichen von 2013 auf 2014 in nicht unerheblichem Maße.«

Mit vierzehn werden die Kinder strafmündig. Verurteilte erhalten Erziehungsmaßregeln wie etwa Freizeitarbeit in einer gemeinnützigen Einrichtung oder Teilnahme an einem sozialen Trainingskurs, das sind noch keine Strafen. Setzt der Jugendliche seine kriminelle Karriere fort, werden Zuchtmittel eingesetzt, das schärfste unter ihnen ist der Jugendarrest bis maximal vier Wochen. Die Zuchtmittel haben noch einen erzieherischen Charakter, bei Wiederholungen wird die erste Jugendstrafe fällig, in der Regel auf Bewährung. Danach kommt die feste Jugendstrafe, und der Jugendliche landet im Gefängnis. Bis es so weit kommt, ist die Person inzwischen heranwachsend und hat einen langen Weg hinter sich, weshalb die Clans und andere Araber meinen, dass die Jugendlichen in Deutschland nicht bestraft würden. Um diese Einschätzung zu unterstreichen, werden die Intensivtäter als Beweis herangezogen, die Hälfte von ihnen läuft immer noch frei herum, trotz eines Strafregisters mit fünfzig bis achtzig Straftaten. Das Gesetz hat keine abschreckende Wirkung.

Das Gesetz hat auch keine erzieherische Wirkung. In den Achtzigerjahren gab es wegen der Sprache noch keine geeigneten Einrichtungen für die richterlichen Erziehungsmaßregeln für Araber, deshalb bat man unser Projekt al-Muntada beim Diakonischen Werk e. V., einen sozialen Trainingskurs für die arabischen Jugendlichen einzurichten, was ich mit Hilfe der Jugendgerichtshilfe Neukölln auch tat. Ein sechzehnjähriger Mhallami, der den Kurs besuchte, wollte unbedingt wissen, wie viel Gehalt ich als Sozialarbeiter beziehe. Als er es erfuhr, brach er in Lachen aus, und sagte: »Du stehst den ganzen Monat hier für diese Summe, die verdiene ich innerhalb einer Woche.« Er war auf Spiegelreflexkameras spezialisiert. Da wir uns gut verstanden, hatte er Mitleid mit mir, beinah hätte er mir angeboten, in sein Geschäft einzusteigen. Mir wurde klar, dass ich auf Jugendliche wie ihn keinen pädagogischen Einfluss haben konnte; was ich ihm anzubieten versuchte, war äußerst unattraktiv: Er sollte erst die deutsche Sprache lernen, dann eine Ausbildung machen und schließlich arbeiten gehen, um vielleicht eines Tages das Geld zu verdienen, was er jetzt mit sechzehn Jahren bereits ohne diese ganze Mühe einstrich.

Im Bereich des Erwachsenenrechts wiegt der Versuch der Clans, den Rest an Effektivität bei der Justiz systematisch abzubauen, viel schwerer, da sie das Strafverfahren sabotieren und möglichst zu Fall bringen. Es beginnt mit den Zeugenaussagen direkt nach der Straftat, sie sind sehr wichtig, weil die Betroffenen noch affektiv aufgeladen sind und vor allem keine Zeit hatten, sich untereinander abzustimmen, um eine Story zu fabrizieren. Danach schalten sich die Familien und die Vermittler ein, manchmal ist es nur eine Frage von fünf bis zehn Minuten, bis diese eintreffen, dann herrscht Schweigen, und das Verfahren entgleitet den Händen der Behörden. Es landet im dunklen Kreis der Paralleljustiz. Diese wichtige Quelle der ersten Zeugenaussage wird im Gerichtsverfahren später vernichtet, die Zeugen revidieren ihre Aussagen, haben Erinnerungslücken, behaupten, ihre Aussage sei von der Polizei erpresst worden, oder machen von ihrem Auskunftsverweigerungsrecht (§ 55 StPO) Gebrauch, um angeblich sich selber nicht zu belasten. Das Ergebnis: eine hohe Freispruchquote. Deshalb wird die Forderung immer lauter, die Verhöre auf Video aufzunehmen. Diese Praxis hat sich bis heute nicht durchgesetzt, da diese Aufnahmen ohne Gesetzesgrundlage vor dem Gericht nicht als Beweis verwendet werden können.

Eine weitere Taktik ist die direkte Einschüchterung der Richter. Nach dem Urteil im »Ampelmord«-Prozess (2012) haben die Angehörigen des Verurteilten im Landgericht Hildesheim randaliert, sie beschimpften und bedrohten den Vorsitzenden Richter, der mit großem Polizeiaufgebot aus dem Gebäude gebracht werden musste. Weil sich die Situation auch vor dem Justizgebäude nicht beruhigte, rückte sogar eine Polizeihundertschaft an. Der Richter, der das Buch von Jugendrichterin Kirsten Heisig, »Das Ende der Geduld«, gelesen hatte und die Beschreibung der libanesischen Großfamilien zuvor übertrieben fand, wurde nun eines Besseren belehrt. Er hatte gerade die unangenehme Begegnung mit einer solchen Großfamilie erfahren und erlebt, was es heißt, den Rechtsstaat nicht zu akzeptieren, die Justiz zu verhöhnen und im Zeugenstand ständig zu lügen. Außerdem hatte er sich zuvor ein solches Ausmaß an Zeugeneinschüchterung nicht vorstellen können: In gut siebenunddreißig Jahren als Richter sei er noch nie von so vielen verängstigten Zeugen angerufen worden, die lieber nicht vor Gericht erscheinen wollten.[113]

Nicht alle Richter bleiben konsequent und verteidigen den Rechtsstaat, manche sorgen für seine Zerstörung, wie das folgende Beispiel zeigt: Unter dem Titel »Warum lässt sie sich das gefallen? Miri-Schläger beschimpft Richterin 9 Minuten lang« berichtet die *Bild* von einem Gerichtsverfahren in Bremen, in dem wegen Körperverletzung, Bedrohung und Beleidigung von Polizisten gegen ein Mitglied des Miri-Clans verhandelt wird. Mitten in der Verhandlung brüllen der Angeklagte und sein Bruder, der als Zeuge geladen war, die Richterin neun Minuten lang an. Die Reaktion der Richterin war unverständlich, die Bild kommentiert: »Anstatt für Ruhe zu sorgen, hört sich die Richterin das Gebrüll fast unberührt an. Nur zögerlich bittet sie den tobenden Angeklagten um Ruhe, nennt ihn dabei sogar beim Vornamen: ›Sami, Sami, es reicht.‹ Nach der Brüllorgie steht er auf, streckt dem Wachtmeister die Hände für die Handschellen entgegen, brüllt: ›Ich hab keinen Bock mehr auf den Mist.‹ Unfassbar: Der Angeklagte unterbricht den Prozesstag, lässt sich abführen. Die Richterin stimmt dem zu.« An vorangegangenen Prozesstagen wurden wie üblich Zeugen bedroht: »Ein Zeuge rannte in Panik die Treppe runter. Sogar im Haus dieser Justiz darf dieser Verbrecher-Clan schalten und walten, wie er will«, kommentierte die Zeitung.[114]

In einem weiteren Beispiel wird der Rechtsstaat einfach gelöscht, so dass sich die Richterin die Frage der *Bild* gefallen lassen muss: »Warum kuschen Sie vor den Miris, Frau Richterin?«[115] In diesem Fall wurde ein mehrfach vorbestraftes Ganoven-Pärchen aus dem Miri-Clan angeklagt. Der Mann hatte neunzehn Vorstrafen, seine Frau sechs, die Anklage lautete diesmal auf Hehlerei und Körperverletzung. Die Staatsanwaltschaft forderte für beide Täter je sechs Monate Haft. Die Richterin ließ Milde walten und verurteilte beide zu Geldstrafen. In ihrer Begründung sagte sie: »Ich habe lange darüber nachgedacht, Freiheitsstrafen zu verhängen. Herr Miri ist wegen gefährlicher Körperverletzung, schweren Diebstahls, Hehlerei, Unterschlagung, Drogenhandels und erpresserischen Menschenraubs vorbestraft. Er hatte mit vierzehn bereits drei Verurteilungen und dann einige Bewährungsstrafen. Aber aus Gründen, die in seiner Person liegen, halte ich eine Freiheitsstrafe nicht für zwingend erforderlich.« Man fragt sich, was man noch alles tun muss, um eingesperrt zu werden.

Dass die Justiz doch funktionieren kann, hat der damalige Vorsitzende des Schwurgerichts I beim Landgericht Bremen Klaus-Dieter Schromek unter Beweis gestellt.[116] Ausgehend davon, dass viele Richter das Phänomen der Paralleljustiz nicht ernst nehmen, verlangt er von ihnen, unnachgiebiger zu verhandeln, was er selber demonstrierte: Aus einer blutigen Massenschlägerei mit fünfzehn bis zwanzig Personen hatte er es geschafft, zwei Haupttäter zu isolieren und zu bestrafen. Beinah alle Zeugenaussagen beim Ermittlungsverfahren, die die zwei Täter erheblich belasteten, wurden zurückgenommen oder relativiert. Indizien deuteten darauf hin, dass eine Vereinbarung zwischen den Familien stattgefunden hatte, und die Verteidiger wurden verdächtigt, die Entlastungszeugen präpariert zu haben. Mit einer intensiven Kleinarbeit hat das Gericht die Aussagen rekonstruiert, die Einflussnahme im Hintergrund auf das Verfahren vereitelt und die Wahrheit herausgefunden. Der Publizist Joachim Wagner schreibt: »Unter den analysierten Strafverfahren, hinter deren Kulissen sich mutmaßlich oder tatsächlich Tatverdächtige, Opfer und Zeugen verständigt haben, gibt es kein anderes Gericht, das auch nur entfernt so viel Zeit und Arbeit aufgewandt hat, um den Strafanspruch des Rechtsstaates gegen die islamische Schattenjustiz durchzusetzen.«[117] Zwei Jahre hat das Verfahren gedauert, währenddessen wurde der Richter bedroht und unter Polizeischutz gestellt.

Zusätzlich zu diesem Aufwand werden Polizisten für die Sicherung des Gerichtsverfahrens mobilisiert, die an anderen Stellen fehlen. Selbst das Verfahren wird dadurch stark belastet, weil es in der Regel, wie das Beispiel zeigt, von gemeinschaftlichen Taten handelt. Die Hauptwaffe der Clans ist auch hier die Rudelbildung: Wenn eine Polizeistreife beim Schreiben eines Strafzettels von zwanzig, dreißig Männern umringt, geschubst und beschimpft wird, ist die Beweisführung fast unmöglich, gegen die Aussagen der Polizeibeamten steht das Zeugnis der Gesamtgruppe, deren Mitglieder sich gegenseitig entlasten. Daher die Bedeutung der Zulassung von Body Cams. Wegen des Aufwands der Beweisführung werden diese Fälle eingestellt.

Eingestellt werden auch die Fälle im Jugendverfahren, die erst nach zwei, drei Jahren zur Verhandlung vor Gericht kommen. Die Beweisführung für das ganze Rudel ist nach so viel Zeit schlicht unmöglich. In den Gegenden, die von den Mhallami bewohnt sind, fehlt es den Strafgerichten an Richtern, um langjährige und gründliche Verfahren zu führen. In der Sendung *Frontal 21* vom 13. März 2018 wurde berichtet, dass 1948 Stellen von Richtern und Staatsanwälten bundesweit fehlen, dafür ist die Politik verantwortlich. Die Personaldecke ist an vielen Gerichten so dünn, dass krankheitsbedingte Ausfälle nicht aufgefangen werden können. Die Präsidentin des Landgerichts Cottbus, Ramona Pisal, kommentiert: »Kaputt gespart zu werden ist auch ein Ausdruck mangelnder Wertschätzung für das System im Ganzen, daraus spricht schon eine gewisse Missachtung der Justiz und der Gerichtsbarkeit.« Mindestens in diesem Punkt der Missachtung der Justiz sind sich Politik und Clans einig. Aus all diesen Gründen haben die Mhallami den Eindruck, sie werden nicht bestraft, viel schlimmer ist allerdings der Fakt, dass die Bürger in der Tat nicht mehr ausreichend beschützt sind.

Ebenfalls im Dienst der Sabotage des Strafverfahrens ist wie erwähnt der massive Einsatz von Gewalt gegen Zeugen und Opfer. Zeugen, die sich nicht an die Abmachungen der Paralleljustiz halten oder die von vorneherein beabsichtigen, vor Gericht auszusagen, werden bedroht und auch körperlich misshandelt, damit sie ihre Aussage revidieren. Den Opfern wird eventuell eine Entschädigung angeboten, in allen Fällen müssen auch sie unter Androhung von Gewalt ihre Anzeige zurücknehmen. Auf diese Weise werden Strafverfahren eingestellt. Wenn das Verfahren trotzdem weitergeführt wird, schrecken die Clans, wie beschrieben, nicht davor zurück, die Richter zu bedrohen. Das passiert aber selten, weil die Richter sich genau überlegen, ob sie es so weit kommen lassen. Die meisten haben sich an diese Zustände gewöhnt und fragen nicht einmal danach, was unter der Falschaussage und der Rücknahme der Anzeige steckt, sie erwägen nicht einmal die Existenz einer Paralleljustiz. Der ehemalige Leiter der Abteilung organisierte Kriminalität bei der Staatsanwaltschaft Bremen Jörg Hauschild, schätzt, »dass in über 90 Prozent aller Strafverfahren mit Tätern und Opfern aus dem muslimischen Kulturkreis die Schlichtungen nicht bekannt werden.«[118] Außerdem sparen sich viele Richter, sei es aus Überlastung oder aus Desinteresse, viel Arbeit, wenn das Verfahren durch Freispruch oder Einstellung erledigt ist. Diese Art von Paralleljustiz funktioniert, wenn Täter und Opfer zum selben kulturellen Milieu mit denselben sozialen Strukturen gehören. Mit den einzelnen Deutschen sieht es anders aus, die Lösung des Konflikts wird dann einfach diktiert und mit Gewalt durchgesetzt, es sei denn, man hat es mit Rockern zu tun, die ebenfalls als Bande auftreten. Dann wird verhandelt oder gekämpft.

Wenn es trotz alledem zu einem Gerichtsverfahren kommt, sind die Clans in der Lage, die besten Anwälte zu engagieren und zu bezahlen. Einmal bat mich ein Mhallami, ihn zu seinem Anwalt zu begleiten – das war etwas, das ich selten tat. Ich war aber wegen des Namens des Anwalts neugierig geworden und willigte ein. Die Kanzlei war angesehen und teuer, und der Anwalt war, wie ich vermutet hatte, der Enkel des Begründers der Islamwissenschaft in Deutschland, des preußischen Kultusministers Carl Heinrich Becker. Mir als Islamwissenschaftler verursachte das ein unangenehmes Gefühl, obwohl mir natürlich klar war, dass guter rechtlicher Beistand jedem zusteht. Mit einem guten Anwalt erhöhen sich die Gewinnchancen schlagartig. Nicht selten verhandeln Anwälte an Gesetz und Polizei vorbei einen Deal mit dem Gericht aus. Manche Anwälte allerdings sollen die rechtlichen Grenzen überschreiten und im Dienst der kriminellen Handlungen stehen, indem sie etwa die Akteneinsicht dazu nutzen, um die Daten der Zeugen an die Clans weiterzugeben. Das erlaubt denen, die Zeugen ausfindig zu machen und zu erpressen. Oder aber die Anwälte zeigen ihnen die legalen Tricks, um das Verfahren zu lähmen.

Wie hörig manche Anwälte sind, habe ich selber erlebt. Ende der Neunzigerjahre wollten Libanesen in Berlin eine Vertretung für die Libanesen gründen, Treffen und Besprechungen fanden statt, ich sollte den Verein leiten. Der Handlanger eines mächtigen Clans rief mich an und lud mich zum Essen ein, ich dachte sofort, die Clans wollen wissen, was genau wir vorhaben und ob es etwas zu holen gibt. Im Restaurant zog mein Gastgeber ein Bündel gerollter Banknoten mit der Bemerkung aus der Tasche, die Bank habe leider schon geschlossen, die 80 000 DM könne er erst morgen hinbringen. Ein linkischer Einschüchterungsversuch, der Mann wollte mich beeindrucken. Nach dem Gespräch war klar, dass wir keine Bedrohung darstellen und es bei uns nichts zu holen geben würde. Er sagte, er müsse seinen Anwalt anrufen, und bestellte ihn zu uns, das war nach acht Uhr abends. Der Anwalt verhielt sich auffällig unterwürfig, der Umgang meines Gastgebers mit ihm war entwürdigend. Ich bin sicher, dass er ziemlich viel Geld von den Clans erhalten musste, um sich auf diese erniedrigende Art behandeln zu lassen.

Die Defizite der Rechtsprechung sind nicht gesetzlicher Natur, man kann mit den vorhandenen Gesetzen, so der Wille vorhanden ist, die Clans durchaus unter Kontrolle bringen. Was die Waffe der Justiz stumpf macht, ist neben der Furcht vor Repressalien und dem Desinteresse an einer konsequenten Rechtsverfolgung der Straftat hauptsächlich die Multikulti-Ideologie. Die Richter sind nicht weisungsgebunden, sie können also nicht wie die Polizei durch die Politik behindert werden. Bis tief in die Achtzigerjahre hinein wollten viele Richter in strafrechtlichen Verfahren, in die Ausländer verwickelt waren, ein Exempel statuieren und sie zum höchstzulässigen Strafmaß verurteilen; die Kirchen und die sozialen Verbände haben ständig dagegen protestiert. Mit dem Einzug von Multikulti änderte sich die Stimmung bei den Richtern, sie zeigten immer mehr Verständnis für die Benachteiligung der Ausländer, und die Urteile wurden immer milder. Diese Haltung hat sich eingebürgert und ist Standard geworden, deshalb sehen wir Unmengen von Intensivtätern und Wiederholungstätern frei herumlaufen. Unmengen deswegen, weil eigentlich kein einziger hätte entkommen dürfen.

## Jugendamt und Schule

Die Jugendämter ergänzen die Arbeit der Justiz, weil die Jugendrichter für ihre Urteilsfindung auf die soziale Prognose der Jugendhilfe angewiesen sind. Die Zusammenarbeit der Sozialarbeiter mit den Eltern ist allgemein von großer Bedeutung, vor allem wenn man es mit patriarchalisch organisierten Familien zu tun hat, in denen der Vater große Autorität besitzt. Das Problem der autoritären Erziehung mit körperlicher Züchtigung in diesen Familien ist bekannt. Ich hatte den Extremfall eines Jugendlichen, der sich in die leere Badewanne legen musste, damit sein blinder Vater ihn bei der Bestrafung mit seinem Gürtel treffen konnte. Wenn die Familien etwas zu verbergen haben, dann haben sie allen Grund, sich von den Jugendämtern abzuschotten, niemand darf erfahren, was genau bei ihnen abläuft. Früher waren Hausbesuche die Regel, und alle Beteiligten profitierten davon. Aber mit anwachsendem kriminellen Geschäft waren die Familien weniger auf die Hilfe der Sozialarbeiter angewiesen und befürchteten zu Recht, dass die Jugendämter ihnen ihre kriminellen Kinder entziehen würden. Mitte der Neunzigerjahre wollten Sozialarbeiter eines Jugendfreizeitheims in Berlin-Neukölln, das nur von Arabern besucht war, von mir wissen, ob die Haltung ihres arabischen Mitarbeiters – ein Ägypter, der als Sprachmittler dort arbeitete und sich weigerte, Hausbesuche zu machen oder zu begleiten – angemessen sei. Seine Begründung lautete: In der arabischen Kultur dürfe man die Privatsphäre nicht verletzen. Das war vollkommener Unfug, und ich vermutete, dass er sich dem Willen der Jugendlichen aus Angst gefügt hatte und sie die Kollegen weiter terrorisieren ließ. Die Sozialarbeiterinnen mussten Beschimpfungen und sexistische Erniedrigungen über sich ergehen lassen und hilflos zusehen, wie die Einrichtung immer wieder demoliert wurde.

Man könnte denken, die Jugendlichen hätten gefürchtet, ihre Eltern würden ihre Missetaten missbilligen, aber das stimmt nicht. Die Eltern zeigten kein Interesse für die Einrichtung, weil sie ihnen nichts brachte; ihr pädagogischer Nutzen war und ist ihren Vorstellungen fremd, daher bemühen sie sich nicht um ihren Erhalt – ob sie existiert oder nicht, ist ihnen im Grunde genommen egal. Diese Interesselosigkeit den sozialen Einrichtungen gegenüber gilt allerdings nicht für die Jugendämter, gegen deren Einmischung sie sich zu wehren versuchen. Wie schon gesagt, haben die Familien große Angst, ihre Kinder zu verlieren, aber vor allem wollen sie nicht, dass jemand hinter die Kulissen schauen kann. Tatsächlich haben sie viel zu verbergen, nicht zuletzt, weil sie unser Erziehungssystem ablehnen und ihre eigene, kriminell ausgerichtete Erziehung betreiben.

Mit den Schulen ist es ganz ähnlich, eine Zusammenarbeit

zwischen Schule und Elternhaus existiert nicht. In unserem Erziehungssystem ist die Erziehung eine gemeinsame Aufgabe von Schule und Familie, sie kooperieren und ergänzen sich. In der islamischen Parallelgesellschaft arbeiten Schule und Familie gegeneinander, mit ganz gegensätzlichen Konzepten. Die Familie versucht, ihre islamischen Werte, insbesondere die Geschlechtertrennung, durchzusetzen. Die Schulen werden von den Familien mit Gerichtsverfahren drangsaliert, in denen es um die Teilnahme der Mädchen an Klassenfahrten, Schwimm- und Sportunterricht geht. Dazu kommt die Verweigerung von Sexualkunde, das ganztägige Fasten der Kinder unter zwölf Jahren im Monat Ramadan, die Weigerung, der Lehrerin bei der Begrüßung die Hand zu geben, sogar die Ablehnung mancher Schüler, von Frauen geprüft zu werden, und andere Bizarrerien. Die Familien versuchen, eine fragwürdige islamische Sittlichkeit, basierend auf dem minderwertigen Status der Frau, durchzusetzen. Da sie nicht an den Dialog glauben, erscheinen sie auch bei den Elternabenden nicht. Ihre Weigerung, mit der Schule zu kooperieren, versuchen sie mit Hilfe der Justiz zu kompensieren, sie wollen ihren Standpunkt erzwingen, was nicht selten gelingt.

An all diesen Strukturen und Aktionen sind die Clans beteiligt, sie gehen aber sogar einen Schritt weiter. Aufgrund ihrer kriminellen Tätigkeiten wollen sie sich auch von den Schulen abschotten, es ist fast unmöglich für einen Lehrer, einen Hausbesuch abzustatten. Wegen der verbreiteten Sitte, minderjährige Mädchen früh zu verheiraten, müssen diese die Schule früh verlassen und verletzen damit die Schulpflicht – unter diesen Bedingungen ist es verständlich, dass sie sich nicht auf Frage und Antwort einlassen möchten. Die Leiterin einer Grundschule in Berlin-Neukölln, deren Schüler größtenteils aus arabischen Familien kommen, meinte: »Es ist anders als früher. Da haben die Kinder noch von zu Hause erzählt. Heute tun sie das gar nicht mehr. Sie sind darauf gedrillt, ja nichts von daheim zu offenbaren.«[119]

Die Schule als bedeutende Institution für die Integration verliert an manchen Orten ihre Funktion. Am 28.02.2006 kapitulierte zum ersten Mal eine Schule in Deutschland; die Rütli-Hauptschule in Berlin-Neukölln sendete einen Hilferuf. In seinem Brief an den Bildungssenator schreibt das Kollegium, dass es »ratlos« sei, und verlangt die Auflösung der Schule. Da der Brief die Situation so exemplarisch verdeutlicht, hier einige Auszüge daraus:

Der Anteil der Schüler/innen mit arabischem Migrationshintergrund ist inzwischen am höchsten. Er beträgt zurzeit 34,9 %, gefolgt von 26,1 Prozent mit türkischem Migrationshintergrund. ... Wir müssen feststellen, dass die Stimmung in einigen Klassen zurzeit geprägt ist von Aggressivität, Respektlosigkeit und Ignoranz uns Erwachsenen gegenüber. ... Die Gewaltbereitschaft gegen Sachen wächst: Türen werden eingetreten, Papierkörbe als Fußbälle missbraucht, Knallkörper gezündet und Bilderrahmen von den Flurwänden gerissen. Werden Schüler/innen zur Rede gestellt, schützen sie sich gegenseitig. Täter können in den wenigsten Fällen ermittelt werden. ... In vielen Klassen ist das Verhalten im Unterricht geprägt durch totale Ablehnung des Unterrichtsstoffes und menschenverachtendes Auftreten. Lehrkräfte werden gar nicht wahrgenommen, Gegenstände fliegen zielgerichtet gegen Lehrkräfte durch die Klassen, Anweisungen werden ignoriert. Einige Kollegen/innen gehen nur noch mit dem Handy in bestimmte Klassen, damit sie über Funk Hilfe holen können. ... Auch von den Eltern bekamen wir bisher wenig Unterstützung in unserem Bemühen, Normen und Regeln durchzusetzen. Termine werden nicht wahrgenommen, Telefonate scheitern am mangelnden Sprachverständnis. ... Schule ist für sie auch Schauplatz und Machtkampf um Anerkennung. Der Intensivtäter wird zum Vorbild. Es gibt für sie in der Schule keine positiven Vorbilder. Sie sind unter sich und lernen Jugendliche, die anders leben, gar nicht kennen. Hauptschule isoliert sie, sie fühlen sich ausgesondert und benehmen sich entsprechend. ... Perspektivisch muss die Hauptschule in dieser

Zusammensetzung aufgelöst werden zugunsten einer neuen Schulform mit gänzlich neuer Zusammensetzung.[120]

Zwei Monate nach der Rütli-Schule hat auch die Plievier-Hauptschule im Berliner Wedding einen Hilferuf an den Senat gesandt, das Echo war beschränkt, der Sensationseffekt verbraucht. 2009 haben achtundsechzig Schulen ähnliche Briefe an den Schulsenator geschickt,[121] sie blieben von der Öffentlichkeit unbemerkt.

Der Rütli-Brandbrief erschreckte die Nation jedoch, für die Schule war das die Rettung: Sie erhielt von überall Unterstützung. 2007 startete das Modellprojekt Campus Rütli. Die Rütli-Schule wurde im Schuljahr 2008/09 mit der Heinrich-Heine-Realschule und der Franz-Schubert-Grundschule zur Gemeinschaftsschule zusammengeschlossen. Das Kollegium wurde jünger, türkisch- und arabischsprachige Sozialpädagogen wurden eingestellt. Am wichtigsten waren die Umbauarbeiten und die Ausstattung, die aus der Einrichtung mehr als eine normale Schule machten und ihren schlechten Ruf vergessen ließen. Rund um das Schulgelände entstand bis 2017 der Campus Rütli, mit Kitas, Jugendzentrum, Quartierssporthalle und Beratungs- und Lernzentrum. Auch der Kinder- und Jugendgesundheitsdienst kommt dort unter. Mindestens 32 Millionen Euro hat das insgesamt gekostet. Das öffentlichkeitswirksame Engagement mehrerer Stiftungen, darunter der Stiftung Zukunft Berlin von Christina Rau, Witwe des früheren Bundespräsidenten Johannes Rau, sorgt dabei an umliegenden Schulen mitunter für Neidgefühle.[122]

Diese vereinzelte Erfolgsgeschichte hat die Probleme des Bezirks nicht gelöst, weiterhin herrscht Gewalt an den Schulen. Der Migrationsbeauftragte für Neukölln Arnold Mengelkoch beschrieb das Phänomen 2013 in der ARD-Sendung »Fakt Extra« als ein Problem, das überwiegend mit den Mhallami bestehe. Wenn eines von deren Kindern Streit mit seinem Mitschüler habe, dann rufe es mit dem Handy seine älteren Geschwister, die prompt in der Schule erschienen. Sie schlügen die Schüler, das Lehrpersonal, die Rektoren zusammen[123] und demolierten die Klassenräume. 2007 hatte diese schulfremde Gewalt ein beängstigendes Ausmaß erreicht, so dass das Bezirksamt einen privaten Wachschutz engagieren musste. 2011 stehen sechzehn Schulen unter Wachschutz, Kostenpunkt: 750 000 Euro.[124] Bis heute hat man diese Art von Gewalt nicht in den Griff bekommen.

Befragt nach dem Erfolg des Rütli-Campus 2017, betont Heinz Buschkowsky die Bedeutung des pädagogischen Dreiecks Schule, Elternhaus und Schüler. Wenn ein Element nicht funktioniert, dann bleibt der Erfolg aus. »In diesen Gebieten haben sie natürlich einen ganzen Sack voll Eltern, die keine sozialen Kompetenzen mitbringen und denen, ehrlich gesagt, scheißegal ist, was aus ihren Kindern wird.«[125]

### Der Multikulturalismus

Selbst wenn man es nicht wahrhaben möchte und glaubt, als Multikulturalist *politically correct* zu handeln und auf der Seite der Guten zu stehen, stellt die Ideologie des Multikulturalismus den Hauptgrund für die Lähmung unseres Rechtsstaates und der Desintegration von Migranten dar. Wie schon einleitend erwähnt, verwechseln viele Multikulturalität und Multikulturalismus, Ersteres ist wie gesagt eine empirische Feststellung, Letzteres gehört zur politischen Philosophie und kennzeichnet eine Philosophie der Anerkennung. Der Multikulturalismus will jedoch nicht nur den Rassismus und die Diskriminierung durch den Nationalstaat bekämpfen,[126] er richtet sich auch gegen Kolonialismus und Assimilationismus des weißen Mannes; dass Rassismus überall verbreitet war, hat er übrigens gern übersehen. Er konzentrierte sich auf den Westen und wollte die Minderheiten, sowohl autochthone als auch eingewanderte, beschützen.

Interessant ist, dass sich gerade aus einer Politik, die tendenziell auf die Abschaffung der Unterschiede zielte, eine Politik der Anerkennung der Differenz entwickelte. In den Sechzigerjahren wollte man durch geeignete Förderung – wie etwa die »*affirmative action*« – in den USA benachteiligten ethnischen Gruppen die Voraussetzung dafür schaffen, ihre Chancengleichheit in einer liberalen demokratischen Staatsordnung wahrzunehmen. Daraus resultierte eine Politik, die zur Desintegration oder mindestens zur Erhaltung von desintegrativen Aspekten führte. Der Multikulturalismus, der dieser Politik als Ideologie zugrunde liegt, möchte eine gesellschaftliche Integration mit Beibehaltung der Unterschiede in ihrer ganzen Bandbreite realisieren. Aus dieser Sicht stellt nicht Selbsterhaltung durch Aneignung materieller und geistiger Güter die treibende existenzielle Kraft beim Menschen dar, sondern die Verwirklichung der eigenen kulturellen Identität. Daher wird die gesellschaftliche Auseinandersetzung durch den Kampf um Anerkennung und nicht mehr durch den Kampf um die materiellen Lebensbedingungen charakterisiert. Kultur ersetzt Klasse. Viele denken, dass Multikulti eine linke Politik bedeutet, das ist falsch. Diese Ideologie hat mit »links« nichts zu tun. Wer in den letzten Jahren eine Multikulti-Politik betrieben hat, das war die Bundeskanzlerin Merkel, sie gehört bekanntlich der CDU an.

In ihrem Kampf gegen den deutschen Ethnonationalismus erzielten die Multikulturalisten einen Etappensieg und zwangen die meisten Parteien, die Mär von »Integration ja! Assimilation nein« auf ihre Fahne zu schreiben. Ein Spruch, den Präsident Erdogan übernahm und zuspitzte, als er in einer Wahlrede in Deutschland sagte, dass die Assimilation der Türken in Deutschland ein »Verbrechen gegen die Menschlichkeit« sei. Für die Soziologen bedeutet Integration in einer modernen, funktional differenzierten Gesellschaft die Beteiligung an ihren Funktionssystemen. Je mehr Funktionen beansprucht werden, umso größer ist die Integration, sie führt am Ende zur Assimilation. Jede gelungene Integration tendiert zur Assimilation, beide Begriffe sind nicht gegensätzlich, sondern ergänzen sich. Trotzdem hat die Mär bis heute überlebt.

Multikulti hat ohne Zweifel zu mehr Akzeptanz der Migranten geführt und zu einer Öffnung der deutschen Gesellschaft. Allerdings zu einer Zeit, in der Muslime damit beschäftigt waren, ihre auf der islamischen Identität basierende Parallelgesellschaft aufzubauen. Auf deutscher Seite wollte man andere Kulturen akzeptieren, ohne vorher die Haltung zur eigenen Kultur und Identität geklärt zu haben. Schon Anfang der Neunzigerjahre fand eine Kulturdebatte statt, Heiner Geißler setzte sich für Multikulti ein, Wolfgang Schäuble hingegen plädierte für einen Verfassungspatriotismus, beide waren, nebenbei bemerkt, ebenfalls CDU-Mitglieder. Schäuble hatte jedoch mit seinem Vorschlag keinen Erfolg, vor allem bei den Muslimen stieß er auf harte Ablehnung. Eine in der Gleichheit aller Individuen verkörperte Gemeinsamkeit, garantiert durch die Verfassung, war nicht anvisiert, es ging allein um die Gleichheit der Kulturen. Selbst an diese Zielsetzung haben sich die Multikulturalisten nur einseitig gehalten. Während sie die islamische Identität und die islamische Lebensweise feierten und das Zeigen des Gesichts des Islam in der Öffentlichkeit als große integrative Errungenschaft hochhielten, arbeiteten sie an der Demontage ihrer eigenen Identität weiter und erwiesen sich als der Hauptfeind ihrer eigenen Kultur.

Zu den Schuldgefühlen wegen des Nationalsozialismus haben sie die Schuldgefühle wegen angeblicher schlechter Behandlung der Ausländer durch die misslungene Ausländerpolitik hinzugefügt. Der Deutsche war nun von seinem schlechten Gewissen erdrückt und durfte sich nicht einmal zu sich selber bekennen. 1993 startete die damalige Ausländerbeauftragte Berlins Barbara John eine kulturelle Kampagne unter dem Motto: »Was ist Deutsch?« Auf Großflächenplakaten, Baumwollbeuteln und Postern war die Antwort zu lesen. Sie bestand aus circa dreihundert Stichwörtern, die alles und nichts bedeuteten und in alle Gesellschaften passten. Identität wurde pulverisiert, eine deutsche Identität gibt es nicht, war die Botschaft. Eine langlebige Botschaft, denn noch vierundzwanzig Jahre später schreibt die Ex-Integrationsbeauftragte des Bundes Aydan Özoğuz, wie erwähnt: »Eine spezifisch deutsche Kultur ist, jenseits der Sprache, schlicht nicht identifizierbar.« Die Deutschen, die man zu virtuellen Wesen macht, dürfen ihr nationales Gesicht nicht zeigen, sie dürfen auch nicht auf die positiven Aspekte ihrer Geschichte und ihrer Kultur stolz sein. Erwartet waren, wie Bassam Tibi es ausdrückt, Selbstverleugnung und Selbstaufgabe. Erlaubt, wie ich es ausdrücke, war nur die Scham. Und das war fatal für die Integration, weil die Migranten sich damit nicht identifizieren konnten, sie waren, wie übrigens alle Menschen in der Welt, auf das, was sie sind, stolz.

Sie wären auch stolz darauf gewesen, zu einem Gemeinwesen zu gehören, dessen Vergangenheit und Gegenwart so viele großartige Leistungen hervorgebracht hat. Sie wären dann eher bereit gewesen, mehr Verständnis für die dunklen Flecken in der modernen deutschen Geschichte zu zeigen und ihre Konsequenzen mitzutragen, wie etwa die besondere Verantwortung für das Existenzrecht des Staates Israel. Stattdessen grassiert unter den Arabern ein aggressiver Antisemitismus, und die türkischen Migranten werden gegen die Armenienresolution des Bundestages mobilisiert. Unser Gemeinwesen wird einfach als identitätslos verachtet.

Nicht nur die Multikulturalisten haben den Islamisten geholfen, sondern auch die Kirchen, mit den islamischen Organisationen hatten sie Partner für ihren interreligiösen Dialog gefunden. Ihnen erging es wie den Multikulturalisten. Sie haben sich redlich um den Dialog bemüht, sogar eine Theologie des Dialogs entwickelt. Sie sind auf die Muslime zugegangen und haben diskutiert, ob Mohammed ein Prophet sei, manche gingen so weit, von Jesus als Gesandten neben Moses und Mohammed zu sprechen, christliche Glaubensgrundsätze wurden verwässert. Nach dreißig Jahren interreligiösen Dialogs haben sich die islamischen Verbände keinen Millimeter bewegt, sie glauben jedenfalls fest daran, dass die Juden die göttliche Offenbarung verfälscht und die Christen sie missverstanden haben. Sie als Einzige hätten die wahre Religion erhalten. Der Dialog dient ihnen nur zur Werbung für den eigenen Glauben.

## Desintegration und Unterwanderung

Während sich die Multikulturalisten in ihrer Selbstaufgabe überboten haben, setzten die islamischen Verbände ihre Politik mit einer klaren Verschiebung der Akzente fort. Sie leiteten den Übergang ein von einer Abwehrhaltung, die die Muslime vor den Gefahren einer offenen, liberalen Gesellschaft schützen wollte, hin zu einer offensiven Haltung, die der islamischen Lebensweise im Gastland mehr Raum verschaffen will. In den Siebzigerjahren forderten die säkularen Organisationen eine rechtliche Gleichstellung unter Bewahrung der eigenen Kultur – mit Kultur meinten sie den türkischen Ethnonationalismus. Die islamischen Organisationen dagegen wollten die Muslime vor den Gefahren der Moderne beschützen und lehnten jede Integration ab; der Aufenthalt der Muslime bei den »Ungläubigen« sei vorübergehender Natur, eine Niederlassung käme nicht in Frage, bis zur Rückkehr in die Heimat sei ein Rückzug in die Gemeinschaft erforderlich, um die Auswirkungen der modernen Gesellschaft abzuwehren.

Diese abwehrende Haltung änderte sich mit der Anerkennung und der Einladung zu partizipieren. Der Slogan »Integration durch Partizipation« erwies sich allerdings als große Illusion. Wie schon gesagt, bedeutet die Integration die Beteiligung an den Funktionssystemen einer funktional differenzierten Gesellschaft, diese Partizipation erfolgt aber nicht willkürlich, jedes Funktionssystem hat seine Beteiligungskriterien und Voraussetzungen – in der Justiz kann man nicht Recht sprechen ohne juristische Ausbildung, und in der Wirtschaft kann man nicht Unternehmer werden ohne Kapital. Über die Funktion von spezifischen Kriterien hinaus bildet die Chancengleichheit die Grundvoraussetzung für die Beteiligung an allen Systemen. Wenn bestimmte Gruppen aus welchem Grund auch immer bevorzugt werden, dann fällt das demokratische System auseinander, Vetternwirtschaft und Korruption stellen die größte Bedrohung für die demokratische Entwicklung weltweit dar. Chancengleichheit impliziert allerdings die Gleichheit aller Menschen, verkörpert in den Menschenrechten.

Die traditionellen Muslime und die Islamisten bekennen sich nicht zu den Menschenrechten. In allen islamischen Menschenrechtserklärungen werden bis heute die Menschenrechte nur im Rahmen der Scharia anerkannt, die Scharia aber kennt keine Gleichheit zwischen den Menschen. Sie basiert vielmehr auf einem System der Ungleichheit, zuerst zwischen gläubigen Muslimen und «Ungläubigen», zweitens zwischen Muslimen und »Buchbesitzern« beziehungsweise Juden und Christen, drittens zwischen Mann und Frau und viertens zwischen Freien und Sklaven; das letzte Thema wird in den Rechtsbüchern übrigens immer noch behandelt, ohne Rücksicht auf die Abschaffung der Sklaverei. Dies alles hat die Multikulturalisten nicht interessiert, für sie sind alle Kulturen und alle Religionen gleichwertig.

Um die Partizipation der Muslime zu fördern, haben die Multikulturalisten einfach nicht mehr nach den Aufnahmekriterien gefragt, im Gegenteil. Sie haben aktiv daran gearbeitet, die Kriterien abzubauen, womit sie die Unterwanderung unseres Staates erleichtern und unsere Demokratie in Gefahr bringen, wie das Beispiel aus Berlin zeigt: Die regierende Multikulti-Koalition in Berlin aus SPD, Grünen und der Linken hat die Polizeischule reformiert und sie in eine Polizeiakademie umgewandelt. Um die Aufnahme von Bürgern mit Migrationshintergrund zu erleichtern, haben sie die Aufnahmekriterien abgeschwächt. Eine Beteiligung der Migranten war immer erwünscht, aber selten realisiert worden wegen der Aufnahmekriterien, die zu Recht streng waren, weil die Polizisten die Staatsgewalt repräsentieren, bewaffnet sind und Zugang zu Sicherheitsbereichen haben, die die Allgemeinheit schützen sollen. Mit den falschen Personen ist die Sicherheitsgefährdung enorm.

Das Ergebnis: 43 Prozent der 2017 Aufgenommenen hatten einen Migrationshintergrund, 2018 ist ihr Anteil mit 45 Prozent noch höher und doppelt so groß wie in der Bevölkerung (23 Prozent). Es entstanden Probleme mit Pünktlichkeit, Disziplin und Machokultur, umstritten bleibt die Frage der Einschleusung von Clan-Mitgliedern. Die Behörde behauptet, es gebe keinen Hinweis darauf, was ein lächerliches Argument ist – bei den schwachen Kontrollen ist dies nicht auszuschließen. Es ist auch ein falsches Argument, weil der Vorfall an der Hochschule für Wirtschaft und Recht am 20. Oktober 2017 durchaus bekannt ist – dort werden unter anderem Polizisten für den gehobenen Dienst ausgebildet. Eine zwanzigjährige Studentin arabischer Herkunft war auf eigenen Wunsch als Praktikantin auf dem Abschnitt 41 untergebracht worden. Die junge Frau hatte offenbar Zugriff auf Dienstrechner der Behörde, sie soll Fahndungsbilder von Mitgliedern einer arabischen Großfamilie und sogenannte Fernschreiben abfotografiert und per WhatsApp verschickt haben. Polizeibeamte wurden darauf aufmerksam und setzten die Frau fest, das Praktikum wurde beendet.[127] Etwa vierzig Prozent der Studenten der Polizei an der Hochschule für Wirtschaft und Recht haben Migrationshintergrund, der *rbb* berichtet: »Studenten mit Migrationshintergrund, die an der HWR für den höheren Dienst studieren, sollen Doppelgänger zu wichtigen Rechtsklausuren geschickt haben, um besser abzuschneiden. Auch sollen Plagiate bei Hausarbeiten abgegeben worden sein. (...) Eine Lehrkraft erklärt: ›Wir haben uns sehr gewundert, dass bei der

Präsentation der Arbeiten dann immer vom Blatt abgelesen wurde. Selbst konnten die Studenten keinen einzigen zusammenhängenden Satz dazu sprechen.‹«[128]

In einem Lüneburger Fall wurde die Beziehung zu den Clans ganz offensichtlich. Nach einem Polizeibericht kam es in einem Sportstudio zu einem Streit zwischen Mitgliedern zweier Clans. Tags darauf trafen die zwei Clans vor dem Krankenhaus, in dem die Opfer der ersten Auseinandersetzung lagen, aufeinander. Es kam zu einem Kampf, in dem Schuss- und Schlagwaffen eingesetzt wurden, Beteiligte drangen über einen Notausgang in das Krankenhaus ein; wieder gab es eine große Zahl von Verletzten. Die Ermittlungen lenkten den Verdacht auf einen Polizeianwärter bei der Landespolizei Schleswig-Holstein, er wurde in seiner Unterkunft festgenommen. In der polizeilichen Vernehmung gab er Schläge mit einem Baseballschläger zu und machte deutlich, dass der Ruf seiner Familie für ihn wichtiger sei als ein Eid auf die Landesverfassung. Das Dienstverhältnis wurde beendet.

Auf diese Art werden staatliche Institutionen destabilisiert. Das markanteste Beispiel allerdings für die Destabilisierung bleibt die Entscheidung der Kanzlerin, 2015 die Grenzen zu öffnen. Dabei hat sie auf einen Schlag viele europäische und deutsche Gesetze außer Kraft gesetzt. Sie ging so weit zu erklären, dass die Regierung die 3700 Kilometer lange Grenze Deutschlands nicht kontrollieren könne. Die Konsequenzen ließen nicht auf sich warten. In einem Beschluss etwa vom Oberlandesgericht Koblenz vom 14.02.2017 im Senat für Familiensachen (AZ: 13 UF 32/17) lesen wir in der Begründung (Abs. 58): »Zwar hat sich der Betroffene durch seine unerlaubte Einreise in die Bundesrepublik nach §§ 95 Abs. 1 Nr. 3, 14 Abs. 1 Nr. 1, 2 AufenthG strafbar gemacht. Denn er kann sich weder auf § 15 Abs. 4 Satz 2 AufenthG noch auf § 95 Abs. 5 AufenthG i.V.m. Art. 31 Abs. 1 GFK berufen. Die rechtsstaatliche Ordnung in der Bundesrepublik ist in diesem Bereich jedoch seit rund eineinhalb Jahren außer Kraft gesetzt und die illegale Einreise ins Bundesgebiet wird momentan de facto nicht mehr strafrechtlich verfolgt.«

## Die Islamisierung von oben

Mit der Partizipation begannen die islamischen Verbände ihre Parallelgesellschaft aufzubauen, dabei folgten sie der von Hassan al-Banna empfohlenen Methode, die sein Enkel Tariq Ramadan als Islamisierung von unten beschreibt. Sie besteht in der Bildung des gläubigen einzelnen Muslims, dann der gläubigen Familie, dann der Gemeinschaft der Gläubigen, und wenn es so weit ist, kommt schließlich die Islamisierung der Politik und führt zum islamischen Staat. Die Mittel der Islamisierung sind Bildung und Sozialarbeit, die dafür geeignete Institution ist das islamische Zentrum.

Um ihr Missionsziel zu erreichen, haben die islamischen Verbände absichtlich den Dialog über ihre Beteiligung am gesellschaftlichen Geschehen vermieden. Für die Verwirklichung ihrer Forderungen bezogen sie sich auf die in Art. 4 des Grundgesetzes garantierte Religionsfreiheit, insbesondere auf Absatz 2, wo es heißt: »Die ungestörte Religionsausübung wird gewährleistet.« Gestärkt durch die Unterstützung der Multikulturalisten, die es sich verbaten, über die religiösen Inhalte zu sprechen, führten sie eine juristische Auseinandersetzung und versuchten, über die Gerichte die Islamisierung durchzusetzen. Seitdem haben die Klagen wegen Kopftuch, Moscheebau, Schächtungen, Gebetsräumen an Universitäten und Schulen sowie der Befreiung von Sexualkunde, Sportunterricht und Klassenfahrten nicht aufgehört. Ihre Beteiligung am öffentlichen Raum und den Institutionen fand gegen den Willen der Öffentlichkeit statt und war erzwungen.

Dabei konnten die Verbände mit der Unterstützung der Justiz rechnen, weil auch dort der Multikulti-Geist eingezogen war. Nach dem Kruzifix-Urteil des Bundesverfassungsgerichts von

1995 war das Aufhängen von Kruzifixen im Klassenzimmer verboten, ihre Anbringung war nur mit einem Gesetz gestattet, trotzdem reichte der Protest eines Elternteils aus, um es wieder abzuhängen. Seit dem Kopftuch-Urteil von 2003 ist es Lehrerinnen erlaubt, an der Schule ein Kopftuch zu tragen, das könnte nur per Gesetz verboten werden. Das war eine Umkehrung der Rechtsprechung, bislang haben mehrere Urteile, ausgehend von der Staatsneutralität, das Kruzifix aus dem Gerichtssaal, aus dem Rathaus und aus der Schule verbannt, nun darf das Kopftuch in den neutralen Staatsbereich einziehen. Die Richter nutzten einen Trick, sie erklärten das Kreuz für ein religiöses Symbol, das Kopftuch aber nicht. Im Absatz 50 der Urteilsbegründung heißt es: »Das von Musliminnen getragene Kopftuch wird als Kürzel für höchst unterschiedliche Aussagen und Wertvorstellungen wahrgenommen«.[129] Islamwissenschaftler würden den Kopf schütteln. Aber man hat sie nicht nach ihrer Meinung gefragt, als Gutachterin wurde eine muslimische Erziehungswissenschaftlerin berufen. Nachdem sie die verschiedenen Beweggründe für das Tragen des Kopftuches dargestellt hat, schreibt sie trotzdem: »Unbestritten bleibt für die Kopftuchträgerinnen, dass die religiöse Begründung für das Tragen des Kopftuches vor allen anderen Gründen Vorrang hat.« Die Mehrheit der Richter wollte das nicht sehen; der Beschluss des Bundesverfassungsgerichts vom 27. Januar 2015 korrigiert diesen Irrtum und spricht von »einem aus religiösen Gründen als verpflichtend verstandenen Bedeckungsgebot«,[130] aber nach wie vor wird ein Verbot nur im Fall der Störung des Schulfriedens erwogen. Die religiöse Bedeutung des Kopftuches bleibt für die Juristen irrelevant, dass die Lehrerin durch ihre bloße Erscheinung und ohne aktive Missionierung ein bestimmtes Menschenbild ausstrahlt und daher die Staatsneutralität verletzt, wollten sie nicht wahrnehmen.

In alle Bereiche der Gesellschaft drang der Multikulti-Geist ein, und die muslimische Parallelgesellschaft erstarkte immer mehr. In den Achtzigerjahren entstand der Islamismus wie beschrieben als Reaktion auf die Ausgrenzung und Diskriminierung durch die deutsche Gesellschaft, Ende der Neunziger verfügte die Parallelgesellschaft über ein ausgedehntes Netz von Moscheen, Projekten und Organisationen, um den Islamismus selbst zu erzeugen. Danach ging diese Entwicklung sehr schnell, um das Jahr 2005 hatte das Auseinanderdriften der Gesellschaft einen Tiefpunkt erreicht. Alle Studien zeigten einen spürbaren weiteren Zuwachs der Religiosität, nach den Erhebungen des Zentrums für Türkeistudien etwa von 57 Prozent im Jahr 2000 auf 76 Prozent im Jahr 2005. Die umfassende Studie von Wetzels und Brettfeld (2007) über die Muslime in Deutschland bestätigt diese Angaben, sie zeigt eine Distanzierung der jüngeren Generation von der deutschen Gesellschaft und einen Zusammenhang zwischen steigender Religiosität und Desintegration.[131]

Der Staat reagierte 2006 mit der Berufung eines Integrationsgipfels und einer Islamkonferenz, was zeigt, dass die Muslime unter den Migranten eine besonders schwierige Gruppe geworden sind. Muslime wurden wegen des internationalen Terrorismus auch als bedrohliche Gruppe wahrgenommen. Die Politik war besorgt und berief eine Konferenz mit Einzelpersonen ein, das galt für die Verbandsvertreter genau wie für die vielen Liberalen. Die Absicht war klar, ein friedlicher, toleranter Islam sollte daraus entstehen. Nach Beginn der Islamkonferenz (2006) bündelten die großen islamischen Verbände im März 2007 ihre Kräfte in dem Koordinationsrat der Muslime (KRM), führten während der zweiten Islamkonferenz (2009–2013) eine Konfrontation mit dem Staat, die sie gewannen, und schafften es in der dritten Islamkonferenz (ab 2014) gemeinsam mit anderen islamischen Verbänden, alleinige Ansprechpartner des Staates zu werden, alle nicht organisierten Muslime – sie waren alle liberal – wurden ausgeschlossen.

Seitdem ging es bergab. Der Staat machte einen Rückzug

nach dem anderen; anstatt die von den Verbänden betriebene Islamisierung von unten einzudämmen, begann er selber eine Islamisierung von oben, indem er eine Grundlage unseres Rechtsstaates im Grundgesetz, die das Verhältnis zwischen Staat und Religionsgemeinschaften regelt, unberücksichtigt ließ. Die Politik versuchte, den Verbänden einen kirchenähnlichen Status zu verleihen, ohne dass sie die Voraussetzungen dafür besäßen, sie sind nicht einmal als Religionsgemeinschaften anerkannt worden, das Urteil des OVG Münster gegen den Zentralrat und den Islamrat vom 9.11.2017 hat es wieder bestätigt. Trotzdem setzt die Politik auf die Verbände, um einen deutschen Islam zu schaffen, und agiert in verschiedenen Bereichen: erstens in der Schule, wo sie den islamischen Religionsunterricht einführen will, zweitens an den Universitäten, wo eine islamische Theologie gelehrt werden soll, drittens auf politischer Ebene mit den Staatsverträgen und viertens mit der Errichtung der islamischen Wohlfahrt. Das sind alles notwendige Schritte, die aber mit den Verbänden nicht zu erreichen sind. Man kann nicht einen deutschen Islam fördern wollen und seine Gegner, die Verbände, in die Beiräte holen, das ist reine Maskerade.

Die Politik hält an ihrem Kurs fest. In ihrer Suche nach einem muslimischen Ansprechpartner hat sie auf die DITIB gesetzt, nach den letzten Ereignissen ist jedoch jedem klar geworden, wo dieser Verband steht; er soll angeblich den türkischen Staatslaizismus vertreten, in der Tat vertritt er die islamistische Politik Erdogans. Bei dem Label Staatslaizismus hat man sich lange auf Laizismus fokussiert und den Staat vergessen, mit Erdogan rückt der Staat in den Vordergrund, und die Islamisierung verdrängt den Laizismus. Trotzdem beharrt die Politik auf ihrer Linie, dazu ein letztes Beispiel: Die Humboldt-Universität in Berlin beabsichtigt, an dem Beirat des geplanten Instituts für Islamische Theologie ausschließlich Vertreter der Verbände zu beteiligen, sie werden zusammen mit vier Hochschullehrern an der Berufung der Professoren für das Institut mitwirken. Dies werde entsprechend den Rechtsgrundlagen erfolgen, wie sie auch die Kirchen für die Theologischen Fakultäten haben. Sie könnten Einspruch erheben, wenn Hochschullehrer aus ihrer Sicht gegen das Glaubensbekenntnis oder »möglicherweise auch gegen Lebensführung« verstoßen, die für Muslime gelte. Aus diesem Institut wird bestimmt kein moderner Islam hervorgehen.

Mit dem ständigen Nachgeben gegenüber den islamischen Verbänden ist die Politik aktiv an der Aushöhlung unseres Rechtsstaates beteiligt. Der Staat soll eigentlich die Muslime vor den islamistischen Verbänden schützen und sie in unsere Mehrheitsgesellschaft zurückholen. Stattdessen dehnte er das Einwirken der Islamisten von der Moschee auf die Schulen und Universitäten aus, indem er sie durch die Beteiligung an den Beiräten unter ihre Kontrolle stellt. Die notwendigen Schritte für den Schutz der Muslime sind bekannt: Entlassung der Verbände aus den Beiräten, Verbot der ausländischen Finanzierung und der Import-Imame.

Diese Schritte sind mit den Multikulturalisten nicht zu realisieren, weil sie glauben, von einer höheren Moral geleitet zu werden. Es hilft in dieser Hinsicht, den alten Aufsatz aus dem Jahr 1919 von Max Weber, »Politik als Beruf«, zu lesen. Weber unterscheidet im ethisch orientierten Handeln zwischen Gesinnungsethik und Verantwortungsethik. Der Gesinnungsethiker hält am moralischen Prinzip fest und achtet nicht auf die Folgen: »Wenn die Folgen einer aus reiner Gesinnung fließenden Handlung üble sind, so gilt ihm nicht der Handelnde, sondern die Welt dafür verantwortlich, die Dummheit der anderen Menschen ...«[132] Der Verantwortungsethiker dagegen beschützt das Gemeinwesen, in dessen Auftrag er schließlich handelt.

Unter der Leitung von Aydan Özoğuz hat eine SPD-Expertenkommission 2017 ein Leitbild und eine Agenda für die Einwanderungsgesellschaft unter dem Titel »Miteinander in Vielfalt«

herausgegeben. Der Begriff »Leitbild« soll offensichtlich den Begriff »Leitkultur« ersetzen. Nachdem die Experten die Werte und die Identitäten im postmodernistischen Sinn dekonstruiert haben, schreiben sie: »Angesichts der Wandelbarkeit von Werten und Identitäten stellt sich die Frage, was gesellschaftlichen Zusammenhalt ausmacht. Eine Definition des Politikwissenschaftlers Hans-Gerd Jaschke dafür lautet: ›Gesellschaftlicher Zusammenhalt in der Demokratie ist keine Tatsache und kein erreichbares Endziel, sondern ein politisch-sozialer Prozess.‹«[133] Das klingt sehr relativistisch und ist absichtlich verkürzt, was einer Fälschung gleichkommt. Ein Blick in das zitierte Gutachten für das Bundesinnenministerium unter dem Titel »Bedingungsfaktoren des gesellschaftlichen Zusammenhalts« (2009) zeigt etwas anderes. Jaschke schreibt nämlich: »Wenn hier und heute von gesellschaftlichem Zusammenhalt die Rede ist, so verweist dies auf den politischen Kontext der rechtsstaatlichen Demokratie und damit auf eine Wertestruktur, die durch das Grundgesetz gegeben ist und in der alltäglichen Praxis auch ›gelebt‹ wird.« Was oben zitiert ist, bezieht sich auf das Gelebte. Jaschke erklärt die gelebten Werte folgendermaßen: »dass die Menschen in ihrer Lebenspraxis ein nicht näher bestimmbares Mindestmaß an Zusammenhalt selbst generieren. Hier, und nur hier, ist der Ort, an dem so etwas wie Gemeinsinn oder Gemeinwohlorientierung entstehen und sich verfestigen kann und muss.«[134] In dem Leitbild von Özoğuz und weil eine gemeinsame Wertorientierung fehlt, heißt es dann, dass der Zusammenhalt im gesellschaftlichen Leben entsteht oder auch nicht: »Dabei ist es in der freien Gesellschaft auch eine Option, sich nicht in solchen Prozessen zu engagieren.«[135] Kein Wort von Gemeinsinn und Gemeinwohlorientierung. Aydan Özoğuz versucht, den klassischen demokratischen Pluralismus, der eine Vielfalt auf einer gemeinsamen Basis, nämlich der Menschenrechte verkörpert, im Grundgesetz endgültig mit dem Multikulturalismus zu ersetzen, der dem Respekt und der Gleichwertigkeit aller Kulturen den Vorrang einräumt auf Kosten der Menschenrechte. Die Aufklärung hätte man sich ersparen können.

Kapitel 7

# Migration und organisierte Kriminalität

## Die Migration nach Deutschland

Am 9. November 1989 fiel die Berliner Mauer, und für uns Westberliner änderte sich alles. Es war vorbei mit der von allen möglichen Subventionen getragenen Westberliner Gemütlichkeit.

Auf dem Koordinationstreffen der Vertreter eines guten Dutzends Modellprojekte für die Flüchtlingsarbeit beim Diakonischen Werk, das kurz danach in Frankfurt am Main stattfand, und auf dem ich das Berliner Projekt vertrat, war die Stimmung ziemlich getrübt. Die deutschen Kollegen hatten Angst vor der deutschen Einheit und vermittelten den Eindruck, als ob Deutschland bald wieder die Welt erobern wollte.

Die zwei Ausländer im Gremium zeigten ohne Bedenken ihre Freude, ein Afrikaner aus Guinea und ich. Meine Freude war enorm, weil ich an das geteilte Beirut dachte. Kurz nach Beginn des Bürgerkriegs am 13. April 1975 wurde die libanesische Hauptstadt in der Mitte gespalten. Den Riss zwischen Ost- und Westbeirut nannte man später die grüne Linie, passender wäre die blutige Linie gewesen. Aber da sich wegen der Scharfschützen keiner in das Niemandsland wagte, wuchsen dort Kräuter und Büsche, ein wilder Zuwachs, den man dann die grüne Linie nannte.

Zu der Veränderung im Westberliner Alltag gehörte auch die Kriminalität. Ich war damals Anstaltsbeirat in der Justizvollzugsanstalt Tegel in Berlin (1988–1998), das war die größte Anstalt ihrer Art in Deutschland. In einer relativ kurzen Zeit verdoppelte sich die Zahl der Häftlinge beinahe, die Anstalt, die darauf nicht eingerichtet war, platzte aus allen Nähten.

Auf den Akten vieler Gefangenen tauchte der Vermerk »OK« auf, das bedeutete organisierte Kriminalität, verlangte besondere Vorsicht und beinhaltete einige Einschränkungen, wie bei Unterbringung und Arbeitsplatz. Das war neu, und uns war klar, dass wir es mit einer uns unbekannten Situation zu tun hatten. Bislang waren wir praktisch durch die Mauer geschützt gewesen, nun hatten Mengen von konsumhungrigen Menschen plötzlich leichten Zugang zu unserer reichlich ausgestatteten Konsumwelt. Das KaDeWe, das Kaufhaus des Westens, das mit seinem protzigen Sortiment diese Welt symbolisierte, regte nicht mehr nur die Fantasien der Menschen im Ostblock an, sondern war ein konkretes und fassbares Objekt der Begierde geworden.

Bald signalisierten neue Ethnien an so manchen Ecken Berlins ihre Präsenz, das war erkennbar an den Fassaden neuer Läden, wie etwa die der Polen in der Kantstraße, Ecke Wilmersdorfer Straße und weiter Richtung Stuttgarter Platz mit ihren Import-Export-Geschäften. Das waren die Vorboten einer Entwicklung, die nicht nur in Berlin, sondern auch in Deutschland die Struktur der ausländischen Bevölkerung verändern sollte.

Die Länder der Ex-Sowjetunion und Ex-Jugoslawiens, die zuvor schwach oder gar nicht vertreten waren, errichteten allmählich bedeutende Gemeinden in Deutschland. Diese ermöglichten die Aufnahme neuer Einwanderer und erleichterten ihre Vernetzung in der Gastgesellschaft, damit sie sich im neuen Gastland zurechtfinden konnten. Die Migrationsforscher nennen das Integration. Auf die Netzwerke dieser Gemeinden hat aber auch die organisierte Kriminalität zugegriffen und nicht selten vom aktiven Mitwirken mancher ihrer Mitglieder profitiert.

Der Aufbau der Gemeinden erfolgte in mehreren Phasen. In

der ersten Phase war die Grenze offen. Nach dem Fall der Mauer blieb die Ostgrenze bis zum Tag der deutschen Einheit ohne Kontrollen. Es gab ein Jahr lang praktisch keine Grenze mehr. Am 3. Oktober 1990 zog der Bundesgrenzschutz in Ostdeutschland ein und übernahm die Überwachung der Grenze, ohne jedoch die in Bewegung gesetzte Wanderungsbewegung aus dem Ostblock, die weiterhin über den Asylweg kam, stoppen zu können.

Innerhalb von drei Jahren hatte eine Million Menschen Asyl beantragt, und da es wegen der Perestroika von Michail Gorbatschow kaum mehr eine politische Verfolgung gab, war die Motivation der Antragsteller hauptsächlich wirtschaftlich.

Machen wir uns noch einmal die asylrechtliche Situation klar: Die Änderung des Grundgesetzes 1993 beinhaltete in dem neuen Artikel 16a die Sichere-Drittstaaten-Regelung, aber auch im Absatz 5 eine Öffnungsklausel. Ab da stand das deutsche Asylrecht nicht mehr im Widerspruch zu völkerrechtlichen Verträgen von Mitgliedstaaten der Europäischen Gemeinschaften untereinander und mit dritten Staaten – solange diese die Europäische Menschenrechtskonvention (EMRK) und die Genfer Flüchtlingskonvention (GFK) beachteten. Infolgedessen wurde die vollständige Teilhabe Deutschlands an den Schengener Übereinkommen zur Öffnung der Binnengrenze zwischen den europäischen Vertragsstaaten von 1985 ermöglicht. Weiter wurde das Dubliner Asylrechtsübereinkommen von 1990 mit dem Bundesgesetz vom 27. Juni 1994 übernommen.[136]

Damit begann die zweite Phase, die auf die Schließung der europäischen Grenzen abzielte beziehungsweise die weitere Einwanderung und damit Gemeindebildung stoppen sollte. Um dem fehlenden Willen der östlichen Länder, die durchreisenden Asylsuchenden zu kontrollieren, entgegenzuwirken, hat Deutschland mit den Grenzländern Polen (1991) und der Schweiz (1993) Rückführungsabkommen abgeschlossen und mit anderen Ländern Verträge für die Rücknahme ihrer abgewiesenen Bürger:

Rumänien (1992), Bulgarien (1994), Kroatien und Mazedonien (1994) und schließlich Vietnam (1995). Die Asylbewerberzahlen gingen zurück und erreichten im Jahr 2008 mit 28 018 den tiefsten Stand seit 1984.

Die EU-Osterweiterung leitete die dritte Phase für die Weiterentwicklung der Gemeinden ein und markiert die Abschaffung der Grenzen. Diese Phase begann am 1. Mai 2004 mit der Aufnahme der Länder Polen, Tschechien, Ungarn, Estland, Lettland, Litauen, Slowakei und Slowenien, gefolgt am 1. Januar 2007 durch Aufnahme von Rumänien und Bulgarien sowie am 1. Juli 2013 Kroatiens. Trotz vorübergehender Einschränkung des Arbeitsmarktzugangs war die Freizügigkeit durch die Visafreiheit gewährleistet.

Die Visafreiheit wurde Ende 2009 auch den Balkanländern Bosnien-Herzegowina, Mazedonien und Serbien gewährt, wodurch die Zahlen der Asylbewerber aus diesen Ländern rapide anstiegen. 2014 wurde jeder vierte Asylantrag von Staatsangehörigen dieser Länder gestellt. Der Gesetzgeber reagierte darauf und stufte sie am 19. September 2014 als sichere Herkunftsstaaten ein.

Im Jahr der Grenzöffnung 2015 stellten die syrischen Flüchtlinge, wie erwartet, die größte Gruppe aller Flüchtlinge (35,9 Prozent), gefolgt von Albanern (12,2 Prozent) und Kosovaren (7,6 Prozent), in deren Ländern Frieden herrschte. Die Gesetze wurden deshalb schnell geändert und traten zum 24. Oktober 2015 in Kraft, womit alle restlichen Staaten des Westbalkans, Albanien, Kosovo und Montenegro zu sicheren Herkunftsländern erklärt wurden.

Die Einstufung von Ländern als sichere Herkunftsländer wirkt auf die Zahl der Asylbewerber, indem sie ihre Chancen auf Anerkennung gen null reduziert. Sie hat jedoch keinen Einfluss auf die illegale Einwanderung. Die Zahl der illegal Eingewanderten ist schwer zu ermitteln und kann nur anhand verschiedener Daten geschätzt werden, dazu gehört die Zahl der Aufgegriffenen.

Hauptherkunftsland dieser Illegalen ist mit Abstand Albanien, gefolgt von Serbien und dem Kosovo. Diese Reihenfolge galt auch schon 2014 auf europäischer Ebene.[137]

Mit der Visafreiheit für die Balkanländer ging die Zahl der aufgegriffenen illegal Einreisenden zurück, aber nicht die Zahl der Illegalen. Man reiste legal ein, ging der Meldepflicht nicht nach und besorgte weder Aufenthaltstitel noch Arbeitserlaubnis, weshalb man einen illegalen Status hatte. Die Illegalen wurden für die Schwarzarbeit im Bau und in der Saisonarbeit, aber auch für die Kriminalität eingesetzt. Der Aufenthalt war in der Regel von begrenzter Dauer und profitierte besonders von den Netzwerken der etablierten Gemeinden.[138]

Seit 2005 wird eine Statistik erhoben, die den Migrationshintergrund erfasst, weil durch die erleichterte Einbürgerung seit der Änderung des Staatsangehörigkeitsgesetzes 1999 die Ausländerzahlen weniger Aussagekraft für die Gestaltung der Politik besitzen. 2016 lebten 18,6 Millionen Menschen mit Migrationshintergrund in Deutschland. Davon hatten zehn Millionen einen Ausländerstatus, zwei Millionen waren eingebürgerte Ausländer, der Rest waren deutsche Aussiedler.

Bei genauer Betrachtung der Statistik ergibt sich, dass die Zahl der Einwanderer aus den alten Anwerbeländern wie Griechenland, Italien und Spanien moderat und aus den Folgestaaten Jugoslawiens sprunghaft gestiegen ist. Es fällt auch auf, dass Gemeinden aus dem Ostblock, die früher unbedeutend oder gar nicht vorhanden waren, nun massiv vertreten sind. Weiter ist es erwähnenswert, dass wegen der Spätaussiedler die Zahl der Russischsprachigen 2015 circa 4,5 Millionen Menschen betrug. Das erweitert das soziale kulturelle Milieu der Russen und ihre Netzwerke beträchtlich.

Es lohnt sich, genauer hinzusehen, wie sich die Struktur der ausländischen Bevölkerung änderte. Die Italiener, die 1955 das erste Anwerbeabkommen mit Deutschland abgeschlossen haben, bildeten 2016 nur die fünftgrößte Gemeinde, überholt wurden sie von den Folgestaaten Jugoslawiens, die den dritten Platz belegen, sowie den Russen auf Platz vier und den Polen auf dem zweiten Platz. Dicht hinter den Italienern kommen die Rumänen auf dem sechsten Platz. Nach wie vor besetzen die Türken den ersten Platz.

| | Migrationshintergrund* | davon mit Ausländerstatus** |
|---|---|---|
| Türkei | 2 797 000 | 1 492 580 |
| Polen | 1 868 000 | 783 085 |
| Ex Jugoslawien*** | 1 333 000 | 931 170 |
| Russische Föderation | 1 223 000 | 245 380 |
| Italien | 861 000 | 611 450 |
| Rumänien | 788 000 | 533 660 |
| Griechenland | 443 000 | 348 475 |
| Ukraine | 272 000 | 136 340 |
| Bulgarien | 238 000 | 263 320 |
| Spanien | 209 000 | 163 560 |
| Marokko | 191 000 | 75 855 |
| Syrien | | 637 845 |
| Insgesamt | 18 576 000 | 10 039 080 |

\* Quelle: Statistisches Bundesamt, Bevölkerung mit Migrationshintergrund. Ergebnisse des Mikrozensus 2016, S. 63.

\*\* Quelle: Statista GmbH, https://de.statista.com/statistik/daten/studie/1221/umfrage/anzahl-der-auslaender-in-deutschland-nach-herkunftsland/

\*\*\* Bosnien-Herzegowina, Kroatien, Slowenien, Mazedonien, Serbien und Montenegro

Mit dem Beitritt zur Europäischen Union und der Visafreiheit ist die Einwanderung zu einer Art Binnenwanderung geworden und erfordert eine europäische Antwort. Die letzte Krise seit September 2015 zeigt, dass die EU dieser Anforderung nicht gewachsen ist: Europäische Gesetze werden faktisch außer Kraft gesetzt, nationale Grenzen werden wieder kontrolliert, der Datenaustausch zwischen den Ländern hat versagt, Terroristen können quer durch Europa wandern und sich ihre Ziele aussuchen.

Von diesem Migrationszustand profitiert auch die organisierte Kriminalität. Wie die meisten Flüchtlinge, die in das wohlhabende Deutschland wollen, hat auch die organisierte Kriminalität das Land ins Visier genommen und entfaltet eine umfangreiche und für sie lukrative Tätigkeit. Die Grenznähe im Osten erleichtert das Pendeln, eine dauerhafte Niederlassung oder ein langer Aufenthalt ist für Kriminelle nicht mehr nötig. Die Beute wird schnell über die Grenze gebracht, und neue Partnerschaften im kriminellen Geschäft werden geknüpft.

**Die organisierte Kriminalität**

Mitte der Neunzigerjahre wurde mein VW-Golf im Berliner Bezirk Neukölln gestohlen. Ich erkundigte mich in der arabischen Szene danach und wollte wissen, warum man sich für so ein altes Modell interessierte. Ich erfuhr, dass das Auto wahrscheinlich in Ersatzteile zerlegt und längst in den Nahen Osten verschwunden sei. Banden brächten die Autos nach Polen in Werkstätten, die sie auseinandernähmen und weiterexportierten. Irgendwie hatte sich eine Kooperation zwischen Arabern und Polen entwickelt.

Ich wollte wissen, ob diese Praxis noch aktuell ist, und rief einen Bekannten an. Er erzählte mir, dass ihm seinerseits sieben Monate zuvor das Auto vor seinem Haus in Neukölln gestohlen worden war. Tage später sei ein Anruf von der Polizei gekommen, er solle sein Auto an der deutsch-polnischen Grenze abholen. Dort wurde ihm mitgeteilt, der Dieb sei ein Pole; obwohl das Auto schon ein polnisches Kennzeichen trug, hatte die Polizei trotzdem Verdacht geschöpft und das Auto kontrolliert, wobei sie Hinweise auf den richtigen Autobesitzer gefunden hatte. Nach

Angaben der Polizei war das Auto mit dem »polnischen Schlüssel« geknackt worden, einer Art Dietrich, mit dem man alle Autos und Wohnungstüren öffnen kann.

In Posen, erzählte der Bekannte, gebe es einen Markt für Autoersatzteile, den er ein paarmal besucht habe, er finde zweimal in der Woche statt, donnerstags und sonntags. Dort seien Container aufgestellt, in denen die Händler ihre Waren einschließen. Er schätzte, dass das meiste davon Diebesgut sei, man merke es daran, dass die Ware nicht fabrikneu sei und manchmal Spuren von Reparaturen und Verschönerungen zeige. Er wunderte sich, wieso das Geschäft öffentlich unter den Augen der Polizei ablaufe.

Interessant war zu erfahren, dass der Wegfall der Grenze nicht nur die Kriminalität gefördert, sondern gleichzeitig die legalen Geschäfte beeinträchtigt hatte. In den Neunzigerjahren hatten viele Autohändler ihre Unfallautos in Polen repariert und in Deutschland wieder verkauft, wodurch sie von den billigen Löhnen in Polen profitierten. Nach der Freizügigkeit ab 2004 fehlten allmählich die qualifizierten Fachkräfte, sie wanderten in den Westen, und das Geschäft wurde unbedeutend. Es blieben lediglich Fachkräfte übrig, deren Kompetenz eher auf Demontage beschränkt war. Davon profitiert die organisierte Kriminalität.

Kfz-Diebstahl und Eigentumsdelikte bildeten die ersten Kriminalitätsfelder und sollten den Konsumhunger der Menschen aus dem Osten sofort sättigen. Diese Verbrechen büßten jedoch sehr schnell an Spontaneität ein und schufen organisierte Strukturen, wodurch sie effizienter wurden. Zeitgleich entwickelte sich der Menschenhandel in seinen verschiedenen Facetten: Schleuserkriminalität, Schwarzarbeit, Prostitution, sexueller Kindesmissbrauch oder Organentnahme – um nur einige zu nennen.

Die Schleuserkriminalität gewann mit der Errichtung der Festung Europa immer mehr an Bedeutung. Die Bekämpfung der Schleusung von Flüchtlingen hatte infolge der Rückführungsverträge zwischen Deutschland und seinen Grenzländern vorübergehend Erfolg, weil die Flüchtlinge sich beim Staat melden mussten, um vom Flüchtlingsstatus zu profitieren; damit waren sie für die Behörde greifbar. Die Verträge beeinflussten aber kaum die illegale Einwanderung für Prostitution und Schwarzarbeit. Das Inkrafttreten des Dublin-Abkommens 1997 verlagerte die Aufnahme der Flüchtlinge auf die Grenzländer der EU und verhinderte damit ihre Einreise nach Deutschland; ihre Anzahl erreichte einen Tiefstand. In den letzten Jahren allerdings versagte das Dublin-System, und die Schleuserkriminalität nahm solche Dimensionen an, dass die EU-Außenminister 2015 eine Militärmission gegen Schlepperbanden im Mittelmeer ins Leben riefen. Neben der Marine werden Satelliten und Drohnen eingesetzt. Die als »Operation Sophia« gekennzeichnete Mission wurde zuletzt bis Ende Dezember 2018 verlängert.

Für die Schwarzarbeit werden Saisonarbeiter aus dem Ausland geholt und für ihren relativ kurzen Aufenthalt untergebracht. Das geschieht in enger Zusammenarbeit zwischen lokalen Arbeitgebern und fremden Vermittlern. Diese illegale Beschäftigung assoziiert die Öffentlichkeit hauptsächlich mit dem Baugewerbe, wo die Kontrollen der Behörde für Schlagzeilen sorgen. Sie ist aber primär in der Land- und Forstwirtschaft verbreitet, gefolgt vom Dienstleistungssektor.

Mit der Osterweiterung 2004 sollte eigentlich neben der Freizügigkeit die Arbeitsaufnahme erleichtert werden, stattdessen beschloss die EU den Arbeitsanspruch für sieben Jahre einzuschränken, so dass die Problematik der illegalen Saisonarbeit bis 2011 und für Rumänien und Bulgarien bis 2014 weiterbestand. Danach nahm mit der Visafreiheit die illegale Beschäftigung noch mehr zu, die fremden Vermittler versorgten die Schattenwirtschaft weiterhin mit Schwarzarbeitern.

Das Bundesfinanzministerium schätzte den durch Schwarzarbeit entstandenen Schaden für den Fiskus im Jahr 2015 auf 875 Millionen Euro mit steigender Tendenz. Die Tätergruppen in diesem Bereich würden immer häufiger in organisierten Strukturen über die Grenzen Deutschlands hinweg agieren, wurde festgestellt.[139] Nach Angaben der Internationalen Arbeitsorganisation für das Jahr 2013 waren »880 000 Menschen in der EU Opfer von Zwangsarbeit, einschließlich erzwungener sexueller Ausbeutung«.[140]

Großbritannien hat diese Übergangsregelung für die Einschränkung der Arbeit nicht übernommen und war einer massiven Einwanderung hauptsächlich aus Polen ausgesetzt. Dies spielte eine unrühmliche Rolle beim Referendum zum Brexit am 23. Juni 2016. Die Hetze gegen die circa 850 000 im Land lebenden Polen führte sogar zu einem Todesopfer. Der sechzehnjährige Täter wurde zu drei Jahren Haft verurteilt.[141]

Zum Menschenhandel gehört aber vor allem der Handel mit Frauen. Nach der Öffnung der Ostgrenze schossen Heiratsagenturen wie Pilze aus dem Boden. Für ledige deutsche Männer wurden legal Frauen aus dem Osten vermittelt. Dieser Trend verlor im Laufe der Zeit an Bedeutung. Dagegen hält der illegale Handel mit Frauen für die Prostitution bis heute an. Er ersetzte sehr schnell die spontane Prostitution, der Polenmarkt in Westberlin war nach dem Fall der Mauer von kurzer Dauer. Der Sex-Markt ist riesig, und die Versorgung der Bordelle mit billigen Sexarbeiterinnen sehr lukrativ. Der Prostitutionssektor machte 2014 einen Umsatz von 14,5 Milliarden Euro.[142] Die Misere der Menschen in den Ostländern wird ausgenutzt, Vertrauen missbraucht und Gewalt angewandt. Zu diesem Feld gehört auch der Handel mit Kindern für Pornografie und Prostitution.

Laut einer umfassenden EU-Studie[143] von 2013 über den Menschenhandel in den achtundzwanzig EU-Ländern für die Jahre 2008 bis 2010 wurde innerhalb von drei Jahren ein Anstieg von 18 Prozent festgestellt, 68 Prozent der Opfer waren Frauen, 17 Prozent Männer, 12 Prozent Mädchen und 3 Prozent Jungen, also 15 Prozent Minderjährige. In den meisten Fällen (62 Prozent) bezweckte der Menschenhandel die sexuelle Ausbeutung, an zweiter Stelle (25 Prozent) die Zwangsarbeit. In den restlichen Fällen (14 Prozent) ging es um Begehung von Straftaten, Organentnahme und Verkauf von Kindern. Die meisten der Opfer kamen aus den EU-Mitgliedstaaten (61 Prozent), mehrheitlich aus Rumänien und Bulgarien.

Der sprunghaften Steigerung des Menschenhandels entsprach für denselben Zeitraum merkwürdigerweise ein ähnlich starker Rückgang der Zahl der verdächtigten Menschenhändler (um 17 Prozent) und ihrer Verurteilung (um 13 Prozent), in Deutschland sogar um 15 Prozent. In den meisten Fällen (84 Prozent) haben die Verdächtigten Menschenhandel zum Zweck der sexuellen Ausbeutung betrieben. Auffallend ist der lockere Umgang Deutschlands mit dieser Art von Kriminalität.

Das ist ein Ergebnis des bereits erwähnten rot-grünen Prostitutionsgesetzes von 2001, das die Sexarbeit komplett legalisierte beziehungsweise weitgehend entkriminalisierte. Das extrem liberale Gesetz enthielt kaum Regulierungen, so wurde Deutschland zum »Freudenhaus Europas«, wo nahezu alles möglich war, was in anderen Ländern der EU gesetzlich verboten war.[144] Wie die Auswertung von Daten aus hundertfünfzig Ländern und eine Fallstudie der Länder Schweden, Deutschland und Dänemark durch Forscher an den Universitäten Göttingen und Heidelberg zeigen, nahm der Menschenhandel daraufhin zu. Der Chef der Augsburger Kriminalpolizei Klaus Bayerl hielt »eine Gesetzesänderung für dringend erforderlich: ›Deutschland ist zum Eldorado für Zuhälter und Bordellbetreiber geworden. Laut Gesetz dürfen sie den Frauen sogar Anweisungen erteilen, und wir als Polizei können nur zuschauen. Die Ausbeutung der Frauen geht also immer weiter.‹«[145] Der Bund Deutscher Kriminalbeamter kritisierte seinerseits die mangelhaften Ermittlungsmöglichkeiten für Strafverfolgungsbehörden.

Eine Novellierung des Gesetzes stand relativ schnell auf der

Tagesordnung, trat aber erst dreizehn Jahre später, am 1. Juli 2017, in Kraft. Sie beinhaltet eine Verschärfung der Kontrollen durch eine weit angelegte Meldepflicht und einen besseren Schutz, etwa durch eine generelle Kondompflicht. Die Deutsche Polizeigewerkschaft warf allerdings die Frage auf, wer die Einhaltung der Kondompflicht überprüfen solle. Die Polizeibeamten sähen sich außerstande zu kontrollieren, »ob ein Freier im Puff ein Kondom trägt oder nicht«.[146] Im alten Gesetz gab es kaum Regulierungen, in dem neuen gibt es zu viele. Offen bleibt die Frage, ob es überhaupt zu effektiven Kontrollen kommen kann.

Der Kinderhandel dient hauptsächlich der sexuellen Ausbeutung. In Deutschland sind die Hälfte der betroffenen Kinder Deutsche, die anderen kommen überwiegend aus den osteuropäischen Staaten wie Bulgarien, Rumänien, Tschechische Republik, Polen und Russland. Kinderopfer aus Nigeria, Brasilien und der Karibik sind auch darunter. Studien aus Bulgarien zeigen, dass diese Art von Menschenhandel zunimmt, und der grenzüberschreitende Schmuggel von Kindern sich im Wesentlichen in Richtung Westeuropa ausrichtet. Der Kinderhandel beschränkt sich nicht auf die Prostitution allein, sondern nimmt auch andere Formen an. So werden Kinder für das Betteln, Ladendiebstahl und als Drogenkuriere eingesetzt.

Eine besonders grausame Form des Menschenhandels stellt der Organhandel dar. Er beschränkte sich früher auf Länder der Dritten Welt wie Indien, wo der Organ-Tourismus boomte, jetzt findet er in manchen europäischen Staaten statt. Wegen seiner höheren Rendite von siebzig- bis hunderttausend Euro pro Fall wird er von kriminellen Organisationen betrieben, die von der Politik und den Behörden gedeckt werden. *Newsweek* berichtete 2016, in den vorangegangenen vier Jahren hätten achtzehntausend Syrer ihre Organe für Transplantation verkauft, vor allem in Flüchtlingslagern der Türkei und des Libanon.[147]

In der Türkei hatte der Organhandel bereits lange vorher,

gleich nach dem Zusammenbruch der Sowjetunion, angefangen, als Menschen aus Osteuropa, vor allem aus Moldawien, dorthin gelockt wurden, um mehr oder weniger freiwillig ihre Organe zu verkaufen. Die Türkei holte die illegale Transplantation nach Europa, die nun kein Dritte-Welt-Phänomen mehr war. Jetzt konnten in einem europäischen Land Europäer mit Organen europäischer Menschen versorgt werden.

Auch die in Albanien entnommenen Organe wurden in der Türkei transplantiert. Carla del Ponte, die damalige Chefanklägerin des UN-Kriegsverbrechertribunals für Ex-Jugoslawien, erwähnt in ihrem 2008 erschienenen Buch, dass albanische UÇK-Rebellen im Kosovo nach Ende des Krieges 1999 Serben entführt und nach Nordalbanien verschleppt haben. Dort, so der *Spiegel* in einem Bericht, »seien sie getötet worden, man habe den Leichen etliche Organe entnommen und ins Ausland an zahlende Kundschaft verkauft«.[148]

Eine ZDF-Dokumentation von 2011 zeigt die Verwicklungen der UÇK-Rebellen in den illegalen Organhandel. Die Organe der verschleppten Serben wurden in Albanien entnommen – einer der Besitzer einer illegalen Klinik war sogar ein Deutscher – und in die Türkei ausgeflogen. Trotz seiner kriminellen Vergangenheit haben die Alliierten den Rebellenchef Hashim Thaçi gedeckt und die UN-Untersuchungen gegen ihn unterbunden. Er wurde später Premierminister des Kosovo.[149] In der Folgezeit florierte das Geschäft in Albanien und im Kosovo weiterhin, diesmal mit »freiwilligen« Opfern aus Osteuropa. Jetzt fand die Transplantation vor Ort und nicht mehr in der Türkei statt.

Wenn wir die Rauschgiftkriminalität betrachten, dann begeben wir uns auf eine breitere Ebene als die der Ost-West-Beziehung, nämlich auf eine internationale Ebene. Das Bundeslagebild Organisierte Kriminalität des Bundeskriminalamtes für das Jahr 2010 verzeichnet 60 Prozent Nichtdeutscher unter den Tatverdächtigen, sie entstammen insgesamt 113 Herkunftsländern.

Sie sind aktiv im Rauschgifthandel, in der Wirtschafts- und Eigentumskriminalität, und nahezu 85 Prozent aller Fälle weisen internationale Bezüge auf.[150]

Der Schwerpunkt der Kriminalität verlagert sich mit dem Drogenhandel nach Südeuropa. Einen Knotenpunkt des internationalen Drogenhandels stellt Spanien dar, es verbindet Lateinamerika und Nordafrika mit Europa und ist der Haupthandelsplatz für Kokain und Cannabis. Übrigens sind Menschenhandel und illegale Migration in Spanien ebenfalls stark vertreten, dennoch haben 34 Prozent aller illegalen Aktivitäten in Spanien einen Bezug zum Rauschgifthandel.

Seit den Achtzigerjahren haben sich im Kokainhandel Allianzen von spanischen und kolumbianischen Gruppen organisierter Kriminalität (OK-Gruppen) gebildet. Seit ein paar Jahrzehnten begannen die Lateinamerikaner vermehrt den Transitweg über die Länder Gabun, Ghana, Gambia und Senegal in Zentral- und Westafrika und Marokko in Nordafrika für den Kokainhandel zu nutzen. Marokko ist der größte Cannabisproduzent weltweit, und seine Infrastruktur für den Haschischhandel ist nun auch für den Kokainhandel attraktiv geworden – sie scheint sicherer zu sein als die Import-Export-Firmen, die eine direkte Verbindung zu Europa herstellen. In Nordafrika spielt die spanische Exklave Ceuta als Verbindung zu Europa eine wichtige Rolle.

In Spanien findet auch der Kontakt zu anderen OK-Gruppen in der EU statt. Siebzig bis achtzig Prozent der Drogen aus Marokko sind nicht für Spanien bestimmt, sondern haben andere europäische Zielländer. Spanier treten häufig als Zwischenhändler für den Transport von Haschisch auf. Marokkanische OK-Gruppierungen gehen allerdings dazu über, den gesamten Verteilungsprozess im Haschischhandel in Europa zu kontrollieren. Sie verfügen über Infrastrukturen in Spanien, ihre Mitglieder übernehmen den Handel oder beauftragen andere Gruppen. In Katalonien beziehen sie auf dem Luftweg Heroin aus Pakistan, das von einer dort ansässigen pakistanischen Gemeinschaft weiterverteilt wird. Der Heroinhandel wird jedoch von türkischen OK-Gruppen dominiert, Heroin wird im Austausch für Kokain angeboten.

Das meiste Heroin kommt aus Afghanistan auf dem Landweg in die Türkei, die dann Europa versorgt. Im Heroinhandel spielt die Türkei eine ähnliche Rolle wie Spanien im Kokain- und Cannabishandel. Sie unterhält enge Beziehungen zu den Verteilungsnetzwerken in Bulgarien und den albanischen OK-Gruppierungen. Die einzelnen Gruppen sind horizontal vernetzt, ohne Hierarchie, trotzdem ist die Kooperation untereinander für die Versorgung Europas mit Rauschgift sehr stark. Vollständigkeitshalber soll Griechenland hier nicht fehlen. Die legale Wirtschaft in Griechenland, insbesondere die Schifffahrtsindustrie, ist stark mit dem Kokainhandel verflochten, ein großer Teil des Schmuggels läuft über die Jachthäfen, und ihre Einfuhren fließen teilweise in die bulgarischen und albanischen Verteilungsnetzwerke.

In Italien ist die OK sehr alt und heißt Mafia. Die Mafia besteht aus mehreren Organisationen mit klar abgesteckten Operationsgebieten, wo sie eine Art territoriale »Herrschaft« ausüben. Die Cosa Nostra herrscht in Sizilien, Camorra in Kampanien, 'Ndrangheta in Kalabrien und Sacra Corona Unita in Apulien. Sie sind eng mit Politik, Justiz und Polizei verflochten und erheben Abgaben überall, wo es etwas zu holen gibt. Diese Schutzgelderpressung ist wie eine Art Besteuerung. Die Mafia bildet eine Art Parallelstaat.

Die Vielfalt der mafiösen illegalen Aktivitäten hat ein kompliziertes lokales Netzwerk erzeugt, sie hat auch eine umfangreiche internationale Vernetzung geschaffen, insbesondere im Bereich des Rauschgifthandels. Es wundert nicht, dass der Drogenhandel in Spanien und Südosteuropa von diesen Beziehungen zu profitieren versucht. Enge Beziehungen bestehen zwischen der bulgarischen, albanischen und der italienischen Mafia, um neue

Märkte in den osteuropäischen Ländern für die Versorgung und die Verteilung von Drogen zu schaffen. Enge Beziehungen bestehen ebenfalls zwischen der Mafia und den OK-Gruppen in Spanien.

So hat die Camorra für den Kokainhandel aus Südamerika über Spanien nach Italien und Nordeuropa logistische und operationelle Stützpunkte aufgebaut. Die 'Ndrangheta ihrerseits besitzt eine große Anzahl von 'Ndrangheta-Gruppen in Deutschland, zusätzlich hat sie in Belgien und den Niederlanden operationelle Basen für ihren Kokainhandel errichtet. Sie versorgt so auch die angrenzenden Länder. Der von der 'Ndrangheta in Verbindung mit albanisch-kosovarischen und kolumbianischen OK-Gruppen durchgeführte internationale Rauschgifthandel wird sich weiter ausbreiten, da er eine ihrer Haupteinnahmequellen ist. Die Mafia-Organisationen werden sich weiter internationalisieren.

Diese Prognose hängt mit der Umorientierung der Mafia zusammen, denn bis Ende der Neunzigerjahre bestand faktisch Straflosigkeit für die Mafia. Diese wurde mit neuen Gesetzen, die Polizei und Justiz stärkten, und einem dezidierten und konsequenten Vorgehen der staatlichen Organe gegen die Mafia abgeschafft. Zwei mutige Untersuchungsrichter in Palermo mussten sterben, Giovanni Falcone am 23. Mai 1992 und zwei Monate später, am 19. Juli 1992, sein Nachfolger Paolo Borsellino. Die italienische Bevölkerung löste sich entschieden von der Mafia ab, dabei stieg das Vertrauen der Bevölkerung in den Staat an.

Nach einer Ruhepause hat die Mafia ihre Strategie geändert und zeigt sich nun eher finanzorientiert. Sie hat inzwischen auf ihre Gewaltstrategie (Mord und Massaker) und damit auf die strenge Kontrolle ihres Territoriums weitgehend verzichtet. Sie investiert seitdem weniger auf lokaler Ebene, sondern nutzt ihre grenzübergreifenden Allianzen mit anderen OK-Gruppen für ihre illegalen Geschäftstätigkeiten. Mafia-Mitglieder sind vermehrt als Wirtschaftskriminelle aktiv. Sie sind als Finanzexperten und

Geldwäsche-Berater verantwortlich für Investitionen mit illegal erwirtschafteten Geldern. Dieser Typ von »Finanz-Mafiosi« wird in der weltweiten kriminellen Hierarchie immer bedeutender, so auch in Deutschland. Das Eintreiben von Schutzgeldern ist von gestern, auf der Tagesordnung stehen heute Prostitution, Waffenhandel, Drogenhandel und die unvermeidliche Ergänzung, die Geldwäsche.

Illegale Gelder müssen legalisiert werden, sonst sind sie nutzlos. Die klassischen Investitionsfelder waren immer und überall Immobilien und Gastronomie. In Spanien werden 75 Prozent der Erlöse aus dem Drogengeschäft an der Südküste, wo der Tourismus boomt, und im Immobiliengeschäft, das kaum überwacht ist, investiert. Dafür dienen Scheinfirmen, angesiedelt in den Steueroasen Gibraltar und Andorra. Für ihre Operationen in Nordeuropa gründen die OK-Gruppen auch Firmen in den Niederlanden. Zwischen Marokko und Spanien wird das mittelalterliche arabische System der *Hawala* praktiziert. Das ist ein informelles Überweisungssystem ohne Geldtransfer. Das Geld wird von den an der Transaktion Beteiligten an beiden Enden des Kontakts zur Verfügung gestellt.

Interessanter ist der Geldtransfer durch MoneyGram. Money-Gram International, Inc. ist ein US-amerikanisches Finanzunternehmen mit Sitz in Dallas, das international am Finanzmarkt vertreten ist. Über eine MoneyGram-Filiale kann durch Einzahlung in einer Filiale ein Geldbetrag zwischen zwei Personen transferiert werden. Der Einzahler erhält hierbei eine Referenznummer. Der Empfänger kann sich, nachdem er seinerseits die Referenznummer vom Einzahler erhalten hat, den für ihn bestimmten Geldbetrag nahezu verzögerungsfrei in einer Filiale an seinem Aufenthaltsort auszahlen lassen.

In Italien hat die Mafia immer im Land investiert, sogar in die Infrastruktur, wie etwa die Müllabfuhr, und hat sich um Staatsaufträge bemüht. Zwischen 1983 und 2010 wurden beispielsweise 1256 Firmen konfisziert, das war nur die Spitze des Eisberges. Seit der staatlichen Repression Ende der Neunzigerjahre investiert die Mafia intensiver in Europa; Schottland, Holland und Deutschland werden bevorzugt. Die Bankkontrollen über die Herkunft der Gelder sind lasch, und so können diese meist einfach als Lotteriegewinne und Versicherungsgelder deklariert werden.

Die Beschaffung staatlicher Aufträge setzt in der Regel eine Kooperation mit der Staatsverwaltung und der Politik voraus. Das bedeutet Korruption. Sie ist in den osteuropäischen Ländern am stärksten verbreitet, in vielen Ländern haben die alten kommunistischen Eliten die Macht übernommen und bevorzugen ihre alte Anhängerschaft. In Ostdeutschland sprach man lange von Seilschaften. Die Verflechtung von Kriminalität und Politik stellt eine ernste Gefahr für die Demokratisierung dieser Länder dar.

Zu der Finanzkriminalität zählt neben der Geldwäsche auch der von international operierenden Finanzkartellen organisierte Steuerschwindel mit Umsatzsteuer-Karussellen. Über Briefkastenfirmen wird ein Warenkreislauf simuliert, der nur auf dem Papier existiert. Eine in Deutschland registrierte Firma, die die Geschäfte im vorgeblichen Warenkreislauf abwickelt, kassiert beim Fiskus Umsatzsteuer ab, die sie nie gezahlt hat. Eine Kontrolle ist nicht möglich, weil die importierte fiktive Ware schon exportiert ist. Gefährlich ist diese Kriminalität, weil sie auch den islamischen Terrorismus finanziert, viele Drahtzieher sitzen am Persischen Golf.[151] Bei einer Razzia der beim LKA NRW angesiedelten Sondereinheit EOKS gegen die Finanzierung des islamischen Terrorismus unter Beteiligung der Steuerfahnder wurden zwei Millionen Euro in bar entdeckt; die Hintermänner der Organisation agierten von der arabischen Halbinsel aus.[152]

Einen neuen Schub hat die Finanzkriminalität als Teil der Wirtschaftskriminalität mit dem Internet erhalten. Die sogenannte Cyber-Kriminalität nimmt immer mehr an Bedeutung zu, agiert transnational und ist seitens der nationalen Behörden nur schwer zu verfolgen. Die Entstehung und Entwicklung der OK überhaupt ist bis heute nicht in das Bewusstsein der Verantwortlichen in der Politik, der Justiz und der Polizei eingedrungen.

In der Forschung herrscht Konsens darüber, dass die OK erst nach dem Zusammenbruch des Ostblocks zu einem bedeutenden Phänomen geworden ist. Vorher war sie im Westen punktuell vertreten und beschränkte sich auf lokale Prostitutionsringe und Drogenverbindungen, die Kennzeichnungen als Ringe und Verbindung allein weisen auf das Fehlen von organisierten Netzwerken hin. Eine Ausnahme bildete allerdings Italien mit der Mafia. Im Osten gab es ebenfalls eine Art OK im Bereich des illegalen Devisentausches.

Die OK als transnationales Netzwerk-System entwickelte sich allmählich ab 1989 parallel zur Entstehung eines europäischen erweiterten Raumes mit durchlässigen Grenzen. Die Wahrnehmung dieser Entwicklung erfolgte natürlich spät und die Reaktion darauf noch später. Sie kam aus Deutschland, das mitten in Europa liegt und an acht Länder angrenzt, die größte Bevölkerungszahl besitzt und der Hauptschauplatz für alle Arten von Kriminalität ist: 2008 ergriff das BKA die Initiative zur Gründung eines »OK-Forschungsnetzwerkes« über die nationalen Grenzen hinaus. Gründungsmitglieder sind die »Crime Research Development Unit« des britischen Innenministeriums (Home Office) in London, das »Research and Documentation Centre« (WODC) des niederländischen Justizministeriums und die niederländische Polizeiakademie. Im Jahr 2009 trat der »Swedish National Council for Crime Prevention« (Brå) dem Netzwerk bei. Das BKA lud zugleich zur ersten Forschungskonferenz zur organisierten Kriminalität ein, die mittlerweile jährlich stattfindet.

Trotz alledem will man sich in vielen Ländern nicht mit der OK befassen. So kritisiert die Forschung in Frankreich die Verweigerungshaltung der Strafverfolgungsbehörde, die kein Datenmaterial zur Verfügung stellt. In Spanien wird die Existenz der OK von der Regierung weitgehend ignoriert. Ein Zugang zur Kriminalstatistik des spanischen Innenministeriums oder zu polizeilichen Daten ist nicht gewährleistet. In Süd- und Südwesteuropa stößt man auf dieselben Schwierigkeiten, hier aber wegen der Korruption, eine Zusammenarbeit mit den Verfolgungsbehörden ist deshalb nicht vorhanden.

Diese Schilderung der organisierten Kriminalität zeigt, dass sie mit der Migration eng verbunden ist. Ihre Bekämpfung und Prävention muss die migratorische Dimension berücksichtigen. Die Migration ist nicht zu verhindern, sie bringt viele Vorteile mit sich, leider auch für die Kriminellen. Wir sind aber für diese Entwicklung nicht gewappnet, die letzte Flüchtlingskrise hat die Defizite klar gezeigt. Die Kooperation zwischen den Bundesländern war in jeder Hinsicht sehr mangelhaft, auf europäischer Ebene war sie schlicht nicht existent, und die Einhaltung vorhandener Gesetze sowie die Umsetzung mancher Beschlüsse sind auch nicht gelungen. Ohne die Koordinierung der Arbeit auf Länder- und Europaebene ist der Kampf gegen die organisierte Kriminalität nicht einmal ansatzweise zu gewinnen.

### Die arabischen Clans

Fehlende Kontrollen und die schwache bis nicht vorhandene effektive Bekämpfung der OK erleichtern natürlich den Anschluss aller möglichen kriminellen Gruppen an ihre Netzwerke, wie wir bei den arabischen Clans gesehen haben. Sie besteuern die Prostituierten aus Osteuropa, dealen mit Kokain aus Lateinamerika und Heroin aus Afghanistan. Sie waschen das illegale Geld nicht nur in Deutschland durch Investitionen in Immobilien und Gastronomie, sondern durch Investitionen im Libanon und auch an der türkischen Riviera, wobei die beiden letzteren Schienen ihre eigenen sind. Bei der letzten Masseneinwanderung von Flüchtlingen aller Art (Bürgerkriegs- und Wirtschaftsflüchtlingen) sind die Clans wie erwähnt in das Schleppergeschäft eingestiegen.

Diese letzte Flüchtlingswelle begann 2012, ein Jahr nach dem Ausbruch des Bürgerkriegs in Syrien. Es war nur eine Frage der Zeit, bis die Clans das Schleppergeschäft entdecken. Im November 2015 haben 571 Beamte Wohnungen und Geschäftsräume einer großen Schleuserbande in drei Bundesländern durchsucht. Ermittelt wurde gegen siebzehn Beschuldigte, überwiegend Angehörige eines Mhallami-Clans, wegen gewerbsmäßiger Einschleusung von Ausländern, Urkundenfälschung sowie des Verschiffens von falschen amtlichen Ausweisen. Der Clan, so die *WAZ*, sei bisher durch schwere Gewalttaten im Rotlicht- und Rauschgiftmilieu aufgefallen. Pro Eingeschleustem kassierte der Clan bis zu 10 000 Dollar. Der Hauptbeschuldigte habe ein internationales Netzwerk von Kontaktpersonen genutzt, die ihm bei der Beschaffung von falschen Dokumenten halfen und die Flüchtlinge auf dem Weg nach Deutschland begleiteten. Der Pressebericht erwähnt weiter, dass die Eingeschleusten per Flugzeug nach Deutschland reisten, eine zehnköpfige libanesische Familie wurde allerdings in Kuala Lumpur in Malaysia festgehalten, weil die falschen Papiere der dortigen Behörde aufgefallen waren.[153]

Das erinnert mich an einen anderen Fall, der sich 2013 ereignete.[154] Ein Boot mit hundertsieben Flüchtlingen war von Südjava in Indonesien unterwegs zu der zum australischen Außengebiet gehörenden Weihnachtsinsel, wo sich ein Aufnahmezentrum für Asylbewerber befindet. Es kam zu einer Havarie, und das Boot versank, unter den Toten und Vermissten waren neunundzwanzig Libanesen. Die Aufregung im Libanon war sehr groß, die libanesische Regierung kümmerte sich intensiv um den Fall. Nach Presseberichten sollen seit der Ankunft der syrischen Flüchtlinge im Vorjahr Banden am Werk gewesen sein, die die illegale Einreise nach Australien organisierten. Zu Beginn wurde diese Auswanderungsmöglichkeit hauptsächlich von Syrern benutzt, später bedienten sich ihrer auch Libanesen. Die Banden kassierten pro Person 10 000 Dollar. Sie nutzten den Weg über den Inselstaat Osttimor. Die dortigen Behörden bemerkten aber bald, dass ihr Land von den Schleppern missbraucht wurde, und erteilten für Menschen aus dem Libanon keine Visa mehr. Daraufhin verlagerten die Schlepper die Route und wählten den Weg über Indonesien, das oben erwähnte Boot war die fünfte Reise, die mit Flüchtlingen in See stach, sie endete dramatisch. Seitdem gehen die Schlepper offensichtlich über Malaysia. Erstaunlich ist die Information im deutschen Pressebericht, dass die Deutsche Botschaft und das UN-Flüchtlingshilfswerk aus humanitären Gründen die Weiterreise nach Deutschland ermöglichen; mir ist schleierhaft, warum sie nicht in den Libanon zurückgeschickt worden sind.

Überhaupt hat die letzte Flüchtlingswelle den Clans neue Betätigungsfelder mit großen Verdienstmöglichkeiten eröffnet. Die Unterbringung der Flüchtlinge ist ein sehr lukratives Geschäft, pro Person kassiert ein Vermieter vom Staat 25 bis 50 Euro pro Tag. In einer zwanzig Quadratmeter großen, heruntergekommenen Wohnung in Berlin-Neukölln lebt beispielsweise eine fünfköpfige syrische Flüchtlingsfamilie, der Vermieter erhält vom Staat 3700 Euro im Monat – der reguläre Mietmarkt hätte kaum 300 Euro erzielt.[155] Mit den Einnahmen bietet sich die Gelegenheit, schmutziges Geld zu waschen. Die Clans kaufen Immobilien entweder selbst oder über Dritte und vermieten sie an Asylbewerber. Das ist wahrscheinlich auch die Möglichkeit, nach Beirut verschafftes Geld doch wieder in Deutschland zu waschen. Clanmitglieder gründen GmbHs im Auftrag von Investoren aus Beirut, sie sind deren Generalbevollmächtigte und dürfen schalten und walten, wie sie wollen: verkaufen, vermieten, beleihen und sogar die Immobilie verschenken. Mit diesem rechtlichen Konstrukt verschleiern sie ihre Geldquellen. Es gibt keine Kontrollen seitens der Behörden, Entscheidungen fallen ausschließlich anhand der Unterlagen. Beim ersten Kontakt zwischen Vermieter und Flüchtling ist ein Dolmetscher anwesend, der auch Missstände melden soll, den Haken dabei erklärt ein Insider: »Die Liste der Dolmetscher liest sich wie das Who's Who der organisierten Kriminalität; wenn eine Wohnung gnadenlos überbelegt ist, bekommt das niemand mit.« Die Unterwanderung der Flüchtlingsarbeit beschränkt sich nicht nur auf die Dolmetschertätigkeit, sondern betrifft auch die Integrationslotsen, die ehrenamtlich Sozialarbeit und Sprachvermittlung leisten, und vor allem die Sicherheitsdienste in den Flüchtlingsheimen.

Für ihre Drogengeschäfte rekrutieren die Clanmitglieder vor allem junge und körperlich starke Männer, und zwar direkt vor den Unterkünften. Diese jungen Menschen sind von Gleichaltrigen beeindruckt, die teure Limousinen fahren und ihnen erklären, wie leicht es sei, dies zu erreichen. Bestrafung, erfahren sie, haben sie nicht zu befürchten, weil sie als Jugendliche und Heranwachsende nicht ernsthaft belangt werden – wir haben ja gesehen, wie milde eine Strafe ausfällt, wenn es überhaupt zu einer kommt. Außerdem, erzählen ihnen die Clanmitglieder, sei der Aufenthalt im Knast viel besser als die Freiheit in einem Lager im Orient; es sei fast wie in einem Hotel, dazu lerne man die Sprache und bekomme eine Ausbildung. Die Clans parken mit ihren Limousinen vor der Unterkunft, ihre Bewunderer steigen ins Auto und übernehmen kleine Mengen an Drogen. Diese jungen Leute werden auch in den Konflikten zwischen den Clans eingesetzt. Nicht nur für die Erledigung der Drecksarbeit werden sie rekrutiert, sondern auch für die Schwarzarbeit. Für ihre Geldwäsche haben die Clans überall Geschäfte, mit den Flüchtlingen lässt sich deren Gewinn weiter maximieren. So werden sie in Bäckereien, Pizzerien, Friseurläden, Spielsalons, Shisha-Bars und anderen Geschäften eingesetzt.

Wir erleben eine schnelle Integration von Flüchtlingen in das kriminelle Milieu, dank der in ihrem ethnischen Milieu vorhandenen Kontakte ist ihr Anschluss an kriminelle Netzwerke rasant. Nicht anders wird es ihnen mit den organisierten Clans ergehen; sie sind dabei, Erfahrungen zu sammeln, und wenn bestimmte Voraussetzungen erfüllt sind, werden sie selber als Clans auftreten. Dazu gehört die Anwesenheit eines großen Verwandtenkreises, um ähnliche Sippenstrukturen wie bei den Clans herzustellen. Wir beobachten schon jetzt, wie dieser Prozess abläuft. In den Heimen und in der Öffentlichkeit gehören die Kämpfe zwischen verschiedenen Flüchtlingsgruppen fast zum Alltag. Die erste Stufe der Gruppenbildung ist die ethnische: Afghanen gegen Araber, Araber gegen Türken, Türken gegen Kurden und so fort. Dann wird der Kreis enger, die Kämpfe finden innerhalb derselben Ethnie statt: Syrer gegen Nordafrikaner, Iraker gegen Syrer, Libanesen gegen Syrer. Danach kommt die Konfrontation zwischen den Dörfern und am Ende, wenn die Verwandtschaft angekommen ist, die Auseinandersetzung zwischen den Familien, die wegen der hohen Geburtenraten schnell zu Großfamilien werden.

Ein Beispiel für die Clanbildung liefert der Fall des Abou-Chaker-Clans, der wegen seiner Beziehung zu Rapper Bushido eine berüchtigte Berühmtheit erlangt hat.[156] Nach Ausbruch des Bürgerkriegs Mitte der Siebzigerjahre kam aus dem Flüchtlingslager Wavel in der libanesischen Stadt Baalbek eine kleine palästinensische Familie, Eltern mit zwei kleinen Söhnen (geboren 1971 und 1974), sowie weitere Lagerbewohner, insgesamt etwa ein Dutzend Personen, nach Berlin. Die Gruppe hielt zusammen und bildete den Kern eines Clans. Die kleine Familie bekam weitere vier Söhne (geboren 1976, 1977, 1987 und 1981), die allesamt schon sehr früh eine kriminelle Karriere begannen. Wegen der laschen Justiz und der offenen Gesellschaft blieben sie praktisch unbestraft; einer von ihnen hat beispielsweise über sechzig Verfahren hinter sich. Ihr großer Coup war der Überfall auf das Pokerturnier im Hotel Hyatt 2010. Da er Bushido von seinem alten, ungünstigen Musikvertrag befreite, wurde Arafat

Abou Chaker sein Generalbevollmächtigter. Das erleichtert den Zugang zu legalen Geschäften, wie die Investitionen in Immobilien in Brandenburg beweisen. Die Razzia in Berlin Mitte Juli 2018 gegen den Clan Remmo mit der Beschlagnahmung von siebenundsiebzig Immobilien im Wert von circa 10 Millionen Euro verrät, welche Dimensionen die Geldwäsche schon erreicht hat. Inzwischen haben die Söhne eigene Kinder, und die Clanbildung schreitet voran. Es ist offen, ob sie so verfestigte Strukturen wie bei den Mhallami erreichen werden; sie sind auf jeden Fall auf dem besten Weg dahin.

### Die Flüchtlinge und die Parallelgesellschaft

Schwerwiegender als die Integration in das kriminelle Milieu, die beschränkt bleibt, ist vor allem die Integration der Flüchtlinge in die islamische Parallelgesellschaft, weil sie umfassender und für alle Muslime offen ist. Der Präsident des Bundesamtes für Verfassungsschutz Hans-Georg Maaßen warnte im April 2016: »Salafisten und andere Islamisten versuchen, Flüchtlinge für sich zu gewinnen.« Das Bundesamt habe bereits rund dreihundert Ansprechversuche gezählt. Das, so *Die Welt*, seien aber nur die gemeldeten Vorfälle. »Wir gehen davon aus, dass die tatsächliche Zahl viel höher liegt, wir sehen durch die Ansprachen ein immenses Radikalisierungspotenzial«, sagte Maaßen und wies darauf hin, dass die arabischsprachigen Moscheen teils fundamentalistisch geprägt sind, viele Einrichtungen werden aufgrund ihrer salafistischen Ausrichtung vom Verfassungsschutz beobachtet. Die arabischen Großfamilien rekrutieren für die Clankriminalität, die Salafisten für die religiöse Kriminalität. Wie viele IS-Terroristen die Flüchtlingsströme nutzten, weiß niemand, die Zahl allerdings der im April 2016 per Haftbefehl gesuchten gewaltbereiten Islamisten beträgt sechsundsiebzig.[157]

Mit den Flüchtlingen kam der islamistische Terror nach

Deutschland, das bislang verschont geblieben war – nicht zuletzt dank der aktiven Unterstützung seitens der USA, die informelle Hinweise lieferte. Wegen der unkontrollierten Einreise ins Bundesgebiet sind diese Hinweise jedoch wirkungslos geworden. Hunderttausende von Menschen kamen ohne Identitätsnachweis; sie haben – was wie erwähnt eine gängige Praxis ist – ihre Papiere absichtlich versteckt oder vernichtet, damit ihre Abschiebung verhindert wird. Deshalb können Terroristen quer durch das Land und sogar innerhalb von Europa bedenkenlos verkehren. Wichtig ist dabei ihre Nutzung der salafistischen Netzwerke, wie der Fall Anis Amri zeigt, der am 19. Dezember 2016 den Anschlag auf den Weihnachtsmarkt an der Berliner Gedächtniskirche verübte. Mit vierzehn Identitäten reiste er quer durch Europa, knüpfte Kontakte zum salafistisch-dschihadistischen Netzwerk in Deutschland und nutzte seine Moscheen als Stützpunkt. Er wurde beobachtet, verhört und freigelassen; er tötete in Berlin zwölf Menschen und verletzte fünfundfünfzig, einige von ihnen schwer.

Die religiöse Kriminalität wurzelt im radikalisierten islamischen Milieu; den Großteil des Problems stellt jedoch der Rest der islamischen Parallelgesellschaft dar, der mehr oder weniger friedfertig ist, aber eben unser Wertesystem ablehnt und seine Scharia-Vorstellungen durchzusetzen versucht. Diese Menschen finden in den muslimischen Flüchtlingen eine unerwartete Stärkung ihrer Position und eine Vergrößerung ihrer Klientel. Vor allem der arabisch geprägte Zentralrat der Muslime, der bislang kleinste unter den islamischen Dachverbänden, freut sich über diese Entwicklung.[158] Im Zentralrat der Muslime geben die Muslimbrüder den Ton an, und es ist ein leichtes Spiel, die Neuankömmlinge zu rekrutieren: Sie alle kommen aus Ländern, die entweder Scharia-Staaten sind oder autoritäre Staaten, sie haben also keine praktischen Erfahrungen mit Demokratie. Sie haben nie eine Erziehung zur Mündigkeit genossen, und da ein Teil von ihnen nur das Gesetz der Stärke versteht, betrachten sie die offene freiheitliche moderne Gesellschaft als gesetzlos. Die Politik hat diesen Konflikt erkannt und neben der Willkommenskultur die Übernahme unseres Wertesystems verlangt, dafür hat sie in die Integrationskurse die Vermittlung unserer Werte mit eingebaut. Heute, nach Jahren, kann man rückblickend sagen, dass der Versuch gescheitert ist. Um die kulturellen Einstellungen sichtbar zu machen, werde ich die Erfahrung einer Gruppe ehrenamtlicher Flüchtlingshelfer darstellen.

### Erfahrung ehrenamtlicher Flüchtlingshelfer

Angesichts der alarmierenden Nachrichten über Anschläge, Messerattacken und Übergriffe auf Frauen – meist verübt von jungen Männern muslimischen Glaubens, die als Asylsuchende nach Europa kamen – entschied die »Arbeitsgruppe Flucht + Menschenrechte« (AG F+M) am 28. Juli 2017 nach langen Überlegungen, einen offenen Brief[159] zu publizieren, in dem sie über ihre Erfahrung der letzten Jahre berichtet. Die AG wurde 2014 von Rebecca Sommer gegründet. Sommer ist eine Umwelt- und Menschenrechtsaktivistin, sie setzte sich für die Rechte der indigenen Völker ein, arbeitete lange als Beraterin für UN-Organisationen und lebte in verschiedenen Ländern. 2012 kehrte sie nach Berlin zurück und engagierte sich ehrenamtlich in der Flüchtlingsarbeit im Bezirk Treptow-Köpenick. Um ihre Arbeit effektiver zu gestalten, gründete sie mit weiteren dreiundzwanzig ehrenamtlichen Flüchtlingshelfern die AG. Aktuell sind hundertneunundzwanzig Personen dort aktiv, darunter vor allem Schüler, Studierende und Rentner aus den unterschiedlichen Berufen – aber auch Flüchtlinge, die schon länger in Deutschland sind und sich mit ihrer Erfahrung einbringen möchten. Rund sechzig Mitglieder der AG, darunter viele ausgebildete Lehrer, geben Deutschnachhilfeunterricht. Der Brief erläutert:

»Auch wir hatten negative Erfahrungen, haben erlebt, dass Menschen, die wir lange und intensiv unterstützt haben, die wir als unsere Freunde empfunden haben und die sich erfolgreich integriert zu haben schienen, letztendlich ein anderes Gesicht zeigten. Darin wurde insbesondere eine frauenverachtende Haltung deutlich, aber auch eine ablehnende Haltung gegenüber ›Ungläubigen‹, die uns alarmiert. ... Wir mussten uns Dinge eingestehen, die uns nicht gefallen und die wir uns lange gescheut haben auszusprechen, da sie allzu leicht als rassistisch bezeichnet werden können. ... Es ist mehrheitlich eine bestimmte Gruppe, nämlich jene, die dem islamischen Glauben auf eine nicht-säkulare Art anhäng(t). In unseren Flüchtlingsheimen ist das laut unseren Beobachtungen die Mehrheit.«

Im Helferkreis wurde auch diskutiert, warum ihre ehrenamtliche Arbeit keine Wertschätzung erfährt. Sommer kam zu dem Ergebnis, dass die Flüchtlinge nicht verstehen, »warum wir das tun«. Inzwischen denkt sie, die Flüchtlinge »halten uns für dumm, unbezahlt für Fremde zu arbeiten. Und Dumme haben selbstverständlich keine Wertschätzung verdient.«[160]

Die Leiterin der AG F+M berichtet in einem Interview, wie die Ehrenamtlichen über den Tisch gezogen werden.[161] Die muslimischen Flüchtlinge werden mit dem Islam indoktriniert und schauen mit Hochmut und Arroganz auf die »Ungläubigen« herab. Sommer nennt das »das Kopftuch im Kopf«. Als Muslime betrachten sie sich als etwas Besseres, diese unsägliche Überheblichkeit den Deutschen gegenüber ist bei den meisten zu finden. Viele geraten in die Fänge fundamentalistischer Imame und werden in ihrer Haltung bestärkt. Irgendwann hat Sommer erfahren, dass die Leute, für die sie alle Probleme gelöst, mit denen sie gegessen und gelacht hatte, »die weder beteten noch in die Moschee gingen«, sie, »hinter meinem Rücken und in meinem Garten sitzend, eine ›deutsche dumme Nutte‹« nannten. Sie spielten mit ihr ein falsches Spiel, der Name dafür ist *taqiyya*, was »Täuschung« bedeutet. Taqiyya erlaubt es den Muslimen, betrügerisch zu handeln, wenn dies dem Schutz des Islam und der Muslime dient, in diesem Fall ist das Betrügen und Belügen der Ungläubigen ethisch nicht verwerflich. Diese Täuschung dient der Manipulation der Helfer, um möglichst viel Hilfe zu bekommen, aber vor allem rechtfertigt sie es, zu verheimlichen, wie fundamental religiös man wirklich ist und wie sehr man unser Wertesystem und unsere Gesellschaft ablehnt. Sommer beschreibt ihre Erlebnisse aus der Praxis:

»Es sind ähnliche Geschichten: dass sie Medizin, Jura oder Informatik studiert haben, dass ihre Eltern tot sind und die kleinen minderjährigen Brüder in der Türkei auf der Straße am Verhungern sind und man ihnen helfen soll, sie herzuholen, oder sogar dass ihre ganze Familie in den Kriegshandlungen umgekommen ist. Dass man dem sich als säkular und moderat-modern ausgebenden Ehemann helfen soll, die geliebte Ehefrau (die genauso frei wie wir hier leben würde) und die Kinder zu holen. Und plötzlich erscheinen in Deutschland Onkel, Tanten, Eltern, und auf einmal zählt die ganze tote Familie 15 Köpfe und hat drei Wohnungen. Der kleine Bruder kommt an, die Eltern sind gar nicht tot, sondern leben sicher in der Türkei, und im Gegensatz zum Erzählten stellt sich heraus, dass er alles andere als hilflos, sondern ein Al-Nusra-Kämpfer in Syrien war. Und der große Bruder alles andere als ein moderater Muslim ist. Oder du erfährst, dass ihr Diplom gekauft wurde. Oder du erfährst, dass die Familie zwar arm (war), aber in einem sicheren Gebiet in Syrien lebte und hierherkam, um ein besseres Leben zu führen. Oder du wirst nach erfolgreicher Familienzusammenführung plötzlich von dem sich als moderat ausgebenden Ehemann gefragt, ob du helfen könntest, eine weitere Ehefrau und Kinder rüberzuholen. Die als geliebte und als modern beschriebene Ehefrau kommt tief verschleiert an und ist laut ihrer Erzählung todunglücklich, weil er sie schlägt, ihr alles verbietet, weil er ein besonders strenggläubiger Muslim sei. Ich habe daraus gelernt, dass bei den Muslimen das Ausnutzen der Naivität, also in Ihren Augen eines Schwächeren, nicht als etwas Schlimmes verurteilt wird.«[162]

Die Erfahrung dieser Ehrenamtlichen ist nicht ermutigend. Es ist interessant festzustellen, wie Menschen aus ihrer Praxis und dem engen Kontakt zu Muslimen heraus treffsicher die grundlegenden kulturellen Unterschiede zwischen dem Islam und unserer Demokratie herausarbeiten, ohne Islamwissenschaft studiert zu haben. Es ist insoweit von Bedeutung, weil die deutsche Öffentlichkeit trotz der oft verharmlosenden Berichtserstattung doch mitbekommt, was eigentlich los ist; die überwiegend negative Haltung dem Islam gegenüber in Deutschland sowie in ganz Europa ist kein Ergebnis von Rassismus und Faschismus, sondern resultiert daraus, wie ein Teil der Muslime sich verhält.

Trotz aller Bemühungen des Staates, Integrationsarbeit zu leisten, erleben wir eine unaufhaltsame Integration der eingewanderten Muslime in die islamische Parallelgesellschaft. Während die Clans wie erwähnt die Gruppen der Dolmetscher und Integrationslotsen unterwandern, werden diese von den islamischen Vereinen offiziell besetzt, ihr Engagement wird sogar vom Staat ausdrücklich erwünscht. In einer Broschüre des Hessischen Justizministeriums zu diesem Thema heißt es: »Integrationslotsen sind engagierte Freiwillige – in der Regel mit Migrationshintergrund –, die in ihrem sozialen Umfeld eine Brückenfunktion zwischen Menschen mit Migrationshintergrund und der Aufnahmegesellschaft wahrnehmen. Neben der Anerkennung ihrer Mittlerrolle tragen sie dazu bei, die Eigenverantwortlichkeit der Mitbürger mit Migrationshintergrund zu stärken.«[163] Unter dem Titel »Der Bock als Integrations-Gärtner?« fasst Andreas von Delhaes-Guenther in einem Artikel[164] die Problematik zusammen: Aiman Mazyek, der Vorsitzende des Zentralrats der Muslime, der dreihundert vor allem arabischstämmige Moscheevereine bündelt, schlug 2015 vor: »Wir sollten Integrationslotsen und Scouts heranbilden, die die arabische Sprache beherrschen und denselben Glauben wie die Flüchtlinge haben ... Deshalb sind unsere Gemeindemitglieder auch schon in vielen Kommunen vom Bürgermeister gebeten worden, im Flüchtlingsheim zu dolmetschen, Imame dort Freitagsgebete abhalten zu lassen oder einfach nur den Bedarf an Koranen und Gebetsteppichen zu stillen.« Die Bundesfamilienministerin Manuela Schwesig (SPD), fährt Delhaes-Guenther fort, ist begeistert von der Idee und kündigt an, dass konkrete Projekte der Zusammenarbeit bald starten sollen: »Hier ist zum Beispiel die Idee, dass wir Moscheegemeinden ganz konkret unterstützen, Wohlfahrtseinrichtungen aufzubauen, ob in der Kinder- und Jugendarbeit oder eben zum Beispiel in der Altenpflege.« Frau Schwesig blendet aus, dass die meisten Moscheen in der Hand der großen islamischen Verbände sind.

Weiter berichtet Delhaes-Guenther, dass die Empörung unter den säkularen Muslimen groß ist. Der Extremismus-Experte Ahmad Mansour meinte: »Unser Innenminister begeht einen Jahrhundertfehler.« Ali Ertan Toprak, der unter anderem Präsident der Bundesarbeitsgemeinschaft der Immigrantenverbände in Deutschland ist, pflichtete bei: »Ich kann Mansour nur zustimmen.« Die islamischen Verbände sollten erst mal für die Integration ihrer eigenen Mitglieder sorgen, »bevor sie die staatlich subventionierte Integrationsarbeit für die Flüchtlinge übertragen bekommen«. Weiter sagte er: »Die Verbände werden Tendenzen zu einer antisäkularen, letztlich antidemokratisch-islamistisch-fundamentalistischen Orientierung unter Teilen der Neueinwanderer nicht aktiv entgegentreten, sondern sie im Gegenteil unterstützen.« Auch von Reaktionen aus der Politik berichtet Delhaes-Guenther, Bundestagsvizepräsident Johannes Singhammer etwa warnte: »Integration richtig gestalten bedeutet, keine Sonderrolle für Islamverbände bei der Integration von Flüchtlingen zu schaffen. Der Weg in die Parallelgesellschaft darf nicht mit Steuergeldern unterstützt werden. Deutschland verfügt über viele ehrenamtliche und professionelle Integrationsangebote, die Flüchtlinge in der Mitte der Gesellschaft integrieren können.«

Und der Integrationsbeauftragte der bayerischen Staatsregierung, Martin Neumeyer, mahnte: »Es erschließt sich mir nur schwer, wenn explizit Vertreter von Islamverbänden als Integrationslotsen fungieren sollen.« Man integriere doch Menschen, Individuen, nicht Nationen und auch nicht Religionen. Er fügte hinzu: »Wäre man böswillig, könnte man fast vermuten, dass Integrationslotsen, die sich durch eine andere Religion definieren, eher die innere Mission zum Ziel haben als die Integration. Ich will das nicht unterstellen. Es gibt sicher hervorragende Integrationslotsen auch unter den Mitgliedern der Islamverbände. Aber sie sollen sich nicht als Verbandsmitglieder, sondern als Mitbürger engagieren.«[165]

Diese Debatte hat nichts gebracht. Die Politik hat an ihren Plänen festgehalten, die islamische Wohlfahrt steht sowieso auf dem Programm der dritten Islamkonferenz. So konnten die Verbände ungeniert die neue Klientel in ihre parallele Welt rund um die islamischen Zentren eingliedern. Dort finden die Flüchtlinge ähnliche Verhältnisse wie zu Hause, niemand stört sich an ihrer mitgebrachten islamischen Lebensweise. Ihr patriarchalisches Familienverständnis wird nicht beeinträchtigt. Sie können nach wie vor Minderjährige islamisch heiraten und mehrere Frauen ehelichen, wer soll sie schon denunzieren. Ihren Hochmut als Muslime können sie weiterhin pflegen, das ist das Einzige, das ihnen geblieben ist, ihre Länder liegen in Trümmern, sie haben nichts anderes, um sich zur Geltung zu bringen. In diesem Punkt sind sie mit den einheimischen Muslimen einig. Diese hatten schon in den Neunzigerjahren damit begonnen, das aus ihrer Religion resultierende Überlegenheitsgefühl auch nach außen zu zeigen. Schon da fanden an den Schulen Auseinandersetzungen statt, in denen die muslimischen den deutschen Schülern vorwarfen, Heiden zu sein, weil sie an drei Götter (die Trinität) glaubten, wobei die meisten deutschen Schüler zu dieser Zeit keine Ahnung mehr von Religion hatten. Sie wurden einfach wegen einer Angelegenheit, die sie nicht interessierte, schlecht gemacht. Heute hat sich die Situation weiter dramatisiert. An einer Berliner Schule wurde eine Zweitklässlerin von muslimischen Mitschülern angepöbelt, weil sie nicht an Allah glaubt, ein körperlich deutlich überlegener Schüler machte ihr die Ansage, sie solle geschlagen und anschließend umgebracht werden, weil sie nicht an Allah glaube.[166] Über den schon verbreiteten Antisemitismus hinaus findet einseitig eine Art Religionskrieg statt.

Seit 2012 sind circa anderthalb Millionen muslimische Flüchtlinge in Deutschland eingetroffen. Sie haben nicht nur die islamische Parallelgesellschaft und die Clans gestärkt, sondern gefährden eine essenzielle Grundlage unserer freiheitlichen demokratischen Grundordnung: die Freizügigkeit der Frauen im öffentlichen Raum. Dass der Islam eine minderwertige Stellung der Frau lehrt, ist längst bekannt; dass die islamischen Verbände einen Kampf für die Geschlechtertrennung führen, gehört zum Alltag. Neu ist die subjektive Angst der Frauen, trotz der Tatsache, dass Deutschland nach wie vor eines der sichersten Länder der Welt geblieben ist. Nach der Silvesternacht von Köln ist lediglich eine andere Stimmung entstanden. In einer Emnid-Umfrage für die »Bild am Sonntag« gaben 58 Prozent der Befragten an, dass öffentliche Orte für sie weniger sicher seien als früher. 48 Prozent gaben an, dass sie bestimmte Gebiete meiden würden, sobald es dunkel wird. 16 Prozent führten nach Sonnenuntergang Pfefferspray mit sich. Unter den 14- bis 29-Jährigen sind es sogar 32 Prozent.[167]

Der Zivilsationsgrad einer Gesellschaft lässt sich an ihrem Umgang mit Frauen messen. Als ich 1972 nach Deutschland kam, war ich angetan von der Freiheit, die ich hier erlebte, vor allem der Freiheit der Frauen: Sie konnten ohne Bedenken nachts ausgehen und spät nach Hause kommen, sie fühlten sich sicher. Das Sicherheitsgefühl herrschte übrigens überall, der Staat war einfach respektiert. Nur die Studenten haben gegen den autoritären, imperialistischen Staat demonstriert. Jedes Semester begann mit einem Streik, oft habe ich nicht verstanden, warum. Am Ende waren die Studenten müde und stellten die Proteste ein, ein harter Kern driftete in den Terrorismus.

Im Libanon, der damals ja noch als Schweiz des Orients galt, war die Freizügigkeit der Frauen verbreitet, aber unter Vorbehalt. Jeder hatte im Hinterkopf eine Art Alarmanlage, die einen vor bestimmten Gegenden und Tageszeiten warnte. Die Relaxtheit, die ich in Deutschland erlebte, war im Libanon nicht immer vorhanden; vor allem, wenn es dunkel wurde, ging die Zahl der Frauen im öffentlichen Raum deutlich zurück. Was zu dieser relativen Sicherheit beitrug, waren interessanterweise die Überbleibsel der traditionellen patriarchalischen Kultur – die Frauen konnten im Konfliktfall mit dem Schutz von anwesenden fremden Männern rechnen. Diese Kultur wurde in der islamischen Welt vom Islamismus zerstört, die Islamisten unterteilten die islamischen Gemeinschaften in Gläubige und Ungläubige, die modernen Muslime wurden als Apostaten betrachtet und bekämpft. Die Gesellschaft wurde gespalten, die traditionellen Werte bröckelten, und der spontane Schutz der Frauen durch die Männer war nicht mehr gegeben. Sogar verschleierte Frauen wurden belästigt, die sexuelle Belästigung der Frauen in der arabischen Welt erreichte Spitzenwerte, nach mehreren Studien waren bis zu 98 Prozent der Frauen davon betroffen. Viele islamische Länder haben scharfe Gesetze verabschiedet, jedoch ohne spürbare Auswirkungen. Das Ergebnis ist, dass die Frauen aus dem öffentlichen Raum verdrängt wurden, an erster Stelle aus der Arbeitswelt. Das Verdrängen der Frauen aus der Öffentlichkeit, die konsequente Umsetzung der Geschlechtertrennung haben der Sexualisierung der sozialen Verhältnisse, die für den Islam typisch ist, noch mehr Antrieb gegeben.

Für die aus diesen Ländern gekommenen Menschen muss der Kulturschock enorm gewesen sein. Alle diese Frauen, die ohne

Kopftuch oder Burka, teilweise leicht bekleidet, auf den Straßen unterwegs sind, stellten sie auf eine harte Probe. Bei einer weitverbreiteten islamistischen Kultur musste es zur Explosion kommen. Einige Flüchtlinge haben die »Ungläubigen« mit Bomben und Messern, andere haben Frauen angegriffen, das ist, wie Alice Schwarzer bemerkte, eine andere Form des Terrorismus. Egal, wer die Verantwortung für das Fiasko trägt, die Ereignisse der Silvesternacht 2015 in Köln und anderswo haben das Sicherheitsgefühl in Deutschland stark beschädigt. In vielen Köpfen entstanden Alarmanlagen, die Freiheit, für die in Europa gekämpft worden war, wird nun mit Gewalt eingeschränkt.

Kapitel 8

# Bekämpfung der Clankriminalität

Die Bekämpfung der Clankriminalität ist eine gesamtgesellschaftliche Aufgabe und nicht nur Sache der Polizei und der Justiz. Sie gehört zur Problematik der Integration und heißt: Wie kann man Migranten integrieren, die sich nicht individuell definieren, sondern als Mitglieder einer Gruppe? Das betrifft an erster Stelle die Gruppe jener Muslime, die vordergründig ihre islamische Identität betont und sich deswegen in der Parallelgesellschaft zu Hause fühlt. Sie lehnt, wie wir gesehen haben, unsere humanistischen Werte ab und will ihre eigenen islamischen Werte durchsetzen. Das Konfliktpotenzial ist enorm, wenn Muslime an erster Stelle die Menschen in Gläubige und »Ungläubige« aufteilen, dann fehlt die notwendige gemeinsame Basis für das Zusammenleben. Die Konfrontation ist vorprogrammiert, vor allem, wenn zusätzlich im Koran Stellen zu finden sind, wie mit den »Ungläubigen« umzugehen ist. Wenn manche Muslime unter dem Schlachtruf »*Allah wa Akbar*« »Ungläubige« erstechen, erschießen oder in die Luft sprengen, hat das mit Religionsfreiheit nichts mehr zu tun, sondern ist religiöse Kriminalität. Nach Angaben des BKA vom März 2018 ist die Zahl der Gefährder beispielsweise weiter auf siebenhundertsechzig gestiegen.[168]

Ich fasse noch einmal zusammen: Nach dem Megastamm der Umma der Muslime kommt die Großfamilie, die ihre Grundlage bildet. Die patriarchalische Großfamilie ist der Eckpfeiler für die soziale Organisation der Umma und wird vom Islam gefördert. Sie weist mehr oder weniger starke Strukturen auf, am meisten verfestigt sind die Clanstrukturen bei den Mhallami, die damit auch den größten Erfolg erzielen. Die Bemühungen, islamische Vorstellungen in unserer Gesellschaft durchzusetzen, stoßen jedoch auch an ihre Grenzen; die islamischen Verbände haben es nicht geschafft, den Rechtsstaat auszuhebeln.

Trotz des Versuchs der Politik, die Vorgaben des Rechtsstaates zu umgehen, um außerhalb des gesetzlichen Rahmens eine Gleichbehandlung der islamischen Verbände und der Kirchen zu erreichen, hat die Justiz wiederholt die Erfüllung der verfassungsrechtlichen Voraussetzung eingefordert: Sie hat die Anträge der islamischen Verbände auf Anerkennung als Körperschaften des öffentlichen Rechtes abgelehnt. In Frankreich erheben sich immer mehr Stimmen, die die Abschaffung des Laizismus-Gesetzes von 1905 verlangen, um angeblich die Integration der Muslime zu erleichtern, was illusorisch ist. In Deutschland sind solche Stimmen noch nicht zu hören, so bleiben die Erfolgschancen der Verbände in dieser Hinsicht gering.

Anders die Clankriminalität. Sie hat es geschafft, unseren Rechtsstaat zu zersetzen, indem sie die Arbeit vieler staatlicher Institutionen weitgehend gelähmt hat. Sie hat sich viele Freiräume geschaffen und kann mit wenigen Risiken ihrem kriminellen Geschäft nachgehen. Zum Leid vieler Menschen hat sie unvorstellbare Reichtümer angehäuft und behandelt unsere Gesellschaft als Beutegesellschaft. Der Erfolg der Clans hat verheerende Konsequenzen, weil er den Sieg der Großfamilie gegen unser individualisiertes Gesellschaftsmodell bedeutet. Das Beispiel der Mhallami macht Schule. Andere Gruppen und Ethnien, die schon eine Großfamilientradition haben, versuchen, diese Tradition zu beleben, weil sich das Handeln nach ihren Werten in unserer offenen Gesellschaft auszahlt. Das bedeutet, dass eine individuelle Integration, vor allem unter den Flüchtlingen, nicht mehr angestrebt wird. Warum diese ganze Mühe für die Integration, wenn man sich direkt bedienen kann? Die allermeisten Flüchtlinge wollen nach Deutschland, weil dort die Alimentierung am besten ist. So war es damals bei den Libanon-Flüchtlingen, so ist es auch heute.

Natürlich, nicht alle beschreiten den kriminellen Weg oder wollen es tun. Aber diese rechtschaffenen Menschen haben keine Chance, Tonangeber in ihrem sozialen Milieu zu werden, weil sie bereits die Voraussetzungen für ein rechtschaffenes Leben nicht erfüllen können: Bevor sie eine Arbeit aufnehmen können, müssten sie die Sprache beherrschen und eine Ausbildung mitbringen. Alle Schätzungen gehen davon aus, dass die erste Generation von Flüchtlingen diese Hürden nicht überwinden kann. Das bedeutet, dass erst mit der zweiten Generation möglicherweise eine Hoffnung vorhanden ist. Das ist aber bereits zu spät, weil bis dahin die Gesamtgruppe längst andere Wege eingeschlagen hat.

### Lösungsvorschläge

Die Integration in unsere moderne Gesellschaft ist immer individuell; um sie zu erreichen, muss die Großfamilie als agierender soziopolitischer Verband gesprengt werden. Nicht die Regeln der Sippe bestimmen das Leben, sondern die Regeln des Rechtsstaates, und diese sind individuelle und keine Gruppenrechte. Um aus dem Islam eine Religion wie andere Religionen zu machen, muss vor allem die Politik darauf bestehen, dass zwei Grundbedingungen erfüllt werden: die Anerkennung der Gleichheit aller Menschen und die Trennung der Religion von der Politik. Der erste Punkt bedeutet die Annahme der Menschenrechte: die Einstellung anderer ist genauso zu respektieren wie meine eigene. Der zweite Punkt bedeutet die Akzeptanz des säkularen Staates, ein religiös legitimiertes politisches System kommt nicht in Frage. Diese Bedingungen werden bis heute von den islamischen Verbänden nicht erfüllt.

Es wird wieder darüber debattiert, ob der Islam zu Deutschland gehöre, wobei doch eigentlich inzwischen mindestens drei Dinge bekannt sein sollten. Erstens: Ein Scharia-Islam gehört nicht zu Deutschland, auch in der Zukunft kann nur ein reformierter Islam, der die beiden oben erwähnten Bedingungen akzeptiert, zu Deutschland gehören. Zweitens: Der Islam gehört nicht zum Kulturerbe Deutschlands, sondern die jüdisch-christliche Tradition. Manche Multikulti-Wissenschaftler versuchen, die geschichtlichen Fakten zu beugen, um aus der Übernahme einzelner Elemente der islamischen Kultur in die europäische eine Zugehörigkeit des Islam zu Europa abzuleiten, was ganz abwegig ist. Alle Zivilisationen haben voneinander Kulturgüter übernommen, am intensivsten allerdings haben das die Muslime getan. Der bereits erwähnte Ibn Khaldoun (1332–1406) schreibt in seinem berühmten Werk *al-Muqaddima*, dass die Araber als Beduinen nur die Dichtung hatten, weder Wissenschaft noch Industrie; alles haben sie von den eroberten Zivilisationen übernommen.[169] Die Europäer haben von den Muslimen viel übernommen, aber nicht die Grundlage der islamischen Kultur, nämlich die Religion. Sie haben sich für das Christentum entschieden, das übrigens auch aus dem Orient kommt, aber mit einer hellenistischen und römischen Färbung. Und schließlich drittens, ein Argument, das kaum in der Debatte vorkommt, aber eine entscheidende Rolle in der Frage der Zugehörigkeit spielt: das Rechtssystem. In Europa war nicht das Christentum maßgebend, sondern das römische Recht. Im Islam ist die göttliche Scharia ein Bestandteil der Religion, in Europa ist das säkulare römische Recht unabhängig vom Christentum. Das sind zwei vollkommen unterschiedliche Zivilisationsmodelle, das erste stellt den Menschen als Individuum in den Mittelpunkt, das zweite den Willen Gottes, verkörpert im Megastamm der Muslime.

## Der Multikulturalismus

Da der Hauptgrund für das Versagen der Integration der Multikulturalismus ist, der die ethnischen und religiösen Gruppen fördert, lohnt sich ein Blick auf seinen Haupttheoretiker, den Kanadier Charles Taylor. Die sinnstiftenden Fragen nach Religion, Politik und Geschichte, meint er, formen die Identität, die den Inhalt des moralischen Ideals der Authentizität bildet. Authentizität besteht in der Treue zu sich selbst. Das moralische Ideal wird durch Austausch mit anderen, wie etwa den Eltern, vermittelt; die Gemeinschaft bildet den Bedeutungshorizont, durch den manche Dinge wertvoll oder wertlos werden. Es reicht nicht aus, die individuellen Unterschiede auf der Basis der gemeinsamen Prinzipien eines Gemeinwesens anzuerkennen (das heißt des moralischen Universalismus), weil dies auch die Nichtanerkennung der Ausnahme von diesen Prinzipien beinhaltet. Eine wahre Anerkennung der Unterschiede bedeutet die Anerkennung des gleichen Wertes verschiedener Existenzweisen, mit der die Aufforderung an die Politik einhergeht, die Gleichwertigkeit verschiedener Identitäten anzuerkennen.

Diese Ideologie beabsichtigt, genau wie viele andere philosophischen Ideologien, die in den letzten sechzig Jahren entstanden sind, den Universalismus mit seiner Tendenz zur Vereinheitlichung und Gleichheit zugunsten der Heterogenität und Differenz abzubauen. Die Konsequenz daraus ist, dass universelle Werte wie die Menschenrechte relativiert werden. Zu den Strömungen, die den Universalismus bekämpfen, gehören der Kommunitarismus, die Postmoderne, der Poststrukturalismus und alle Formen des Dekonstruktivismus. Manche Strömungen verschwanden mit dem Tod ihrer Erfinder; wer spricht noch von der Postmoderne von Jean-François Lyotard, und was ist von Jacques Derridas Erbe übrig geblieben? Was allerdings hartnäckig überlebt hat, ist der politische Multikulturalismus. Die meisten Parteien in Deutschland, Grüne, SPD, CDU und die Linke wetteifern um Multikulti. Sie denken, dadurch im Besitz einer höheren Moralität zu sein, auf der Seite der Gutmenschen zu stehen und eine bessere Integrationspolitik für die Migranten zu betreiben. Ein Blick auf die Realität zeigt das Gegenteil: Multikulti hat die Desintegration verursacht und dadurch den Abbau des Rechtsstaates gefördert. Deshalb die Forderung, Multikulti zu beenden und zu unserem klassischen demokratischen Pluralismus zurückzukehren.[170]

Der Abbau der islamischen Parallelgesellschaft ist eine Aufgabe der Politik und der Zivilgesellschaft; das ist ein langwieriger Prozess. Die Verfolgung der religiösen Kriminalität beziehungsweise des Terrorismus findet schon durch den Staatsschutz statt. Die Bekämpfung der Clankriminalität ist dagegen sehr mangelhaft. Die Behörden haben noch nicht ganz realisiert, dass diese Mischform von ethnisch-religiöser Kriminalität mit ihrer Einbettung in die islamische Parallelgesellschaft gefährlicher ist als die übliche organisierte Kriminalität, von der sie sich grundlegend unterscheidet. Ich wiederhole noch einmal: Der Clan stellt die vollkommene Form der islamischen Familie dar und tritt als kriminelle Organisation auf. Die staatliche Aufgabe besteht darin, den Clan zu sprengen, um die Clanmitglieder einzeln zu integrieren. Dies ist noch möglich, wenn aber die anderen Flüchtlinge in ihren Bemühungen, ähnliche Clanstrukturen aufzubauen, voranschreiten und der erwartete Familiennachzug sie in diesem Vorhaben stärkt, dann ist der Kampf einfach aus Kapazitätsgründen verloren.

## Das illegale Vermögen

Die Zerschlagung der Clans ist möglich, wenn man den Hauptgrund für seine Bildung auflöst: Das ist der Profit, besser gesagt, die Beute. Wenn diese Gewinnperspektive nicht mehr vorhanden ist, dann sind die Bemühungen um die Stärkung der Clanbindung hinfällig, was eine Rückbildung auf das Niveau der anderen islamischen Großfamilien zur Folge hat. Das bedeutet eine wichtige Lockerung der Clanstrukturen, die eine Integrationsarbeit erlaubt. Um dieses Ziel zu erreichen, gibt es ein Hauptinstrument: die Vermögensabschöpfung.

Am 1. Juli 2017 trat das »Gesetz zur Reform der strafrechtlichen Vermögensabschöpfung« in Kraft, es wurde mit den Stimmen der CDU/CSU und der SPD verabschiedet, die Linke und die Grünen stimmten dagegen. Mit diesem Gesetz ist es jetzt möglich, im Rahmen der Ahndung einer ganzen Reihe von Straftaten, die hauptsächlich der organisierten Kriminalität zuzurechnen sind, Vermögen unklarer Herkunft, unabhängig vom Nachweis einer konkreten rechtswidrigen Tat, einzuziehen. Den Anlass für das neue Gesetz lieferte die EU-Richtlinie 2014/42/EU, die gerade die Harmonisierung des Rechts der grenzüberschreitenden Vermögensabschöpfung bezweckt und ihre Umsetzung in nationales Recht verlangt. Das war keine deutsche Initiative, im Gegenteil, unsere Politiker haben mehrere Jahrzehnte tatenlos zugeschaut und jetzt dem Druck aus Brüssel halbherzig nachgegeben, was an der Verwässerung des Gesetzes abzulesen ist.

Die Haupterneuerung ist die Beweislastumkehr: Die Beweislast liegt jetzt nicht mehr bei der Strafverfolgungsbehörde, sondern bei den Verdächtigen, sie müssen die Herkunft ihres Vermögens nachweisen. Das Gesetz ist außerdem umfassend, weil die Einziehung nicht nur das konkret vorgefundene Vermögen betrifft, sondern auch seine Einführung unter dem Namen eines falschen Besitzers, seine Veräußerung, seine Verschenkung, seine Vererbung und seine Umwandlung. Der letzte Punkt betrifft die seit Jahren übliche Geldwäsche durch Investitionen in legale Geschäfte wie Immobilien und Gastronomie. Das alles klingt ganz gut, und man fragt sich, wo der Haken ist. Die Hauptkritik wurde von vielen juristischen Fachverbänden geäußert; sie sehen eine

Überfrachtung des Strafverfahrens mit zivilrechtlichen Fragen der Entschädigung der Opfer, die eine zusätzliche Belastung der Strafgerichte und auch eine inhaltliche Überforderung der Richter darstellen. Das zieht die Verfahren entgegen der Absicht des Gesetzgebers in die Länge. Bislang waren beide Verfahren, das strafrechtliche und das zivilrechtliche, getrennt. Eine geschädigte Firma konnte direkt ein Zivilrechtsverfahren einleiten, um entschädigt zu werden. Nun muss sie lange auf den rechtskräftigen Abschluss des Strafverfahrens warten, was manchmal massive Nachteile mit sich bringt, manche Firmen etwa könnten deswegen in Konkurs gehen.

Die Polizei ihrerseits kritisiert, dass die Justiz beauftragt ist, die Verdachtsmomente vor der Anordnung der Einziehung des Vermögens zu überprüfen, dies wird die Arbeit der Polizei nicht erleichtern. Sie wünscht sich eine richtige Beweislastumkehr ohne Verzögerung. Ein Vermögen in Höhe von Zehntausenden von Euro etwa, das bei einem Harz-IV-Empfänger gefunden wird, soll die Polizei unmittelbar beschlagnahmen können ohne vorherige Absprache mit der Justiz. Die Belastung der Strafjustiz, die chronisch an Personalmangel leidet, schränkt die Wirksamkeit des Gesetzes erheblich ein. Daher die Forderung, die zwei rechtlichen Verfahren wieder zu trennen und vor allem den sofortigen Einzug des verdächtigten Vermögens durch die Polizei zu ermöglichen.

### Der Datenschutz

Für die Überprüfung der Vermögensverhältnisse ist ein Datenaustausch zwischen verschiedenen Behörden erforderlich, oft scheitert er am Datenschutz. Die rechtliche Notwendigkeit des Schutzes der Privatsphäre durch die Begrenzung der Sammlung von personenbezogenen Daten ist eine ziemlich neue Angelegenheit. Das erste »Bundesdatenschutzgesetz« (BDSG) ist aus dem Jahr 1977, es wurde mehrmals geändert und ergänzt, zuletzt im

Jahr 2018. Der Datenschutz wurde allmählich von den meisten Bundesländern in ihre Landesverfassungen aufgenommen. Den Grundsatz dieses Gesetzes bildet das sogenannte »Verbotsprinzip mit Erlaubnisvorbehalt«. In Paragraf 4.1. des Bundesdatenschutzgesetzes steht: »(1) Die Erhebung, Verarbeitung und Nutzung personenbezogener Daten sind nur zulässig, soweit dieses Gesetz oder eine andere Rechtsvorschrift dies erlaubt oder anordnet oder der Betroffene eingewilligt hat.« Besonders wichtig für unser Thema ist Paragraf 3.9. des Bundesdatenschutzgesetzes, wo es heißt: »(9) Besondere Arten personenbezogener Daten sind Angaben über die rassische und ethnische Herkunft, politische Meinungen, religiöse oder philosophische Überzeugungen, Gewerkschaftszugehörigkeit, Gesundheit oder Sexualleben.« Das »Verbotsprinzip mit Erlaubnisvorbehalt« wurde 1995 im europäischen Recht übernommen.[171] Diese restriktive Auffassung des Datenschutzes erzeugte 1983 einen Konflikt, als die Bundesregierung eine umfassende Volkszählung durchführen wollte. Mit Urteil vom 15. Dezember 1983 des Bundesverfassungsgerichts[172] wurde der Datenschutz, der im Grundgesetz nicht vorkommt, von den Richtern auf das Niveau eines Grundrechtes gehoben, sie leiteten es aus dem allgemeinen Persönlichkeitsrecht des Grundgesetzes (Art. 2, Abs. 1) in Verbindung mit der Würde des Menschen im Artikel 1, Absatz 1 des Grundgesetzes ab. Das neue Grundrecht heißt das Recht auf »informationelle Selbstbestimmung«. Damit wurde die restriktive Auffassung verfestigt. Zum Vergleich sei erwähnt, dass die Erhebung ethnischer und religiöser Daten in den USA selbstverständlich ist.

Anlässlich der Neufassung des Datenschutzrechts auf EU-Ebene 2012 setzte sich der Deutsche Anwaltsverein (DAV) mit seinen 67 000 Mitgliedern für eine Abschaffung des Grundsatzes »Verbotsprinzip mit Erlaubnisvorbehalt« im nicht öffentlichen Bereich ein. Der DAV sieht die Gefahr, dass mit den speziellen Datenschutzregeln (ähnlich wie beim Allgemeinen Persönlichkeitsrecht) durch die Berufung auf ein Individualrecht die Freiheit der Information und Berichterstattung – welche ein Grundpfeiler jedweder demokratischen Gesellschaftsordnung ist – gemäß Artikel 10 der Europäischen Menschenrechtskonvention (EMRK), unverhältnismäßig beschnitten werden könne.[173] Außerdem verweist die Stellungnahme des DAV auf die Unklarheit der Begriffe im Konflikt zwischen Persönlichkeitsrechten und personenbezogenen Daten. Ob E-Mail-Adresse, Cookie oder IP-Adresse schutzwürdig sind, ist fragwürdig, aber oft fallen diese Daten unter das Persönlichkeitsrecht.

Diese Erwägungen des DAV gelten auch für den Datenaustausch zwischen staatlichen Behörden, wo nach dem geltenden Grundsatz »Verbotsprinzip mit Erlaubnisvorbehalt« der Austausch stets rechtlich legitimiert werden muss. Das macht ihn stark von den machthabenden Parteien sowie von den Einstellungen der Behördenleiter abhängig. Bei der Verbreitung der Multikulti-Ideologie in den letzten Jahrzehnten hat sich der Datenschutz praktisch als »Täter-Schutz« erwiesen. Von ihm profitieren die Kriminellen, die normalen Bürger haben ihre persönlichen Daten längst in den sozialen Medien und überall im Internet verstreut. Selbst geschützte Daten bei den Banken und großen Firmen werden immer wieder von Hackern geknackt, Millionen von persönlichen Daten werden gestohlen. Nur die Daten der Kriminellen werden geschützt und dies durch den Staat, Jugendrichterin Heisig schreibt diesbezüglich: »dass Datenschutz nicht dem Täterschutz dienen darf.«[174] Der Datenschutz muss neu konzipiert werden. Nach wie vor soll er die autonome Person in ihrem selbstbestimmten Handeln als Bürger einer demokratischen Gesellschaft unterstützen; die Frage lautet aber heute: schützen vor wem? Lange wollte man die Bürger vor dem Eingriff des Staates schützen, das ist berechtigt und soll weiter stattfinden; wer jedoch schützt uns heute vor der Clankriminalität beziehungsweise der organisierten Kriminalität? Die Antwort auf diese

Frage entscheidet über das gute Funktionieren der staatlichen Institutionen der Polizei und der Justiz. Zusammengefasst: Die Abschaffung von Multikulti und das Ermöglichen des Datenaustausches bilden die Grundlage jeder effektiven Bekämpfung der organisierten Kriminalität beziehungsweise der Clankriminalität.

**Die Polizei**

Bevor auf die inhaltlichen Fragen eingegangen wird, muss auf einen Punkt hingewiesen werden, der die Arbeit der Polizei empfindlich einschränkt, nämlich die Frage ihrer personellen Ausstattung. Im Jahr 2000 lebten in Deutschland 82 Millionen Menschen, die Polizei zählte 250 178 Beamte; im Jahr 2016 lebten 82,7 Millionen Menschen hier, die Zahl der Polizeibeamten betrug nur noch 220 813[175.] Das Personal wurde abgebaut, muss aber immer mehr Aufgaben schultern, von der Terrorbekämpfung über die Internetkriminalität bis hin zur ständig wachsenden Zahl von Großeinsätzen bei Fußballspielen, Politgipfeln und Demonstrationen. Dieser Mangel wurde inzwischen von der Politik gesehen, die Reaktionen darauf sind je nach Bundesland unterschiedlich ausgefallen.

In mehreren Bundesländern ist die Polizei in ihrem Alltag mit dieser neuen Form der Kriminalität konfrontiert worden und konnte sie nicht richtig einordnen. Die erste Reaktion kam aus Berlin, sie war ein Nebeneffekt der Bemühungen, Intensivstraftäter abzuschieben. Im November 2000 wurde die »Gemeinsame Ermittlungsgruppe Identität« (IG Ident) mit dem Ziel eingerichtet, besonders gefährliche Straftäter innerhalb der »libanesischen Kurden« nicht nur der strikten Strafverfolgung, sondern auch gezielt aufenthaltsbeendenden Maßnahmen zuzuführen. Zu diesem Zweck wurden Personal und Fachkompetenz aus Polizei und Ausländerbehörde auf einer Dienststelle zusammengeführt. In der Zeit ihres Bestehens (2000–2008) hat die IG Ident circa tausend Fälle überprüft, dreiundvierzig abgeschoben und fünfundvierzig zur freiwilligen Ausreise bewegt.[176] Die Gruppe wurde aufgelöst, weil sich der türkische Staat bei der Rückführung nicht kooperativ zeigte. Was die Arbeit der IG Ident und die anvisierte Abschiebung darüber hinaus behinderte, war die Verwurzelung der Kinder in der BRD, die im langen Aufenthalt der Eltern begründet war. Dennoch war zum ersten Mal offiziell die Rede von »libanesischen Kurden«, weil die Kombination Intensivtäter und unbestimmte Identität zwangsweise zu dieser Gruppe führt – in der Tat gehörten alle Abgeschobenen zu dieser Gruppe.

2003 hat Markus Henninger vom LKA-Berlin eine Studie mit dem Titel: »Importierte Kriminalität und deren Etablierung am Beispiel der libanesischen, insbesondere ›libanesisch-kurdischen‹ Kriminalitätsszene Berlins«[177] vorgelegt, die die Zielgruppe direkt erfasst. Diese Studie verstieß offensichtlich gegen die Regeln der *political correctness*, die unter anderem die angebliche Stigmatisierung ethnischer Gruppen verbietet, vielleicht blieb sie deshalb ohne Konsequenzen. Der zweite Versuch, die Clankriminalität zu verstehen, kam ebenfalls aus Berlin, wo die Situation am schlimmsten war. In einem Papier vom 3. Dezember 2010 mit dem Titel: »Straftaten von Angehörigen arabischer Großfamilien in Berlin« versuchte das LKA-Berlin, eine Art Lagebild zu erstellen, verfehlte jedoch durch seine Vorgehensweise das Ziel. Das LKA definierte den Begriff »Araber« als Staatsangehörige von Staaten der Arabischen Liga und erwähnte zugleich, dass die Eingebürgerten nicht erfasst sind. Außerdem verweist das Papier darauf, dass viele Asylbewerber aus der Türkei angeben, sie würden aus dem Libanon stammen. Eine Klärung der Frage der Herkunft sei nicht möglich, weil »eine generelle Darstellung des Migrationshintergrunds bei Tatverdächtigen weder politisch noch gesellschaftlich gewollt ist«. Im Vergleich zur Studie von Henninger stellt das Papier einen Rückschritt dar, es stützt sich wesentlich auf die Ergebnisse der aufgelösten IG Ident.

Auch bezüglich des Datenschutzes sind der Polizei die Hände gebunden, das LKA schreibt in seinem Papier wie folgt:

»Hinsichtlich der Informationsmöglichkeiten der Polizei in Richtung anderer Behörden gibt es bisher keine Regelungsdefizite, es bestehen hinreichende Möglichkeiten der Polizei, Daten an andere Behörden zu übermitteln. Jedoch gilt für den umgekehrten Weg der Informationserteilung, z. B. der Sozialträger an die Polizei, dass dieser Datenfluss im Regelfall nicht möglich ist. ... Eine seit Jahren von der Polizei erhobene Forderung ist allerdings auch, dass die Sozialämter Zugang zu Registern ... erhalten, um die Bedürftigkeit der Antragsteller prüfen und beurteilen zu können. ... Der Datenaustausch der Polizei mit der Steuerfahndung ist ausdrücklich gesetzlich eingeschränkt bzw. untersagt. ... Eine Verfahrenserleichterung durch die Änderung der Rechtslage würde die polizeilichen Ermittlungen erheblich vereinfachen und wäre daher wünschenswert.«[178]

In Bremen, das ein Musterland für Multikulti ist, stellt die Clankriminalität ebenfalls ein massives Problem dar. Die Not war so groß, dass die Politik ihre ethnischen Bedenken beiseiteschob und das Landesparlament 2010 beschloss, eine »Informationsstelle ethnischer Clans« (ISTEC) einzurichten, die die Straftaten der arabischen Großfamilien gesondert auflistet. In ihrer Datei wird jeder mit einem »Merker« registriert, der den Mhallami zuzurechnen ist und mindestens einmal als Tatverdächtiger erfasst wurde. Ende 2014 lebten 3419 Mhallami in Bremen, davon fanden sich 767 in der Merker-Gruppe Mhallami, weil sie schon eine Kriminalakte (KA) haben. Die Gesamtzahl der Tatbeteiligten war jedoch höher und betrug 970. Die Informationsstelle war mit vier Mitarbeitern besetzt und versuchte, ausgehend von den durch die Polizei erfassten Fällen, unter anderem die Identität festzustellen und die verwandtschaftlichen Beziehungen zu rekonstruieren, um so Einblick in die Clanstrukturen zu gewinnen. Nach einer erfolgreichen Arbeit konnte die Stelle ihre Aufgabe wegen Personalmangels nicht mehr erfüllen, anstatt vier gibt es zurzeit nur einen Beschäftigten, und es ist nicht sicher, ob seine Stelle, wenn er demnächst pensioniert wird, neu besetzt wird. Der letzte Situationsbericht mit dem Titel »Delinquenz in Bremen ansässiger Mhallamiye« ist aus dem Jahr 2015. Das Land Bremen ist unter den deutschen Bundesländern am höchsten verschuldet, 2016 betrug die Schuld je Einwohner 38 000 Euro. Das bleibt nicht ohne Auswirkungen auf die personelle Ausstattung der Polizei und der Justiz.

Parallel dazu sollte ein Integrations- und Präventionsprogramm beginnen, das alle betroffenen Behörden wie Sozialämter und Schulen zur Zusammenarbeit mit der Polizei auffordert, daraus wurde nichts. Die Frage, ob Informationen und Beratung über Kinder ausgetauscht würden, um sie vor einer kriminellen Karriere in ihrem Clan zu bewahren, verneinte ein Ermittler. Das Gegenteil sei der Fall, wenn ein Gesuchter etwa weiter Sozialleistungen kassiere, weigert sich die Behörde aus »datenschutzrechtlichen Gründen«, der Polizei mitzuteilen, wo er sich aufhält. Auch der Bremer CDU-Innenpolitiker Wilhelm Hinners kritisiert: »Die versprochene Vernetzung der Behörden funktioniert nicht. Wir lassen die Kriminellen viel zu häufig gewähren und bestätigen sie damit auch noch in ihrem Tun«.[179]

## Das Beispiel Niedersachsen

Das einzige Bundesland, in dem die Auseinandersetzung mit der Clankriminalität konsequent geführt wird, ist Niedersachsen.[180] Das ist meines Erachtens auf zwei Gründe zurückzuführen: wenig Ideologie und viel Pragmatismus. In Niedersachsen, wie anderswo auch, wollte die Politik keine Stigmatisierung von Minderheiten und lehnte die Sammlung ethnischer Daten ab. Die Polizei stellte im Laufe ihrer Arbeit jedoch fest, dass die Mitglieder mancher Familien sehr häufig Straftaten begehen. Als sie zwecks Auswertung die Straftatenregister verglich, sah sie, dass sich manche Namen wiederholten. Anders als bei anderen Polizeibehörden zog die Polizei in Niedersachsen auch das Register der Tatbeteiligten an Straftaten hinzu, um festzustellen, wie oft der Familienname bei Einsatzlagen der Polizei auftauchte, und bewertete die Wiederholung des Namens als Hinweis auf Clanstrukturen. Die Polizei ging von den Tätern aus und verknüpfte, um Rückschlüsse zu ziehen, ihre Namen mit den Kriminalitätsereignissen. Anders als in Bremen hat sie nicht versucht, Verwandtschaftsverhältnisse zu rekonstruieren, aber auch sie musste wie üblich Familiendaten, etwa Erziehungsberechtigte bei Minderjährigen, sammeln.

Die Polizei in Niedersachsen geht nicht von dem Clan aus, um dann etwa den Straftäter in diesen einordnen zu können. Sie geht vielmehr vom Einzelfall aus, um festzustellen, dass er eventuell einem Clan angehört. Bei drohender Gefahr allerdings – wie etwa der Befürchtung einer Mobilisierung des Clans zwecks Störung der öffentlichen Ordnung – rückt der Clan für die Planung der Einsätze in den Vordergrund. Dann schaut man sich die verwandtschaftlichen Beziehungen an, um abzuschätzen, mit wem man es zu tun haben wird. Inzwischen beinhaltet die Liste Namen von circa einhundert Großfamilien – die Praxis erfordert eben eine Berücksichtigung von Ethnien und Verwandtschaft. Allerdings hatte die Polizei zum Teil auch auf die offizielle Multikulti-Politik Rücksicht genommen, und ethnische Kategorien tauchten in ihren Berichten nicht auf. Die Situation änderte sich jedoch bald. Nach der Bedrohung von Richter und Staatsanwalt durch die Mhallami im »Ampelmord«-Prozess 2012 bat die Politik das LKA, entsprechend zu handeln. So begann die Polizei, ihre Aufmerksamkeit der Clankriminalität der Mhallami zu widmen. Die Politik wollte zwar keinen Merker »Mhallami« in den Strafakten wie in Bremen sehen, weil sie die ethnische Stigmatisierung befürchtete, aber das fallorientierte Vorgehen der Polizei sowie ihre ausdifferenzierte Auswertung der kriminellen Daten scheinen ein Umdenken bei der Politik ausgelöst zu haben. Im Lagebild 2013 war die »Kriminalität der Mhallami« ausgeführt, im Lagebild 2014 hieß es »Clankriminalität. Kriminalität der Mhallamiye in Niedersachsen«, bei der Vorstellung des OK-Lagebilds haben beide Minister der Justiz und des Inneren auf der Pressekonferenz von Clankriminalität gesprochen. Auch im OK-Lagebild 2016 ist die Rede von Clankriminalität, und schließlich wurde am 01. März 2018 die »Landesrahmenkonzeption zur Bekämpfung krimineller Clanstrukturen in Niedersachsen«[181] vom Innenministerium erlassen. Die Clanstrukturen beziehen sich nicht mehr auf die Ethnie der Mhallami allein, sondern auch auf andere Ethnien wie Jesiden, Albaner und andere.

Die Landesrahmenkonzeption betont den wesentlichen Unterschied zur üblichen organisierten Kriminalität: Was einen Clan ausmacht, ist das familiäre Netzwerk. Die Konzeption beschreibt anhand der Erfahrung der Polizei detailliert die Merkmale des Clans, was eine solide Basis für die Ermittlungen der Polizeibeamten liefert. Weiter wird ein umfangreicher Arbeitsplan geschildert, der alle notwendigen Maßnahmen für die Bekämpfung der Clankriminalität beinhaltet. Er umfasst neben der Zusammenarbeit der Dienststellen auch die Kooperation mit anderen Behörden, wie Justiz- und Sozialbehörden, sowie Fortbildung, Beratung und Koordination zwischen allen Involvierten in diesem Bereich. Die Konzeption ist ein Programm, ob alle seine Vorschläge jemals realisiert werden, hängt nicht nur vom guten Willen der Verfasser der Konzeption ab, sondern von der Bereitschaft der angesprochenen Partner, daran mitzuwirken. Auf alle Fälle wurden bereits konkrete Schritte unternommen, etwa die Aufforderung an alle Polizeibeamten, den Merker »Clan« bei entsprechender Verdachtslage zu setzen, wobei der Fokus vorerst auf Clankriminalität durch die Mhallami gerichtet sein soll.

Der Informationsaustausch zwischen Polizei und anderen

Behörden funktioniert einigermaßen gut, trotzdem wünscht man sich eine klarere und einfachere Gesetzesgrundlage für den Datenschutz. Da jeder Bereich sein eigenes Gesetz und die damit verbundene Ausführungsvorschriften hat, wird der Austausch nicht nur verkompliziert, sondern auch manchmal verhindert: Die Entscheidung über die zulässige Grenze für die austauschbaren Daten liegt in der Hand der Leiter der verschiedenen Behörden und hängt daher von ihren politischen Einstellungen ab. Was die Kooperation mit anderen Bundesländern und mit dem Bundeskriminalamt (BKA) betrifft, so existieren informelle Kontakte, die einzige institutionelle Kooperation findet in der Ermittlungsgruppe Bremen-Oldenburg statt. Mit anderen europäischen Ländern ist der Kontakt erwünscht, insbesondere mit Schweden, wo dieselben Clans agieren. Die Polizei erwartet von der Justiz, dass sie konsequenter und in einem angemessenen Zeitraum handelt, besonders ärgerlich sind die sogenannten abgeschlossenen Deals, um die Verfahren zu verkürzen – auf sie werde ich noch zu sprechen kommen. Darüber hinaus wäre es wünschenswert, wenn das Beratungsangebot der Polizei in Fragen Clankriminalität angenommen würde.

Anhand der Erfahrung Niedersachsens und Bremens wird sichtbar, wo der Polizeiarbeit bei der Bekämpfung der Clankriminalität Grenzen gesetzt werden, aber auch, welche Hindernisse bis jetzt überwunden sind. In Bremen und Niedersachsen wurde die politische Hürde aufgehoben, mit dem Regierungswechsel in NRW, wo CDU / FDP die SPD / Grünen abgelöst haben, hat sich das politische Hindernis jetzt aufgelöst. Deshalb bemüht sich das Land zurzeit, den Weg Niedersachsens zu beschreiten. Hartnäckig dagegen beharrt Berlin auf der alten ideologischen Politik von Multikulti. Die SPD / Grüne / Linke-Regierung weigert sich, den Begriff Clankriminalität zu verwenden. Es besteht jedoch Hoffnung, da die Regierung keine einheitliche Multikulti-Position hat, was an der Haltung zur Abschaffung des Neutralitätsgesetzes abzulesen ist: Linke und Grüne sind mehrheitlich dafür, die SPD ist mehrheitlich dagegen – während der Innensenator Andreas Geisel (SPD) sagte: »Wenn es das Berliner Neutralitätsgesetz nicht gäbe, müsste es sofort geschrieben und verabschiedet werden. Die strikte Trennung von Staat und Religion ist ein ganz wesentliches Element unserer Gesellschaft. Das gilt umso mehr für das Zusammenleben in einer so vielfältigen Stadt wie Berlin.«[182]

Eine Zusammenarbeit zwischen den vier Bundesländern, die die meisten Mhallami beheimaten – Berlin, Bremen, Niedersachsen und Nordrhein-Westfalen –, hätte eigentlich, zum Wohl der Allgemeinheit, schon längst gestartet werden müssen, aber das ist leider nicht passiert. Wünschenswert ist darüber hinaus die Ausdehnung der Clankriminalitätsbekämpfung auf ganz Deutschland, weil, wie die Konzeption aus Niedersachsen erwähnt, auch andere Ethnien Clanstrukturen aufweisen, beispielsweise die Albaner in Hessen. Damit würde auch das BKA, das sich mit bundesweit verbreiteten Formen der Kriminalität befasst, einbezogen. Das BKA, das sich bereits mit der organisierten Kriminalität beschäftigt, zeigte entsprechend schon vor ein paar Jahren Interesse an der Clankriminalität. Auf die Polizeikonferenz in London 2017 lud mich die Forschungs- und Beratungsstelle für OK beim LKA ein, um zum ersten Mal darüber zu referieren – die Überlegungen zur Behandlung dieses Themas dauern aber an und sind noch nicht abgeschlossen. Wünschenswert wäre die Eingliederung der Clankriminalität als selbstständiger Schwerpunkt in den Arbeitsbereich des BKA, ähnlich wie die Rockerkriminalität, die neben der organisierten Kriminalität selbstständig behandelt wird.

### Die Justiz

Das Problem mit der Justiz hat mehr mit der Einstellung der Juristen zu tun als mit den Gesetzen. Einige Gesetze müssten wie erwähnt tatsächlich verbessert werden, etwa im Datenschutz und in der Vermögensabschöpfung; aber es ist schon jetzt möglich, mit den vorhandenen Gesetzen hart durchzugreifen – nur tun das, wie wir gesehen haben, viele Richter und Staatsanwälte, die vom Multikulti-Geist geprägt sind, nicht. Das führt zu einer größeren Berücksichtigung des kulturellen Hintergrunds, mit der Konsequenz, dass merkwürdige Urteile gefällt werden, die auf Unverständnis in der Öffentlichkeit stießen. Bei meinen Recherchen war ich erstaunt festzustellen, dass es sich nicht um Einzelfälle handelt, man kann schon von einem Phänomen sprechen.

In den Achtzigerjahren verlangten karitative Verbände von der Justiz, dass sie mehr Verständnis für die kulturellen Hintergründe zeigen sollten, der »arme unwissende Ausländer« kenne eben unsere Gesetze nicht. Das wurde zu einem Dauerzustand, der Ausländer wurde bevormundet und infantilisiert. Diese Haltung hat bis heute überlebt, in einer Studie über Paralleljustiz in Berlin[183] wird immer noch die Unkenntnis über die Gesetzeslage rechtfertigend ausgeführt und dies in Bezug auf Menschen, die seit vier Jahrzehnten in Deutschland leben. Das ist eine Haltung, die von Multikulti verfestigt wurde, sie gilt inzwischen als selbstverständlich und wird nicht mehr hinterfragt. Diese Haltung ist falsch, sie gehört zu der positiven Diskriminierung der Migranten. Sie diskriminiert auch die Deutschen, die sich nicht auf einen strafmildernden kulturellen Hintergrund berufen können.

Gravierender als die milden Urteile der Justiz ist das Aushöhlen unseres Rechtssystems zugunsten eines anderen, in diesem Fall des islamischen. Als Musterbeispiel gilt nach wie vor das Urteil der Frankfurter Richterin von 2007, bekannt auch als »Koranurteil«. Darin hat eine Familienrichterin in Frankfurt einer Marokkanerin, die von ihrem Ehemann misshandelt und mit Mord bedroht wurde, die schnelle Scheidung verweigert. Zur Begründung verwies sie auf den Koran, der das Schlagen der Frau erlaubt, mit der Konsequenz: »Die Ausübung des Züchtigungsrechts begründet keine unzumutbare Härte gemäß Paragraf 1565

DGB.« Sie erinnerte an die Abstammung der Eheleute aus Marokko und schrieb in ihrer Begründung weiter: »Für diesen Kulturkreis ist es nicht unüblich, dass der Mann gegenüber der Frau ein Züchtigungsrecht ausübt. Hiermit musste die in Deutschland geborene Antragstellerin rechnen, als sie den in Marokko aufgewachsenen Antragsgegner geheiratet hat.«[184] Da der Scharia-Islam den kulturellen Hintergrund bei vielen Muslimen bildet, vor allem in Familienangelegenheiten, bedeutet seine Berücksichtigung praktisch die Einführung des islamischen Rechts in deutsche Gerichte. Jörg Lau kommentierte in der *Zeit*: »Aber die Kultur kann auch zur Ausrede für Diskriminierung werden (…) Es hat Fälle gegeben, in denen mordenden Ehemännern, Vätern oder Brüdern ein kultureller Rabatt bei sogenannten ›Ehrentaten‹ gewährt wurde. Solcher Kulturalismus ist nichts anderes als eine weiche Form des Rassismus. Der ›Kulturkreis‹ wird zur Falle, wenn das Recht mit Verweis auf die Tradition relativiert wird. Kulturrelativisten machen, ob sie es wissen oder nicht, mit Fundamentalisten gemeinsame Sache, weil auch sie sich Kulturen als statische Blöcke vorstellen, an die man nicht rühren darf.«[185]

Das »Koranurteil« blieb trotz der öffentlichen Aufregung ohne dienstrechtliche Konsequenzen. Das hessische Justizministerium erklärte, das Urteil befinde sich im Kernbereich richterlicher Unabhängigkeit. Das ist auch richtig, die Unabhängigkeit der Justiz ist essenziell für das Funktionieren der Demokratie. Die Richter aber als Bürger der Gesellschaft sind dem Einfluss der herrschenden Ideologien ausgesetzt, und das war in den letzten fünfundzwanzig Jahren die Multikulti-Ideologie; der Schutz des Täters trat immer stärker in den Vordergrund, und die Opfer wurden vergessen. Das Bewusstsein, dass sie zu den Staatsorganen gehören, deren wesentliche Pflicht im Schutz der Allgemeinheit und des Rechtsstaates besteht, scheinen manche Richter vergessen zu haben. Da hilft nur die politische Bildung.

Der Vorsitzende Richter am Oberlandesgericht Bremen

Klaus-Dieter Schromek kennt die Problematik der Clans und hat sie sogar, wie berichtet, hautnah erlebt. Er hat sich unermüdlich darum bemüht, in seiner Berufsgruppe über die Paralleljustiz, die mit den Clans zusammenhängt, aufzuklären; zuletzt gelang es ihm, dass die Programmkonferenz der Deutschen Richterakademie das Thema in das Dauerprogramm aufnimmt. Weiter hat er veranlasst, dass die Forschung sich des Themas annimmt, ein Projekt in der Trägerschaft des Max-Planck-Instituts beschäftigt sich damit. Dazu kommt die gute Zusammenarbeit mit der Polizei. Auf diese Weise wird die Clanproblematik von verschiedenen Seiten angegangen, und das verspricht, den ideologischen Multikulti-Nebel zu lichten und zum harten Boden der Realität zu kommen.

Ein letzter Punkt, der die Clankriminalität fördert, ist der sogenannte Deal im Strafverfahren, kurz gefasst: Geständnis gegen einen Strafrabatt. Der Deal, der mit dem »Gesetz zur Regelung der Verständigung im Strafverfahren« vom 29. Juli 2009 eingeführt wurde, hat ökonomische Gründe: Er soll das Gerichtsverfahren verkürzen und die Gerichte entlasten. Er führte jedoch schnell zum Missbrauch, Gesetze wurden nicht eingehalten, Richter, Staatsanwalt und Angeklagte einigten sich im Hinterzimmer, und milde Urteile wurden rasch gefällt. Das 2013 eingeschaltete Bundesverfassungsgericht mahnte die Einhaltung der Rechtsstaatlichkeit an, das Gericht muss den Sachverhalt auf alle Fälle aufklären. Eine Studie zeigte, dass ein Drittel der Richter das Geständnis nicht überprüfte. 2014 musste das Bundesverfassungsgericht wieder intervenieren und verlangte mehr Transparenz: Beim Beginn jeder Hauptverhandlung muss das Strafgericht mitteilen, ob im Vorfeld der Verhandlungen über einen Deal gesprochen wurde oder nicht. Außerdem muss der Angeklagte über die Risiken belehrt werden, beim Auftauchen neuer Gegebenheiten kann der Deal nicht eingehalten werden. Wie man sieht, verursacht der Deal reichlich Kopfschmerzen, und weil sich die Kontrolle der Praxis der Gerichte als unzureichend erweist, sind viele gegen den Deal. Richter Schromek sprach sich entschieden dagegen aus, diese Meinung teile ich auch.

## Schule und Jugendamt

Zu Heinz Buschkowskys pädagogischem Dreieck »Schule, Eltern und Schüler« muss man bei unserer Gruppe der Clans die Moschee hinzufügen. Eine Lehrerin aus NRW berichtet über ihre Schüler: »Die haben von Hause aus weder Erziehung noch Benehmen mitbekommen und kommen zum großen Teil völlig gehirngewaschen aus den umliegenden Moscheen in den Unterricht. Als Lehrer merkt man sofort, welche Kinder ›die Ungläubigen‹ und das ›westliche‹ Denken ablehnen.«[186] Das trifft den Kern des Wertekonflikts zwischen unserer und der islamischen Parallelgesellschaft: Schule und Eltern ziehen nicht am selben Strang, sie arbeiten gegeneinander. Für die Integration ist es daher wichtig, die Position der Schule den Eltern gegenüber zu stärken. Als probate Lösung gilt die Ganztagsschule, da stehen die Schüler für eine längere Zeit unter dem pädagogischen Einfluss der Schule, in der Hoffnung, den negativen Einfluss des Elternhauses auszugleichen.

Die Schulpolitik war aber hinsichtlich einer gesteigerten Einflussnahme inkonsequent, sie hat die Vorschule abgeschafft. Diese war für viele Migrantenkinder die einzige Chance, in Kontakt mit deutschen Kindern und unserem Wertesystem zu kommen. Die Vorschule hat, ohne große Anforderungen an die Kinder zu stellen, eine deutsche Sozialisation und deutsche Sprachkenntnisse vermittelt, die den Einstieg in die Grundschule erleichterten. Außer in Hamburg wurde die Vorschule überall abgeschafft, Migrantenkinder werden nun von einer Welt in eine andere katapultiert und müssen viele Erfordernisse ohne Vorbereitung und Übergangsphase erfüllen – mit der Unterstützung der Eltern können sie nach wie vor nicht rechnen. Daher die Forderung nach der Kindergartenpflicht. Die verlorene Vorbereitungsphase soll durch den Kindergartenbesuch kompensiert werden, in Bayern hat man sogar Aufgaben der Vorschule wie die Sprachförderung in das Programm der Kitas eingebaut. Der Mangel an Kindertagesstätten ist bekannt und wird so schnell nicht behoben werden, dazu kommen die Gebühren, deren Abschaffung versprochen wird, die aber meist doch noch zu zahlen sind.

Die Schule – auch die immer noch nicht flächendeckend verbreitete Ganztagsschule – hat in den Brennpunkten der Migrantenkonzentration massive Schwierigkeiten, sich durchzusetzen.[187] Wegen Disziplinlosigkeit und gegenseitiger Beleidigung und Streitigkeiten können Schüler sich kaum auf den Lehrstoff konzentrieren, der Lehrer mutiert zum Sozialpädagogen. Hinzu kommt, dass bestimmte Lehrinhalte einfach abgelehnt werden, die Evolutionstheorie, die im Rahmen der Weltentstehungstheorien gelehrt wird, stößt auf Unverständnis; Allah hat die Welt erschaffen, Punkt. Der Hinweis darauf, dass der Koran ein Menschenwerk und daher kritisierbar ist, führt regelmäßig zu einem Aufstand. Nein, Allah hat Mohammed den Koran in die Feder diktiert! Und damit gilt er unveränderlich für alle Zeiten, ein für alle Mal in Stein gemeißelt, bis heute. Selbstverständlich ist der Islam die beste Religion, und für die meisten steht er über dem Grundgesetz. Eine kritische Haltung zur eigenen Religion muss man lernen, die Kritik zum politischen Islam muss dagegen akzeptiert werden, weil der Islamismus eine direkte Bedrohung unserer Demokratie darstellt. An manchen Schulen ist diese Akzeptanz nicht vorhanden.

Das Hauptproblem liegt in der Schulleitung, ihr Umgang mit dem Fundamentalismus hängt sehr stark von der Parteizugehörigkeit der Verantwortlichen, aber auch von ihrem Mut ab. Die Schulleitung ist vorrangig darum bemüht, ihren Ruf zu pflegen, sie will vor der Bezirksregierung nicht auffallen, oft auf Kosten der Lehrerschaft. Ein Schüler, der behauptet, der Koran stehe über dem Grundgesetz, muss sich vor der Schulleitung nicht rechtfertigen; ein Lehrer, der sagt, der Islam ist, wie jede andere Religion, kritisierbar, wird zur Schulleitung zitiert. Der Islamismus wird gedeckt und vertuscht, kaum ein Lehrer wagt es noch, gegen einen islamistischen Schüler etwas zu sagen. Anstatt unser Wertesystem zu propagieren, unterstützen solche Schulen das islamische Wertesystem mit dem Ergebnis, dass die Muslime immer mehr fordern und die Islamisierung der Schule vorantreiben.

Wir haben aber auch die Fälle, wo das Lehrerkollegium gespalten ist, der Schulfrieden ist dann endgültig vorbei: Ein Jahr lang herrschte wegen des Versuchs muslimischer Schüler, im Schulgebäude zu beten, an dem Johannes-Rau-Gymnasium in Wuppertal keine Ruhe.[188] Als die Schulleitung erfuhr, dass muslimische Schüler ihre Gebetsteppiche im Flur ausrollten, nachdem sie in den Toiletten ihre rituellen Waschungen durchgeführt hatten, wollte sie das Kollegium unterstützen. Vertraulich forderte sie in einem internen Schreiben die Kollegen auf, die Schüler auf das Gebetsverbot hinzuweisen und die Namen der Schüler der Schulleitung mitzuteilen. Aus dem Kollegium heraus wurde das Schreiben an die Schüler weitergegeben, und wenig später fanden sich ganze Sätze und Argumentationsstränge des vertraulichen Schreibens im Internet, die türkisch-islamischen Nationalisten verbreiteten die Nachricht weltweit. Die regierungsnahe türkische Zeitung *Daily Sabah* titelte: »Deutsches Gymnasium bespitzelt betende Schüler.« Religiöse Eltern forderten im Namen der Religionsfreiheit des Grundgesetzes für ihre Kinder das Recht ein, öffentlich zu beten, sogar ein dauerhafter Gebetsraum wurde verlangt, der seitens der säkularen Eltern nicht gewünscht war. Das Lehrerkollegium war gespalten, eine Fraktion, an deren Spitze der Religionslehrer stand, wollte »keinen Laizismus wie in Frankreich«, ein absolut unbegründetes Argument, das die Kirchen manchmal anführen und das nur diffuse Ängste reflektiert. Im Übrigen wälzen alle Bundesgerichtsurteile, wenn sie in das Zentrum ihrer Argumentation die Störung des Schulfriedens stellen, die Verantwortung auf die Schultern der unteren Verantwortlichen ab – über den Schulfrieden kann natürlich nur die Schulleitung urteilen.

Auch bei der zuletzt laufenden Diskussion über das Kopftuchverbot für Mädchen unter vierzehn Jahren verlangt ein Journalist in der Süddeutschen Zeitung, dass nach wie vor »eine konsequente Schulleitung« darüber entscheiden solle, und fügt hinzu, »ein Gesetz dagegen würde ... nur wenig helfen.«[189] Wie das oben geschilderte Beispiel zeigt, ist die Spaltung in der Gesellschaft tief, und die Schulleitung wünscht sich des Schulfriedens wegen, dass nicht sie, sondern die Landesregierung die Entscheidung trifft. Die Politik muss ihre Verantwortung tragen, ihr Gesicht zeigen und aufhören, sich hinter den Untergeordneten zu verstecken.

Die hier beschriebene Situation an den Schulen betrifft auch die Gruppe der Mhallami, wobei einige Praktiken bei ihnen ausgeprägter sind als bei den anderen Muslimen: Die Ehe unter Minderjährigen, Diebstahl, Erpressung und Gewalt kommen bei ihnen öfter vor als bei anderen, für ihre Behandlung ist die Zusammenarbeit mit der Polizei, dem Jugendgericht und vor allem dem Jugendamt unerlässlich. Leider existiert diese Zusammenarbeit nicht. Stattdessen arbeitet jeder vor sich hin, und alle setzen auf einen Konsens mit den Eltern, der sich nie einstellt, weil sie nicht kooperationsbereit sind. Würden alle vorhandenen Erkenntnisse berücksichtigt, könnten die Familiengerichte bessere Entscheidungen treffen, insbesondere in der Frage des Sorgerechtes. In das elterliche Sorgerecht der Migrantenfamilien wird fast nie eingegriffen, wobei der Schutz der Kinder, die in kriminellen Familien aufwachsen, vorrangig sein sollte. Nach Paragraf 1666 (»Gerichtliche Maßnahmen bei Gefährdung des Kindeswohls«) des Bürgerlichen Gesetzbuchs kann das Gericht in solchen Fällen das Personensorgerecht teilweise auf das Jugendamt oder einen

Pfleger übertragen, im Extremfall den Eltern sogar das gesamte Sorgerecht entziehen.

Die Jugendämter sind aber weitgehend von den Clans neutralisiert, nicht nur durch Verweigerung der Kooperation, sondern auch durch Einschüchterung. Jugendrichterin Heisig berichtet, was die Sozialarbeiter hinter vorgehaltener Hand erzählen: »Man kann kein Kind zwangsweise aus einem arabischen Clan nehmen. Die Familien erschießen jeden, der das versuchen sollte.«[190]

Wie die geforderte Zusammenarbeit zwischen Polizei, Justiz und anderen Behörden muss auch hier eine enge Kooperation zwischen Polizei, Justiz, Schule und Jugendamt stattfinden. Das von Jugendrichterin Heisig initiierte Neuköllner Modell hat sich als effektiv erwiesen. Das nachfolgende Pilot-Projekt vom Oktober 2017, initiiert von der damals noch als Bezirksbürgermeisterin tätigen Franziska Giffey (SPD) in Kooperation mit der Staatsanwaltschaft beziehungsweise ihrer Abteilung für OK, ist noch breiter angelegt. Im Amtsgericht Neukölln wurde ein Büro eingerichtet, in dem eine Staatsanwältin wöchentlich die Fälle im direkten Kontakt mit den Polizeirevieren, dem Jugendamt, der Jugendhilfe, dem Jobcenter und dem Bezirksamt bearbeitet; die Zusammenarbeit mit den Schulen ist im Aufbau. Auf diese Weise stehen der Staatsanwaltschaft alle notwendigen Informationen sehr schnell zur Verfügung, und die Justiz kann unmittelbar reagieren.

Wenn die Sanktionen konsequent verfolgt, die Strafverfahren beschleunigt und die Kinder und Jugendlichen begleitet werden, ist es möglich, eine erzieherische und effektive Präventionsarbeit zu leisten. Diese Kooperation ermöglicht auch, dass die Jugendlichen besser geschützt werden, an erster Stelle vor ihren eigenen Familien und insbesondere vor den Clans. Wir haben gesehen, wie die Clans ihre Strukturen so perfektioniert haben, dass die Clanmitglieder praktisch darin gefangen sind. Nicht alle Clanmitglieder sind kriminell, müssen aber ihre Erkenntnisse über

Kriminaltaten verschweigen, was den Tatbestand der Mitwisserschaft erfüllt. Sie werden trotz ihres Wunsches, ein rechtschaffenes Leben zu führen, kriminalisiert. Diesen Menschen muss geholfen werden, das Kooperationsmodell bietet ihnen dabei einen Schutz, um aus den Clanstrukturen auszusteigen.

Das Aussteigerprogramm sollte sehr viel stärker die Situation der Frauen berücksichtigen. Sie sind die Hauptleidtragenden in diesen Strukturen, ihre massive Unterdrückung bildet die Grundlage zur Erhaltung der Großfamilien. Wenn sie sich befreien, fällt das System zusammen. Deshalb ist das Mitwirken der Sozialarbeiter und auch der freien Träger in dieser Kooperation wichtig, sie sind diejenigen, die die Frauen begleiten und sie in den Frauenhäusern betreuen können, denn diese haben leider oft noch mehr ideologische Einwände gegen die Zusammenarbeit mit der Polizei als manche Schulen und Jugendämter. Dieser Punkt ist aber sowohl für den Schutz der Frauen als auch den der Sozialarbeiter sehr wichtig. Das Vorhandensein eines schützenden, funktionierenden Netzwerkes würde immer mehr Mitglieder ermutigen, sich selbstständig zu machen. Das würde zur Schwächung der Clanstrukturen und zur Individualisierung beitragen.

# Schlusswort

Die Lösungsvorschläge zeigen deutlich, dass die Bekämpfung der Clankriminalität eine gesamtsoziale Aufgabe ist, die nicht nur Polizei und Justiz betrifft, sondern alle staatlichen Behörden und sozialen Organisationen. Es geht darum, in unserer offenen und toleranten Gesellschaft, die aus autonomen, mündigen Individuen besteht, Millionen Menschen aus dem islamischen Kulturkreis zu integrieren, die sich an erster Stelle als Gruppen verstehen und in Großfamilien eingebunden sind. Die islamische Parallelgesellschaft und die kriminellen Clans spalten unsere Gesellschaft und bedrohen unsere freiheitlich demokratische Rechtsordnung. Im Laufe der Zeit hat sich die Situation aus Gründen, die an der Mehrheitsgesellschaft liegen und nicht bei den Migranten, immer weiter verschlimmert. Heinz Buschkowsky bringt die Kritik auf den Punkt: »Eine Gesellschaft, die ihre Normen nicht exekutiert, macht sich nicht nur zum Kasper, sondern darf sich auch nicht wundern, wenn das entstehende Vakuum sofort durch alternative Lebensregeln gefüllt wird.«[191]

Das Vakuum verdanken wir der Multkulti-Ideologie, sie stellt die größte Bedrohung unserer Rechtsordnung dar und untergräbt systematisch unser Wertesystem. Bei der Lektüre des Buches von Kirsten Heisig ist man erstaunt zu sehen, wie viele Behörden und Institutionen ihre Aufgaben bezüglich der Migranten aus Angst oder Bequemlichkeit vernachlässigen. Der Hauptgrund dafür, meine ich, ist vor allem die *political correctness*, die das Handeln vieler hemmt oder, als Ausdruck von Überzeugung, sogar verhindert. Das gilt auch für die Politik als letzte und höchste Instanz, sie trägt die volle Verantwortung für die gescheiterte Integration, die sie durch ihre Multikulti-Einstellung verhindert hat. Die Politiker aber haben schließlich wir, die Bürger, gewählt.

# Anmerkungen

1 Zitat aus dem Dokumentarfilm *Hauptstadt des Verbrechens* von Olaf Sundermeyer und Jan Wiese, ausgestrahlt am 05.09.2017. Vgl.: www.rbb-online.de/doku/h-j/hauptstadt-des-verbrechens.html
2 https://en.wikiquote.org/wiki/Mona_Sahlin
3 »Leitkultur verkommt zum Klischee des Deutschseins«, in: *Tagesspiegel*, 14.05.2017, online unter: https://causa.tagesspiegel.de/gesellschaft/wie-nuetzlich-ist-eine-leitkultur-debatte/leitkultur-verkommt-zum-klischee-des-deutschseins.html
4 Bloch, Marc, La société féodale. Bd. I: La formation des liens de dépendances. Bd. II: Les classes et le gouvernement des homes. Paris 1968, S. 202–203.
5 *Djâhiliya* bedeutet die Zeit der Unwissenheit vor der Offenbarung, die vorislamische Zeit.
6 Al-Tamanini, Abdulsalam, *al-zawâg 'indal-'arab fil-djâhiliya wal-islâm* (Die Ehe bei den Arabern in der Djahiliya und im Islam). Damaskus 1996, S. 19 ff.
7 Wellhausen, Julius, »Die Ehe bei den Arabern«, in: Nachrichten der Königlichen Gesellschaft der Wissenschaften und der Georg-Augusts-Universität zu Göttingen. Göttingen 1893, S. 431–481, hier S. 473.
8 Wesel, Uwe, Der Mythos vom Matriarchat. Über Bachofens Mutterrecht und die Stellung von Frauen in frühen Gesellschaften. Frankfurt a.M. 1980, S. 25.
9 Siehe Watt, W. Montgomery, Muhammad at Medina. Oxford 1956, S. 272 ff.
10 Al-Ghazali, *Al-mustasfa min 'ilm al-usûl* (Der Extrakt aus der Fiqh-Wissenschaft). Beirut 1993, S. 174.
11 »Muslimische Streitschlichter und der Umgang mit Jugenddelinquenz in muslimischen Communities. Ein Interview«, in: *Zeitschrift für Jugendkriminalrecht und Jugendhilfe*, ZJJ 2/2013, S. 155–159.

12  D'Ohsson, Ignatius Mouradgea, Tableau général de l'empire othoman, Paris 1824, Bd. VI, S. 57.
13  Al-Ghazali, Kitâb âdâb al-nikâh, in: Iḥyā' 'ulūm ad-dīn (Das Buch der Ehe, in: Die Wiederbelebung der religiösen Wissenschaften). Beirut 1998, Bd. 2, S. 68–69.
14  Vgl. Ghadban, Ralph, Tariq Ramadan und die Islamisierung Europas. Berlin 2006.
15  Das Leben Mohammeds nach Muhammed Ibn Ishâk, bearbeitet von Abd el-Malik Ibn Hischâm, übersetzt von Gustav Weil. Stuttgart 1864. Online unter: www.grace-and-truth.net/index.php?n=-German.04SiraBk04«Ch05
16  Vgl. Cuisenier, Jean, »Endogamie et exogamie dans le mariage arabe«, in: L'Homme, 1962, Bd. II, Nr. 2. S. 80–105.
17  Todd, Emmanuel, La diversité du monde. Famille et modernité. Paris 1999, S. 152, Übersetzung vom Autor.
18  Barth, Frederik, »Father's Brother's Daughter Marriage in Kurdistan«, in: Journal of Anthropoligical Research, Bd. 10, 1954, S. 164 ff.
19  Kraus, Wolfgang, Islamische Stammesgesellschaften. Tribale Identitäten im Vorderen Orient in sozialanthropologischer Perspektive. Köln 2004, S. 13.
20  Cuisinier, Endogamie, S. 80.
21  Zakaria, Ahmed Wasfi, 'Aschâ'ir al-shâm vgl. Literaturanhang (Die Stämme Syriens). Damaskus 1983, S. 123.
22  Shaw, J. Stanford, History of the Ottoman Empire and Modern Turkey. Bd. I, Empire of the Gazis. Cambridge 1978, S. 82.
23  Vgl. Al-Budairi al-Hallaq, Ahmad, hawâdeth Dimaschq al-yawmiyya 1741–1762 (Tägliche Chronik von Damaskus 1741–1762). Kairo 1959, S. 206 ff.; sowie Zakaria, Wasfi, 'Aschâ'ir al-shâm (Die Stämme Syriens). S. 106 f.
24  Zakaria, Wasfi, 'Aschâ'ir al-shâm (Die Stämme Syriens), S. 150.
25  Buschkowsky, Heinz, Neukölln ist überall. Berlin 2012, S. 229.
26  Vgl. Al-Banna, Hassan, Majmû'at rasâ'el al-Imam al-Schahîd Hassan al-Banna (Briefsammlung des Imams und Märtyrers Hassan al-Banna). Kairo 1992.
27  Vgl. Al-Kurani, Ali, Tariqat Hisbollah fil 'amal al-islâmi (Der Ansatz Hisbollahs in der islamischen Arbeit). Beirut 1985.

28  Vgl. Weulersse, Jacques, Le pays des Alaouites. Tours 1940, S. 48 ff.
29  Ahamd, Ahmad Mohammad, *Akrâd Lubnân* (Die Kurden im Libanon). Beirut 1995, S. 70 und 92.
30  »Die Kurden integrieren sich in das Land, das sie unterdrückt hat«, in: *Alakhbar*, Nr. 194, 3. April 2007.
31  Ahamd, *Akrâd* (Die Kurden im Libanon), S. 148–149.
32  Meho, Lokman und Kawtharani, Farah, The Kurdish Community in Lebanon. o. J., Übersetzung vom Autor.
33  Basha, Hala, »*Al-Mardelliya*« *fî Tarâblus* (Die »Mardelli« in Tripoli), unveröffentlichte Magisterarbeit. Tripoli o. J.
34  »Die Kurden integrieren sich in das Land, das sie unterdrückt hat«, in: *Alakhbar*, Nr. 194, 3. April 2007.
35  Jastrow, Otto, Die arabischen Dialekte des Vilayets Mardin (Südosttürkei), ZDMG Suppl. 1, XVII Dt. Orientalistentag. Vorträge Teil II, Sektion 6, Wiesbaden 1969, S. 684.
36  Sykes, Mark, The Caliph's Last Heritage. A Short History of the Turkisch Empire. London 1915, S. 578, Übersetzung vom Autor.
37  Barsum, Agnatius Afram I, *Târîkh Turabdîn* (Die Geschichte Tur Abdins), Djounieh o. J, S. 352–354.
38  Siehe http://omferas.com/vb/t37409/
39  Siehe das Stichwort »*Hilâl*« in der Enzyklopädie des Islam: The Encyclopaedia of Islam. Leiden 1954–2004, Bd. III H-Iram.
40  Siehe http://montada.aya.sy/showthread.php?t=90774
41  Siehe http://mhallamiye.com/history.html
42  Siehe https://www.youtube.com/watch?v=vqiVU9c4R0A
43  Meho / Kawtharani, The Kurdish Community.
44  Siehe www.youtube.com/watch?v=SeJNAK5M1Ac
45  Ismail, Hassan, Othman, Abdulqader, *Al-muhallamiya. Hawiya 'arabiya wa djusûr asîla* (Die Mhallamiya. Arabische Identität und authentischer Ursprung). o. J.
46  Siehe www.youtube.com/watch?v=zTdGwmHpXdo
47  »Hameln: Mhallami sind so arabisch wie die PKK ein Gartenverein«, in: *Turkishpress*, 22.11.16, online unter: https://turkishpress.de/news/panorama/22-11-2016/hameln-mhallami-sind-so-arabisch-wie-die-pkk-ein-gartenverein

48 Siehe www.familien-union.net/
49 Siehe Art. 10.1.10 AuslG 1965: »Ein Ausländer kann ausgewiesen werden, wenn er den Lebensunterhalt für sich und seine unterhaltsberechtigten Angehörigen nicht ohne Inanspruchnahme der Sozialhilfe bestreiten kann oder bestreitet.«
50 Mendes, Hani, *Al-'amal wal-'ummâl fil-mukhayyam al-falastini. Dirâsat mîdaniyya fi tell al-saatar* (Arbeit und Arbeiter im palästinensischen Flüchtlingslager. Felduntersuchung im Lager Tell al-Zaatar). Beirut 1974, S. 12, Übersetzung vom Autor.
51 Vgl. Ghadban, Ralph, Die Libanon-Flüchtlinge in Berlin. Zur Integration ethnischer Minderheiten, Berlin 2000, S. 145.
52 Ebd., S. 197f.
53 Den Begriff »Gegengesellschaft« habe ich von dem CDU-Politiker Ali Toprak übernommen.
54 Vgl. Wagner, Joachim, Richter ohne Gesetz. Islamische Paralleljustiz gefährdet unseren Rechtsstaat. Berlin 2011.
55 Brintzinger, Ottobert L., Stimmenfang mit Ausländerproblemen, in: *Zeitschrift für Ausländerrecht und Ausländerpolitik (ZAR)*, 2/1982.
56 Al-Banna, *Majmû'at rasâ'el al-Imam al-Schahîd Hassan al-Banna* (Briefsammlung), S. 177.
57 Siehe dazu: www.morgenpost.de/printarchiv/berlin/article103547210/Islam-Experte-kritisiert-Berliner-Moschee-Projekte.html
58 Vgl. Meining, Stefan, Eine Moschee in Deutschland. Nazis, Geheimdienste und Aufstieg des politischen Islam im Westen. München 2011.
59 Vgl. Johnson, Ian, A Mosque in Munich. Nazis, the CIA, and the Rise of the Muslim Brotherhood in the West. New York 2010.
60 Über Ehrenmorde in Deutschland informiert die folgende Website: www.ehrenmord.de
61 »Revolution in Weiß«, in: *Süddeutsche*, 03.07.2008, online unter: www.sueddeutsche.de/panorama/hochzeit-ohne-standesamt-revolution-in-weiss-1.186721
62 »Trauung ohne Standesamt möglich«, in: *Stern*, 03.07.2008, online unter: www.stern.de/politik/deutschland/gesetzesaenderung-trauung-ohne-standesamt-moeglich-3851634.html

63 Hazem, Ahmad, Bedauerliche Geschichten, in: *Al-Jarida al-Arabia*, 25.03.1999, Berlin 1999.
64 Ahmed, Soraya, Glückselige Ehe, in: *Al-Islam* 1998, Nr. 3, München 1998, S. 4–5.
65 *Al-Islam* 1998, Nr. 4, S. 14.
66 *Al-Islam* 1998, Nr. 5, S. 13–14.
67 *Al-Islam* 2003, Nr. 4, S. 19.
68 *Al-Islam* 2002, Nr. 6, S. 20.
69 Vgl. Ghadban, Ralph, Tariq Ramadan.
70 Vgl. Ghadban, Ralph, Welcher Islam wird in Europa vertreten? Endbericht. www.ghadban.de/de/?page_id=9
71 *Dalil Magazin*, 18. Jahrgang Dezember 2017, Berlin 2017, S. 63.
72 »Arabisch-Islamischer Kongress in Berlin steht vor dem Aus«, in: *Die Welt*, 20.09.2004, online unter: www.welt.de/print-welt/article341462/Arabisch-Islamischer-Kongress-in-Berlin-steht-vor-dem-Aus.html
73 »Der Hartz-IV-Anteil liegt mit 90 Prozent bei Libanesen am höchsten«, in: *Focus online*, 23.11.2010, www.focus.de/fotos/der-hartz-iv-anteil-liegt-mit-90-prozent-bei-libanesen-am-hoechsten_mid_788515.html; sowie »Ausländer beziehen doppelt so häufig Hartz IV«, in: Die Welt, 23.11.2010, online unter: www.welt.de/politik/deutschland/article11166961/Auslaender-beziehen-doppelt-so-haeufig-Hartz-IV.html
74 »Auf Hartz IV abonniert«, in: Tagesspiegel, 05.05.2011, online unter: www.tagesspiegel.de/berlin/ehemalige-fluechtlinge-auf-hartz-iv-abonniert/3203628.html
75 Özcan, Ertekin, Türkische Immigrantenorganisationen in der Bundesrepublik Deutschland. Berlin 1989, S. 194 ff.
76 Vgl. http://blog.zeit.de/joerglau/2007/03/27/405_405
77 Vgl. »Sprache der Morde«, in: *Der Spiegel*, 31/1999, S. 42 ff.
78 Buschkowsky, Neukölln, S. 217.
79 Vgl. »Wie kriminell ist das Rotlicht-Milieu in Berlin«, in: *Berliner Morgenpost*, 19.10.2014, online unter: www.morgenpost.de/berlin/article133435607/Wie-kriminell-ist-das-Rotlicht-Milieu-in-Berlin.html
80 Vgl. »Arabische Großfamilien rekrutieren Flüchtlinge«, in: *Berlin*

*Journal*, 11.04.2016, online unter: www.berlinjournal.biz/arabische-grossfamilien-fluechtlinge/

81 Heisig, Kirsten, Das Ende der Geduld. Konsequent gegen jugendliche Gewalttäter. Freiburg im Breisgau 2010, S. 96.

82 Friesendorf, Cornelius, Der internationale Drogenhandel als sicherheitspolitisches Risiko. Eine Erklärung der deutschen und US-amerikanischen Gegenstrategien. Münster 2001, S. 91.

83 Vgl. »Wahlen 2018: Hariri und die Schlacht gegen Aschraf Rifi«, in: lebanonfiles, 18.01.2018, www.lebanonfiles.com/news/1279999?-utm_campaign=magnet&utm_source=article_page&utm_medium=recommended_articles

84 *Manar al-Huda*, Nr. 35, September 1995, S. 35 ff.

85 Al-Asch'ari, *Risalat ila ahl al-thaghr* (Botschaft an die Bewohner der Hafenstadt), S. 45, siehe auch: https://al-mostafa.info/data/arabic/depot/gap.php?file=000050-www.al-mostafa.com.pdf

86 Al-Habaschi, *Bughyat al-tâlib* (Der Wunsch der Sucher). Beirut 1996, S. 20 ff.

87 Al-Habaschi, *Sarîh al-bayân* (Die aufrichtige Ankündigung). Beirut 1995, S. 332 ff.

88 Vgl. Al-Schahrâni, Saed Ali, *Firqat al-ahbâsch* (Die Sekte Al-Ahbâsch). Riad 2002; sowie Dimashqiyya, Abdulrahman, *Mawsu'at ahl al-sunna* (Die Enzyklopädie der Ahl al-Sunna). Beirut 2009.

89 Buschkowsky, Neukölln, S. 226.

90 Stahl, Christian, In den Gangs von Neukölln: Das Leben des Yehya E., Hamburg 2014.

91 Buschkowsky, Neukölln, S. 227.

92 Ebd.

93 Vgl. »Staat kuscht vor kriminellen Clans«, in: *Spiegel online*, 26.10.2010, www.spiegel.de/panorama/justiz/arabische-gross familien-staat-kuscht-vor-kriminellen-clans-a-721741.html

94 »So viel kassiert der Miri-Clan vom Staat«, in: *Bild*, 29.11.2010, online unter: www.bild.de/regional/bremen/so-viel-vom-staat-libanesische-clan-illegal-drogengeschaefte-14826836.bild.html

95 Vgl. »Das sind die Familienclans, die in Deutschlands Städten herrschen«, in: *Focus online*, 16.12.2015, www.focus.de/politik/deutschland/kriminelle-grossfamilien-duisburg-bremen-berlin-in-

diesen-deutschen-staedten-treiben-clans-ihr-unwesen_id_5156732.html; sowie: »Das gefährliche Unwissen über libanesische Clans«, in: *Die Welt*, 11.07.2015, online unter: www.welt.de/regionales/nrw/article143833364/Das-gefaehrliche-Unwissen-ueber-libanesische-Clans.html

96 Vgl. »Ein Clan kämpft um Neukölln«, in: *Tagesspiegel*, 24.10.2016, online unter: www.tagesspiegel.de/themen/reportage/arabische-grossfamilien-in-berlin-ein-clan-kaempft-um-neukoelln/14727314.html

97 https://rp-online.de/nrw/staedte/duisburg/in-duisburg-bedraengen-250-menschen-polizisten-wegen-falschparker_aid-19446319

98 http://news.rtl2.de/deutschland/grosseinsatz-der-polizei-in-muelheim-an-der-ruhr-streit-zwischen-grossfamilien-eskaliert-heftig/

99 www.weser-kurier.de/bremen/bremen-stadt_artikel,-mob-bedraengt-polizeibeamte-in-huchting_arid,1659676.html

100 www.mz-web.de/sachsen-anhalt/randale-von-syrern-in-naumburg-rueckzug-der-polizei-als-kapitulation-des-rechts-staats--26869680#

101 »Al-Zein, Abou Chaker, Remmos: Die Macht arabischer Clans in Berlin«, in: *web.de/Magazine*, 22.12.2017, https://web.de/magazine/panorama/al-zein-abou-chaker-remmos-arabische-clans-berlin-32685794.

102 Vgl. »Ein Clan kämpft um Neukölln«, in: *Tagesspiegel*, 24.10.2016, online unter: www.tagesspiegel.de/themen/reportage/arabische-grossfamilien-in-berlin-ein-clan-kaempft-um-neukoelln/14727314.html

103 Vgl. »Die Hauptstadt ist verloren«, in: *Die Welt*, ohne Datum, online unter: http://hd.welt.de/politik-edition/article154171511/Die-Hauptstadt-ist-verloren.html

104 »Familien-Clans im Ruhrgebiet werden immer brutaler – der Staat ist machtlos«, in: *Der Westen*, 12.06.2017, online unter: www.derwesten.de/staedte/essen/familien-clans-im-ruhrgebiet-werden-immer-brutaler-der-staat-ist-machtlos-id210881009.html

105 www.fnp.de/nachrichten/politik/No-go-Areas-und-Parallelgesellschaften;art673,1739112

106 Der Fall wurde damals breit in den Medien aufgegriffen, unter anderem berichteten *SZ, Spiegel, Die Welt, Bild, ndr, Abendblatt* und *haz* darüber.
107 »Ein Clan gegen Hameln«, in: *Die Welt*, 17.01.2015, online unter: www.welt.de/print/die_welt/vermischtes/article136468641/Ein-Clan-gegen-Hameln.html
108 »Polizei verärgert über mildes Urteil gegen Libanesen-Clan«, in: *Focus Online*, 18.05.2017, www.focus.de/politik/deutschland/unwohles-bauchgrimmen-und-grosses-kopfschuetteln-polizei-veraergert-ueber-softes-urteil-von-hameln-gegen-libanesen-clan_id_7151966.html
109 »»Sie verachten unser Land und lachen über unsere Justiz««, in: *Die Welt*, 05.10.2016, online unter: www.welt.de/politik/deutsch land/article158572890/Sie-verachten-unser-Land-und-lachen-ueber-unsere-Justiz.html
110 Vgl. »Stellenabbau schwächt Polizei im Kampf gegen den Terror«, in: *Die Welt*, 16.01.2015, online unter: www.welt.de/politik/deutschland/article136466953/Stellenabbau-schwaecht-Polizei-im-Kampf-gegen-den-Terror.html
111 Vgl. »Das sind die Familienclans, die in Deutschlands Städten herrschen«, in: *Focus Online*, 16.12.2015, www.focus.de/politik/deutschland/kriminelle-grossfamilien-duisburg-bremen-berlin-in-diesen-deutschen-staedten-treiben-clans-ihr-unwesen_id_5156732.html
112 Buschkowsky, Neukölln, S. 227.
113 Vgl. »Lebenslange Haft für 38-Jährigen«, in: *Hannoversche Allgemeine*, 18.07.2012, online unter: www.haz.de/Nachrichten/Der-Norden/Uebersicht/Lebenslange-Haft-fuer-38-Jaehrigen
114 Online unter: www.bild.de/regional/bremen/organisiertes-verbrechen/neun-minuten-lang-15640058.bild.html
115 »Warum kuschen Sie vor den Miris, Frau Richterin?«, in: *Bild*, 27.10.2010, online unter: www.bild.de/regional/bremen/warum-kuschen-sie-vor-miris-richterin-14434856.bild.html
116 Wagner, Joachim, Richter ohne Gesetz. Islamische Paralleljustiz gefährdet unseren Rechtsstaat. Berlin 2011, S. 192 ff.
117 Ebd., S. 195.

118 Ebd., S. 179 ff.
119 Buschkowsky, Neukölln, S. 273.
120 Der Brief ist online einsehbar: »Notruf der Rütli-Schule«, in: *Spiegel online*, 30.03.2006, www.spiegel.de/lebenundlernen/schule/dokumentiert-notruf-der-ruetli-schule-a-408803.html
121 Heisig, Kirsten, Das Ende der Geduld, S. 104.
122 Vgl. »Gemeinschaftsschule Rütli. Erste Abiturienten an der Rütli-Schule«, in: *Berliner Zeitung*, 01.07.14, online unter: www.berliner-zeitung.de/1546358
123 Buschkowsky, Neukölln, S. 295 ff.
124 Ebd., S. 297.
125 »›Zuckerbrot und Peitsche, das hat funktioniert‹«, in: *Deutschlandfunk*, 15.12.2017, online unter: www.deutschlandfunk.de/ruetli-schule-zuckerbrot-und-peitsche-das-hat-funktioniert.694.de.html?dram:article_id=406116
126 Vgl. Ghadban, Ralph, Der Multikulturalismus als Ideologie der Desintegration, in: ders, Islam und Islamkritik, Berlin 2011, S. 123–140.
127 Vgl. »Geheimnisverrat: HWR-Studentin fotografiert Clan-Fahndung ab!«, in: B.Z., 07.11.2017, online unter: www.bz-berlin.de/berlin/geheimnisverrat-hwr-studentin-fotografiert-clan-fahndung-ab
128 Ebd.
129 BVerfG, Urteil des Zweiten Senats vom 24. September 2003, online unter: www.bundesverfassungsgericht.de/SharedDocs/Entscheidungen/DE/2003/09/rs20030924_2bvr143602.html
130 BVerfG, Beschluss des Ersten Senats vom 27. Januar 2015, online unter: www.bundesverfassungsgericht.de/SharedDocs/Entscheidungen/DE/2015/01/rs20150127_1bvr047110.html
131 Brettfeld, Katrin/Wetzels, Peter, Muslime in Deutschland, hrsg. vom Bundesministerium des Innern, Berlin 2007.
132 Weber, Max, »Politik als Beruf«, in: ders., Soziologie. Weltgeschichtliche Analysen, Stuttgart 1968, S. 167–185, hier S. 175.
133 »Miteinander in Vielfalt«, hrsg. von Forum Berlin und Friedrich-Ebert-Stiftung, Berlin 2017, S. 16. Online unter: http://library.fes.de/pdf-files/dialog/13185.pdf

134  Jaschke, Hans-Gerd, Bedingungsfaktoren des gesellschaftlichen Zusammenhalts, Bundesministerium des Innern, Berlin 2009, S. 6 f. Online unter: https://publikationen.uni-tuebingen.de/xmlui/bitstream/handle/10900/63013/gezu.pdf?sequence=1
135  »Miteinander in Vielfalt«, S. 16.
136  Vgl. Bundesgesetzblatt, Jahrgang 1994, Teil II, Nr. 28, 06.07. www.bgbl.de/xaver/bgbl/start.xav?startbk=Bundesanzeiger_BGBl&jumpTo=bgbl294s0791.pdf«__bgbl__%2F%2F*%5B%40attr_id%3D%27bgbl294s0791.pdf%27%5D__1531495343093
137  Alscher, Stefan, Obergfell, Johannes und Roos, Stefanie Ricarda: Migrationsprofil Westbalkan. Ursachen, Herausforderungen und Lösungsansätze, Bamf 2015, Working papers 63, S. 28. Online unter: www.bamf.de/SharedDocs/Anlagen/DE/Publikationen/WorkingPapers/wp63-migrationsprofil-westbalkan.pdf?__blob=publicationFile
138  Vgl. Worbs, Susanne, Illegalität von Migranten in Deutschland, Bamf 2005, Working papers 2. Online unter: www.bamf.de/SharedDocs/Anlagen/DE/Publikationen/WorkingPapers/wp02-Illegalitaet.pdf?__blob=publicationFile
139  »Schaden durch Schwarzarbeit nimmt zu«, in: *dpa*, 07.06.2017, online unter: www.t-online.de/finanzen/boerse/news/id_81379784/schaden-durch-schwarzarbeit-in-millionenhoehe.html
140  Europäische Kommission, Pressemitteilung vom 15. April 2013, online unter: http://europa.eu/rapid/press-release_IP-13-322_de.htm
141  »Er musste sterben, weil er polnisch sprach«, in: *Die Welt*, 08.09.2017, online unter: www.msn.com/de-de/nachrichten/panorama/er-musste-sterben-weil-er-polnisch-sprach/ar-AArvSSO?li=BBqg6Q9 sowie: »Teenager who killed Polish man with a punch sentenced to three years«, in: *The Guardian*, 08.09.2017, online unter: www.theguardian.com/uk-news/2017/sep/08/teenager-killed-polish-man-arkadiusz-jozwik-harlow-essex-detained
142  »Prostitutionsgesetz ist umstrittener denn je«, in: *3sat*, Sendung »Scobel«, www.3sat.de/page/?source=/scobel/178991/index.html

143 Eurostat / European Commission, Trafficking in human beings, Methodologies and Working Papers, 2013, online unter: http://ec.europa.eu/eurostat/documents/3888793/5856833/KS-RA-13-005-EN.PDF/a6ba08bb-c80d-47d9-a043-ce538f71fa65?version=1.0

144 Vgl. die Basisinformationen des MH-Consulting-Unternehmens Marcus Heinbach & Partner: http://prostitution2017.de/schutzgesetz/2017/01/03/das-neue-prostitutionsgesetz-2017-die-wichtigsten-basics/

145 Vgl. die Sendungsankündigung »Panorama« vom 29.09.2011 des NDR, online unter: www.ndr.de/der_ndr/presse/mitteilungen/pressemeldungndr9001.html

146 »Polizei findet Kondom-Pflicht in Bordellen ›absolut lächerlich‹«, in: Focus Online, www.focus.de/politik/deutschland/absolut-laecherlich-polizei-kondom-kontrolle-in-bordellen-nicht-zumutbar_id_4460103.html

147 »Syrian refugees are selling their organs to survive«, in: Newsweek, 16.05.16, online unter: www.newsweek.com/syrian-refugees-selling-organs-survive-459745

148 »Handel mit Organen?«, in: Spiegel online, 30.06.2008, http://www.spiegel.de/spiegel/print/d-57781756.html

149 Vgl. den Bericht zum Committee on Legal Affairs and Human Rights des Council of Europe vom 12.12.2010: http://assembly.coe.int/nw/xml/News/FeaturesManager-View-EN.asp?ID=964

150 Wenn nicht anders erwähnt, stammen alle Daten aus den BKA-Forschungsberichten: Töttel, Ursula und Büchler, Heinz (Ed.), Research Conferences on Organised Crime at the Bundeskriminalamt in Germany 2008–2010, Köln 2011; Töttel, Ursula, Bulanova-Hristova, Gergana und Büchler, Heinz (Ed.), Research Conferences on Organised Crime at the Bundeskriminalamt in Germany (Vol. II). Organised Crime – Research and Practice in Western and Northern Europe 2011–2012, Köln 2013; dies. (Ed.), Research Conferences on Organised Crime at the Bundeskriminalamt in Germany (Vol. III). Transnational Organised Crime 2013–2015, Wiesbaden 2016.

151 »Terrorgruppen kassieren Millionen durch organisierten Umsatz-

Steuerbetrug«, in: *Focus online*, 17.09.2017, http://m.focus.de/finanzen/news/economic-dschihad-terrorgruppen-kassieren-millionen-durch-organisierten-umsatz-steuerbetrug_id_7603110.html

152 »NRW-Ermittlern gelingt Schlag gegen Terrorfinanzierer – Bei einer Razzia spüren Suchhunde zwei Millionen Euro Bargeld auf«, in: *Kölner Stadtanzeiger*, 14.09.2017, www.presseportal.de/pm/66749/3735833

153 »Schleuser-Razzia – Flüchtlinge zahlten bis zu 10 000 Euro«, in: *WAZ*, 04.11.2015, online unter: www.waz.de/staedte/essen/schleuser-razzia-fluechtlinge-zahlten-bis-zu-10-000-euro-id11250824.html

154 »Indonesische Fähre sinkt mit Libanesen an Bord«, in: *al-Manar*, 28.09.2013, http://archive.almanar.com.lb/article.php?id=603755

155 www.focus.de/regional/berlin/bis-zu-9000-mitglieder-agieren-im-hintergrund-kriminelle-clans-auf-dem-vormarsch_id_5339429.html

156 »Innenansichten eines arabischen Clans«, in: *Spiegel online*, 21.04.2013, www.spiegel.de/video/bushido-und-der-araberclan-video-1267458.html

157 »Islamisten und arabische Clans werben Flüchtlinge an«, in: *Die Welt*, 10.04.2016, online unter: www.welt.de/politik/deutschland/article154173933/Islamisten-und-arabische-Clans-werben-Fluechtlinge-an.html

158 www.welt.de/politik/deutschland/article146090865/Arabisch-gepraegter-Islam-wird-kuenftig-sichtbarer.html

159 »Offener Brief von AG F+M: Wir müssen uns mit Tatsachen auseinandersetzen, auch wenn sie uns unangenehm sind«, https://arbeitsgruppefluchtundmenschenrechte.wordpress.com/offener-brief-28-juli-2017/

160 »AG F+M Ehrenamtliche Irene ›Wir müssen uns endlich mit der Realität auseinandersetzen‹«, 17.05.2017, online unter: https://arbeitsgruppefluchtundmenschenrechte.wordpress.com/2017/05/17/diskussion-ag-fm-ehrenamtliche-irene-wir-mussen-uns-endlich-mit-der-realitaet-auseinandersetzen/

161 »Interview mit Rebecca Sommer in Polen ›So schaffen wir das

eben nicht!‹ (Deutsche Fassung)«, 18.01.2018, https://arbeitsgruppefluchtundmenschenrechte.wordpress.com/2018/01/18/diskussion-interview-mit-rebecca-sommer-euroislam-polen/

162 Ebd.
163 Hessisches Ministerium der Justiz, für Integration und Europa (Hrsg.), Das Hessische Integrationslotsen Netzwerk. Wiesbaden, o.J.
164 »Der Bock als Integrationsgärtner«, in: *Bayernkurier*, 18.11.2015, online unter: www.bayernkurier.de/inland/7704-der-bock-als-integrations-gaertner/
165 Ebd.
166 »Religiöses Mobbing. Zweitklässlerin von Mitschüler mit dem Tode bedroht«, in: *Berliner Zeitung*, 24.03.2018, www.berliner-zeitung.de/berlin/religioeses-mobbing-zweitklaesslerin-von-mitschueler-mit-dem-tode-bedroht-29916888
167 www.welt.de/politik/deutschland/article160965024/Mehrheit-der-Frauen-fuehlt-sich-in-Deutschland-unsicher.html
168 »Zahl islamistischer Gefährder leicht gestiegen«, in: *FAZ*, 31.03.2018, online unter: www.faz.net/aktuell/politik/inland/deutschland-zahl-islamistischer-gefaehrder-leicht-gestiegen-15520547.html
169 Ibn Khaldun, *Al-muqaddima* (Die Einleitung). Beirut o.J., S. 426. Siehe auch S. 404.
170 Vgl. Ghadban, Ralph, Der Multikulturalismus als Ideologie der Desintegration.
171 Vgl. die Ausführungen unter: http://deacademic.com/dic.nsf/dewiki/2618195
172 BVerfG, Urteil v. 15. Dezember 1983, Az. 1 BvR 209, 269, 362, 420, 440, 484/83.
173 Vgl. die Stellungnahme des DAV: https://anwaltverein.de/de/newsroom/id-2012-47?file=files/anwaltverein.de/downloads/newsroom/stellungnahmen/2012/201247-Stellungnahme.pdf
174 Heisig, Das Ende der Geduld, S. 95.
175 Siehe dazu die Daten der Statista GmbH: https://de.statista.com/statistik/daten/studie/516101/umfrage/polizisten-in-deutschland-nach-bundeslaendern/

176 Vgl. »Streit um Auflösung von Polizei-Gruppe«, in: *Der Tagesspiegel*, 24.09.2008, online unter: www.tagesspiegel.de/berlin/streit-um-aufloesung-von-polizei-gruppe/1331902.html

177 Henniger, Markus, Importierte Kriminalität und deren Etablierung am Beispiel der libanesischen, insbesondere »libanesisch-kurdischen« Kriminalitätsszene Berlins, LKA Berlin 2003, online unter: www.yumpu.com/de/document/view/6112530/importierte-kriminalitat-und-deren-etablierung-harte-zeit

178 Vgl. das Inhaltsprotokoll des Ausschuss für Inneres, Sicherheit und Ordnung vom 06.12.2010: www.parlament-berlin.de/ados/16/InnSichO/protokoll/is016-070-ip.pdf

179 »Staat kuscht vor kriminellen Clans«, in: *Spiegel online*, 26.10.2010, www.spiegel.de/panorama/justiz/arabische-grossfamilien-staat-kuscht-vor-kriminellen-clans-a-721741.html

180 Gespräch des Autors mit dem LKA Niedersachsen, Hannover am 5. April 2018.

181 Vgl. etwa die ausführliche Erläuterung des Niedersächsischen Ministeriums für Inneres und Sport vom 27.06.2018, Drucksache 18/21: www.nilas.niedersachsen.de/starweb/NILAS/servlet.starweb?path=NILAS/lisshfl.web&id=NILASWEB-DOKFL&format=WEBDOKFL&search=%28DART%3DD+AND+WP%3D18+AND+DNR%2CKORD%3D1201%29

182 Vgl. die Pressemitteilung der Senatsverwaltung für Inneres und Sport vom 10.02.2017, online unter: www.berlin.de/sen/inneres/presse/pressemitteilungen/2017/pressemitteilung.560084.php

183 Rohe, Mathias, Jaraba, Mahmoud, Paralleljustiz. Berlin 2015, S. 19.

184 »Justizskandal. ›Scharia in Deutschland?‹«, in: *Tagesspiegel*, 21.03.2007, online unter: www.tagesspiegel.de/politik/justizskandal-scharia-in-deutschland/825384.html

185 »Scharia in erster Instanz«, in: *Zeit*, 29.03.2007, online unter: www.zeit.de/2007/14/Scharia_in_erster_Instanz

186 »Was ist an den Schulen los?«, in: *Emma*, 05.04.2018, online unter: www.emma.de/artikel/andrea-f-radikalisierung-334795

187 Vgl. ebd.

188 »Fragiler Schulfrieden«, in: *FAZ*, 22.03.2018, online unter: www.faz.net/aktuell/politik/inland/schule-verbietet-muslimischen-

schuelern-sichtbares-beten-15476766.html?printPagedArticle=true«pageIndex_0

189  »Der Islam gehört zur deutschen Debatte«, in: *Süddeutsche Zeitung*, 12.04.2018, online unter: www.sueddeutsche.de/politik/religion-der-islam-gehoert-zur-deutschen-debatte-1.3940006
190  Heisig, Das Ende der Geduld, S. 94.
191  Buschkowsky, Neukölln, S. 360.

# Literaturverzeichnis

Ahamd, Ahmad Mohammad, *Akrâd Lubnân* (Die Kurden im Libanon). Beirut 1995

Al-Asch'ari, *Risâlat ila ahl al-thaghr* (Botschaft an die Bewohner der Hafenstadt), online unter: https://al-mostafa.info/data/arabic/depot/gap.php?file=000050-www.al-mostafa.com.pdf

Al-Banna, *Majmû'at rasâ'el al-Imâm al-Schahîd Hassan al-Banna* (Briefsammlung des Imam und Märtyrers Hassan al-Banna). Kairo 1992

Al-Budairi al-Hallaq, Ahmad, *Hawâdeth Dimaschq al- yawmiyya 1741–1762* (Tägliche Chronik von Damaskus 1741–1762). Kairo 1959

Al-Ghazali, *Al-mustasfa min 'ilm al-usûl* (Der Extrakt aus der Fiqh-Wissenschaft). Beirut 1993

– ders., *Kitâb âdâb al-nikâh* in: *iḥyā' 'ulūm ad-dīn* (Das Buch der Ehe, in: Die Wiederbelebung der religiösen Wissenschaften). Bd. II., Beirut 1998. Teilübersetzt in deutscher Sprache: Spohr, Salim (Hrsg.), Das Buch der Ehe, übersetzt und erläutert von Hans Bauer. Kandern 2005

Al-Habaschi, *Bughyat al-tâlib* (Der Wunsch der Sucher). Beirut 1996

– ders., *Sarîh al-bayân* (Die aufrichtige Ankündigung). Beirut 1995

*Al-Islam*, Nr. 4 (1998); Nr. 6 (2002), München 2002; Nr. 4 (2003). München

Al-Kurani, Ali, *Tariqat Hisbollah fil-'amal al-islâmi* (Der Ansatz Hisbollahs in der islamischen Arbeit). Beirut 1985

Al-Schahrâni, Saed Ali, *Firqat al-ahbâsch* (Die Sekte Al-Ahbâsch). Riad 2002

Alscher, Stefan, Obergfell, Johannes und Roos, Stefanie Ricarda, Migrationsprofil Westbalkan. Bamf 2015, Working papers 63. Online unter: www.bamf.de/SharedDocs/Anlagen/DE/Publikationen/WorkingPapers/wp63-migrationsprofil-westbalkan.pdf?__blob=-publicationFile

Al-Tamanini, Abdulsalam, *Al-zawâg 'indal-'arab fil-gâhiliya wal-islâm* (Die Ehe bei den Arabern in der Djahiliya und im Islam). Damaskus 1996

Barsum, Agnatius Afram I, *Târîkh Turabdîn* (Die Geschichte Tur Abdin). Djounieh o.J.

Barth, Frederik, Father's Brother's Daughter Marriage in Kurdistan, in: *Journal of Anthropoligical Research*, Bd. 10, 1954

Basha, Hala, »*Al-Mardelliya*« *fî Tarâblus* (Die »Mardelli« in Tripoli), unveröffentlichte Magisterarbeit. Tripoli 1993

Bloch, Marc, La société féodale. Teil I, La formation des liens de dépendances. Teil II, Les classes et le gouvernement des hommes. Paris 1968. Deutsche Fassung: ders., Die Feudalgesellschaft. Frankfurt a.M. 1982

Brettfeld, Katrin, Wetzels, Peter, Muslime in Deutschland. BMI (Hrsg.), Hamburg 2007

Brintzinger, Ottobert L., Stimmenfang mit Ausländerproblemen, in: *Zeitschrift für Ausländerrecht und Ausländerpolitik (ZAR)* 2/1982

Buschkowsky, Heinz, Neukölln ist überall. Berlin 2012

Cuisenier, Jean, Endogamie et exogamie dans le mariage arabe, in: *L'Homme*, Bd. 2/2, 1962

D'Ohsson, Ignatius Mouradgea, Tableau général de l'empire othoman, Bd. 6, Paris 1824

Das Leben Mohammeds nach Muhammed Ibn Ishâk, bearbeitet von Abd el-Malik Ibn Hischâm, übersetzt von Gustav Weil. Stuttgart 1864. Online einsehbar unter: www.grace-and-truth.net/index.php?n=German.04SiraBk04«Ch05

Dimashqiyya, Abdulrahman, *Mawsû'at ahl al-sunna* (Die Enzyklopädie der Ahl al-Sunna). Beirut 2009

Enzyklopädie des Islam. New Edition, Bd. III, H-Iram. Leiden 1986

Friesendorf, Cornelius, Der internationale Drogenhandel als sicherheitspolitisches Risiko. Eine Erklärung der deutschen und US-amerikanischen Gegenstrategien. Münster 2001

Ghadban, Ralph, Die Libanon-Flüchtlinge in Berlin. Zur Integration ethnischer Minderheiten, Berlin 2000

- ders., Islam und Islamkritik, Berlin 2011
- ders., Tariq Ramadan und die Islamisierung Europas, Berlin 2006
- ders., Welcher Islam wird in Europa vertreten? Endbericht. Online unter: /www.ghadban.de/de/?page_id=9

Heisig, Kirsten, Das Ende der Geduld. Konsequent gegen jugendliche Gewalttäter. Freiburg i. B. 2010

Henniger, Markus, Importierte Kriminalität und deren Etablierung am Beispiel der libanesischen, insbesondere »libanesisch-kurdischen« Kriminalitätsszene Berlin. Berlin 2003

Hessisches Ministerium der Justiz, für Integration und Europa (Hrsg.), Das Hessische Integrationslotsen Netzwerk. Wiesbaden o. J.

Ibn Khaldun, *Al-muqaddima* (Die Einleitung). Beirut o. J.

Ismail, Hassan, Othman, Abdulqader, *Al-muhallamiya. Hawiya 'arabiya wa djuzûr asîla* (Die Mhallamiya. Arabische Identität und authentischer Ursprung). o. J.

Jastrow, Otto, Die arabischen Dialekte des Vilayets Mardin (Südosttürkei) in: *Zeitschrift der Deutschen Morgenländischen Gesellschaft* (ZDMG), Supplementa 1, XVII Dt. Orientalistentag. Vorträge Teil II, Sektion 6, Wiesbaden 1969, S. 683–688

Johnson, Ian, A Mosque in Munich. Nazis, the CIA, and the Rise of the Muslim Brotherhood in the West. New York 2010

Kraus, Wolfgang, Islamische Stammesgesellschaften. Tribale Identitäten im Vorderen Orient in sozialanthropologischer Perspektive. Köln 2004

Meho, Lokman Ibrahim, The Dilemma of Social and Political Integration of Ethnoklass Groups within Pluralistic Societies: The Case of the Kurds in Lebanon, unveröffentlichte Magisterarbeit. Beirut 1995

Meho, Lokman; Kawtharani, Farah, The Kurdish Community in Lebanon. o. J.

Meining, Stefan, Eine Moschee in Deutschland. Nazis, Geheimdienste und Aufstieg des politischen Islam im Westen. München 2011

Mendes, Hani, *Al-'amal wal-'ummâl fil-mukhayyam al-falastini. Dirâsat mîdaniyya fi tell al-saatar* (Arbeit und Arbeiter im palästinensischen

Flüchtlingslager. Felduntersuchung im Lager Tell al-Zaatar). Beirut 1974

Muslimische Streitschlichter und der Umgang mit Jugenddelinquenz in muslimischen Communities. Ein Interview, in: *Zeitschrift für Jugendkriminalrecht und Jugendhilfe* (ZJJ), 2/2013

Özcan, Ertekin, Türkische Immigrantenorganisationen in der Bundesrepublik Deutschland. Berlin 1989

Rohe, Mathias; Jaraba, Mahmoud, Paralleljustiz. Berlin 2015

Shaw, J. Stanford, History of the Ottoman Empire and Modern Turkey. Bd. I, Empire of the Gazis. Cambridge 1978

Stahl, Christian, In den Gangs von Neukölln: Das Leben des Yehya E., Hamburg 2014

Sykes, Mark, The Caliph's Last Heritage. A Short History of the Turkisch Empire, London 1915

Todd, Emmanuel, La diversité du monde. Famille et modernité. Paris 1999

Töttel, Ursula, Bulanova-Hristova, Gergana und Büchler, Heinz (Ed.), Research Conferences on Organised Crime at the Bundeskriminalamt in Germany (Bd. II). Organised Crime – Research and Practice in Western and Northern Europe 2011–2012. Köln 2013

Töttel, Ursula, Bulanova-Hristova, Gergana und Flach, Gerhard (Ed.), Research Conferences on Organised Crime at the Bundeskriminalamt in Germany (Bd. III). Transnational Organised Crime 2013–2015. Wiesbaden 2016

Töttel, Ursula; Büchler, Heinz, Research Conferences on Organised Crime at the Bundeskriminalamt in Germany 2008–2010. Köln 2011

Wagner, Joachim, Richter ohne Gesetz. Islamische Paralleljustiz gefährdet unseren Rechtsstaat. Berlin 2011

Watt, Montgomery, Muhammad at Medina. Oxford 1956

Wesel, Uwe, Der Mythos vom Matriarchat. Über Bachofens Mutterrecht und die Stellung von Frauen in frühen Gesellschaften. Frankfurt a. M. 1980

Weulersse, Jacques, Le pays des Alaouites. Tours 1940

Worbs, Susanne, Illegalität von Migranten in Deutschland, Bamf 2005. Online unter: www.bamf.de/SharedDocs/Anlagen/DE/Publikationen/WorkingPapers/wp02-Illegalitaet.pdf?__blob=publicationFile

Zakaria, Ahmed Wasfi, *'Aschâ'ir al-shâm* (Die Stämme Syriens)